イラストでわかる ビル設備

井上国博
打矢瀅二
本田嘉弘　[著]
三上孝明
山田信亮

ナツメ社

はじめに

　本書は、ビル設備の管理・メンテナンスの業務に携わろうとする人々のために、専門技術の入門書として著わしたもので、イラストを用いてわかりやすく解説する「イラストでわかる」シリーズの一冊です。

　近年、建築物は大型化し、複雑化する一方です。社会の変化も著しく、生活の多様化、高度化が進み、よりきめの細かい維持管理が必要とされています。また、地球規模でも温暖化等の環境問題が深刻化し、社会全体で対応しなければならない課題も生じています。

　そうしたなか、人の健康および生活に有害な影響を及ぼす可能性のある建築物内外の環境に発生する要素を取り除き、人の活動に対し、快適で効率的、かつ衛生的な環境づくりをめざした広範な知識・技術を習得することが重要となります。そこで本書では、給排水衛生設備、空調・換気設備、電気設備、建築構造、建築衛生などの立場から解説しました。

　ビル設備の管理・メンテナンスは、ますます期待され、関心と重要性が高まるばかりです。「建築物における衛生的環境の確保に関する法律（ビル管理法）」が制定され、特定建築物所有者等は、「建築物環境衛生管理技術者」を選任して、その維持管理を適正に行うよう監督させなければならないと決められています。

　本書は、イラストや図表により視覚で理解できるように構成し、専門的な用語でつまづかないように用語の説明をしています。今後、「建築物環境衛生管理技術者（ビル管理技術者）」試験を受験しようと思う人への入門書であり、試験勉強のために本書を有効に活用されることを期待しています。

　最後に、本書の執筆にあたり諸先生方の文献、資料を参考にさせていただいたことを、この場を借りてお礼申し上げます。また、ナツメ社の方々に並々ならぬご協力と、ご支援をいただきましたことを厚くお礼申し上げます。

著者らしるす

目　次

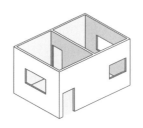

第6章 給排水衛生設備

第7章 電気設備

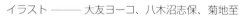

イラスト ───── 大友ヨーコ、八木沼志保、菊地至
編集協力 ───── 持丸潤子
編集担当 ───── 山路和彦（ナツメ出版企画）

第1章

ビルの設備と管理

建築物における健康危機管理は重要で、建築物環境衛生管理の果たす役割は今後ますます大きくなり、総合的な技術や知識が必要となります。建築物の時代背景、周囲環境、そして多くの法律とも関連し、長期的な視野に立って衛生管理を推進しなければなりません。本章では、ビル管理法を中心に関連法および建築物環境衛生の概念を解説します。

1 ビル管理法

ビル管理法とは、正式名称を「建築物における衛生的環境の確保に関する法律」といいます。とても長いので、正式名称よりも通称の「ビル管理法」のほうが有名です。なお、東京都ではビル衛生管理法と略します。本項では、ビル管理法の内容について述べます。

■ ビル管理法の目的

ビル管理法の条文に、「この法律は、多数の者が使用し、又は利用する建築物の維持管理に関し環境衛生上必要な事項等を定めることにより、その建築物における衛生的な環境の確保を図り、もって公衆衛生の向上及び増進に資することを目的とする」と、本法律の目的が記されています。

不特定多数の人が使用する建物は、トイレや水道、空調や冷暖房などを管理していかないと劣化したり不潔になったりします。そこで、ビルを清潔に安全に保っていくために必要なことを法律で定めています。

■ 対象となる特定建築物

法の適用を受ける建築物が、特定建築物として定められています。特定建築物とは、不特定多数の人が使用する建物といえますが、具体的には、以下の建築物を指します。

特定建築物の定義

「興行場、百貨店、店舗、事務所、学校、共同住宅等の用に供される相当程度の規模を有する建築物で、多数の者が使用し、又は利用し、かつ、その維持管理について環境衛生上特に配慮が必要なもの」（ビル管理法第2条第1項）

このうち、次の要件を満たすものをいいます。

● 床面積が 3,000m^2 以上の商業施設 ● 床面積が 8,000m^2 以上の学校

興行場、百貨店、集会場、図書館、博物館、美術館、遊技場、旅館、ホテル、店舗、事務所など

幼稚園から大学まですべて、専門学校、研修所も含まれる。

病院や介護施設、工場、倉庫、研究所、駐車場などは特殊な環境下にある建物ということで、対象となりません。共同住宅も、個々が管理する部分が大きいので、対象外となります。ただし、共同住宅に商業施設が付随していてそれが 3,000m^2 以上ある場合は、対象となります。

特定建築物の延べ面積の考え方（例）

● 集会場には、会議、社交などの目的で公衆の集合施設、公民館、各種会館、結婚式場などが含まれる。
● 百貨店に付属する倉庫は、延べ面積に含まれる（百貨店と切り離せないため）。
● 1棟の自社ビルで事務所と印刷工場が内存し（新聞社など）合算して3,000m²以上ある場合、印刷工場の面積が大で事務所部分が小の場合は特定建築物に該当しない。
● 渡り廊下で連結された2棟の建物は、個々の建物として扱う。
● 同一所有者が管理する地下街の店舗の延べ面積は、合算して算定する。
● 建築物の地下に設置されている公共駐車場は、延べ面積に算入しない。

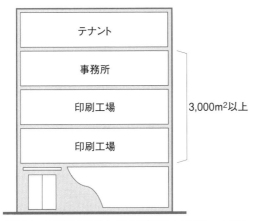

自社ビル内の印刷工場の面積のほうが事務所の面積より大きい場合は、特定建築物ではない。

同一オーナーの店舗 面積が3,000m²以上

オーナーが同一の地下街の店舗の延べ面積が3,000m²の場合は、特定建築物となる。

特定建築物の届出

　特定建築物が使用されるに至ったときから1か月以内に、都道府県知事に届け出（保健所を設置する市または特別区にあっては、市長または区長）に届け出ます。届出義務者は、原則として特定建築物の所有者です。

届出事項

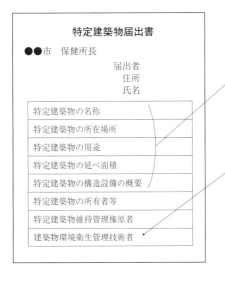

名称、所在場所、用途、延べ面積、構造設備の概要

建築物環境衛生管理技術者（12ページ参照）の選任

その他、厚生労働省令で定める事項

特定建築物の所在地を管轄する保健所を経由し、都道府県知事に提出します。

特定建築物の帳簿書類および報告・検査

備え付けておくべき帳簿

◉ 管理基準に関する帳簿書類
◉ 建築物の構造・設備に関する図面
◉ その他、環境衛生上必要な事項が記載されたもの

帳簿書類の保存期間

◉ 維持管理に関する設備の配置および系統を明らかにした図面や特定建築物の平面図および断面図
➡ **永久保存**
◉ 管理基準に関する帳簿書類（空気環境の調整の状況を記載したもの、給水および排水の管理の状況を記載したもの、ネズミ・昆虫などの防除の状況を記載したもの、廃棄物の処理の状況を記載したもの）
➡ **5 年間保存**

◆ 図面の種類と内容・用途【永久保存】

	図面の種類	内容・用途
建築図面	建築物の配置図、各階の平面図、東西南北の立面図、断面図	建築物の性質を示す基本的なもので、平常の環境衛生管理にも、必要な改善を測る場合にも参照する。
	空気調和設備の縦系統図、平面系統図、詳細図	空気調和管理の基本的な図面で、全体の空気の流れを把握するために必要であり、また、ある部屋の空気管理を改善しようとする場合に用いる。
設備図面	給排水設備の縦系統図、平面系統図	給水（湯）、排水の基本的な図面で飲料水の残留塩素を測定してその安全を確かめる場合や、排水系統から排水のつまりや臭気の発生があった場合などに用いる。
	貯水槽・排水槽の詳細図	水槽からの漏水、汚染などの事故の発生の際必要となる。
	空気調和機器・給排水衛生設備、各種設備の一覧表（設置場所、能力、系統など）	建築物管理の基礎的なデータとなる。

◆ 備え付け帳簿書類の内容・用途【5 年間保存】

帳簿の種類	内容・用途
年間管理計画	建築物全体の管理を総合的に示し、また、各分野の相互関連性なども含めて一覧表にする。空気環境の管理、飲料水・雑用水・排水の管理、清掃・廃棄物処理、ネズミ・害虫の防除など、建築物の衛生管理に関連する全項目について示す。
空気調和設備管理	建築物環境衛生管理基準などにしたがって空気調和設備の年間・月間の点検整備計画をつくり、毎月チェックを行う。
空気環境測定	空気環境について 2 か月に 1 回、測定が義務付けられている。その結果を記録すると同時にその評価を行い、基準からはずれている場合は、その原因の追求と対策を行う。
給水設備管理	給水設備の状況とその点検結果、水質検査結果、貯水（湯）槽の清掃実施結果、防錆剤や給湯水の管理などを記録する。
雑用水設備管理	雑用水設備の状況とその点検結果、水質検査結果、雑用水槽の清掃実施結果などを記録する。
排水設備管理	排水設備の状況とその点検結果、排水槽の清掃実施結果、グリーストラップの点検整備などを記録する。
清掃・廃棄物処理	日常および大掃除の実施計画とその点検記録、廃棄物処理計画とその排出などを記録する。
ネズミ・害虫などの防除	定期点検計画と防除の実施などを記録する。
その他必要なもの	個々の建築物の必要に応じ、照度、騒音などの測定結果、吹付けアスベストの維持管理状況などを記録する。

報告・検査

厚生労働大臣は、指定試験機関に対し、その業務に関して必要な報告をさせ、またはその職員に、その業務を行う場所に立ち入り、その設備、帳簿書類、その他の物件の維持管理の状況を検査させ、関係者に質問させることができます。

立ち入り検査を行う職員は、身分を示す証明書を携帯し、関係者の請求があった場合は提示します。また、住居に立ち入る場合は、その居住者の承諾を得る必要があります。

建築物における衛生的環境の確保に関する事業の登録

建築物の衛生的環境を確保する事業を行う業者は、一定の基準を満たすことで、事業区分に従い、営業所ごとに、その所在地を管轄する都道府県知事の登録を受けることができます。

次の事業を行う者が、登録を受けることができます。

① 建築物における清掃を行う事業
② 建築物における空気環境の測定を行う事業
③ 建築物の空気調和用ダクトの清掃を行う事業
④ 建築物における飲料水の水質検査を行う事業
⑤ 建築物の飲料水の貯水槽の清掃を行う事業
⑥ 建築物の排水管の清掃を行う事業
⑦ 建築物におけるネズミその他の人の健康を損なうおそれのある動物として厚生労働省令で定める動物の防除を行う事業
⑧ 建築物における清掃、空気環境の調整・測定、給水・排水の監理、飲料水の水質検査で、建築物における衛生的環境の総合的管理に必要な厚生労働省令で定める程度のものを行う事業

建築物環境衛生総合管理業登録証明書

商号又は名称　　●●株式会社

代表者氏名　　　代表取締役　●●　●●

登録有効期間　　令和元年 10 月 1 日から
　　　　　　　　令和 7 年 9 月 30 日まで

上記につき、建築物における衛生的環境の確保に関する法律第 12 条の 2 第 1 項の登録をしたことを証明する。

令和元年 10 月 1 日

　　　　　　●●県知事　●●●●

● 事業の登録を受けた者は、登録建築物環境衛生総合管理業である表示ができる。

● 事業の登録有効期間は 6 年間

● 営業所の名称、所在地などに変更があったときは、その日から 30 日以内に届け出る。
● 登録営業所が基準に適合しなくなったときは、都道府県知事はその登録を取り消すことができる。

■建築物環境衛生管理基準

　建築物内の環境を衛生的に維持するために、建築物衛生法に基づく建築物環境衛生管理基準にしたがって、建築物の空気環境や各設備などの測定・検査を行い、定期的に清掃する必要があります。

空気環境の基準

　浮遊粉じんの量、一酸化炭素、二酸化炭素の含有率およびホルムアルデヒドの量は、使用時間中に居室の中央部床上 75cm 以上 150cm 以下の位置で測定し、測定値は、1 日使用時間中の平均値とします。

項目	建築物環境衛生管理基準
浮遊粉じんの量	空気 1m^3 につき 0.15mg 以下
一酸化炭素の含有率	6/1,000,000 以下（6ppm = 0.0006％以下）
二酸化炭素の含有率	1,000/1,000,000 以下（1,000ppm = 0.1％以下）
温度	・18℃以上 28℃以下 ・居室における温度を外気の温度より低くする場合は、その差を著しくしないこと
相対湿度	40％以上 70％以下
気流	0.5m/s 以下
ホルムアルデヒドの量	空気 1m^3 につき 0.1mg 以下

環境・設備の管理内容

設備	管理内容		期間
空気環境	浮遊粉じん、一酸化炭素、二酸化炭素、温度、湿度、気流の測定		2 か月以内ごとに 1 回
給水設備	遊離残留塩素測定		7 日以内ごとに 1 回
	水質検査	一般細菌など 16 項目	6 か月以内ごとに 1 回
		トリハロメタン類	6 月 1 日～9 月 30 日の期間に 1 回
	貯水槽の清掃		1 年以内ごとに 1 回
排水設備	排水に関する設備の掃除		6 か月以内ごとに 1 回
清掃およびネズミ・害虫などの防除	定期的・統一的な清掃およびネズミ・害虫などの防除		6 か月以内ごとに 1 回

■建築物環境衛生管理技術者

　特定建築物の所有者は、建築物環境衛生管理技術者にビル管理の監督を行わせる必要があります。建築物環境衛生管理技術者は、以下の職務を行います。
❶ 建築物の環境衛生管理業務計画の立案
❷ 建築物の環境衛生管理業務の指導監督
❸ 建築物環境衛生管理基準に関する測定または検査の評価
❹ 建築物の環境衛生上の維持管理に必要な各種調査の実施

　建築物環境衛生管理技術者の免状は、建築物環境衛生管理技術者試験の合格者と講習会修了者に交付されます。講習会修了者の免状は、5 年以上 10 年以内の政令で定める期間ごとに更新を受けなければなりません。厚生労働大臣は、この法律に違反した者に免状の返納を命ずることができ、免状の返納を命ぜられ、1 年を経過しない者には交付されないことがあります。また、免状を受けている者が死亡したときは、戸籍法に規定する届け出義務者は、1 か月以内に免状を返還しなければなりません。

2 公衆衛生の向上

日本国憲法およびWHO憲章、ウィンスロウの公衆衛生の定義などでは、人々の健康を維持するために公衆衛生を向上させることが掲げられています。ビル管理の根底にこれらの考え・定義があることを覚えておきましょう。

■日本国憲法

日本国憲法では、生存権と、国民に対する国の生存権保障義務としての公衆衛生の向上など、法律の基本的な根拠を示しています。

日本国憲法第25条では、「すべて国民は、健康で文化的な最低限度の生活を営む権利を有する。国は、すべての生活部面について、社会福祉、社会保障及び公衆衛生の向上及び増進に努めなければならない」と記されています。

■WHO憲章

WHO（世界保健機関：World Health Organization）は、第二次世界大戦後に、国際連合の公衆衛生担当専門機関として発足しました。その際に公衆衛生の基本的な協定として掲げられた WHO 憲章は、すべての人々が可能な最高の健康水準に到達することを目的としています。

その前文で、「健康とは、身体的、精神的および社会的に完全に良好な状態にあることであり、単に病気または病弱でないということではない」と定義しています。到達し得る最高水準の健康を享受することは、人種・宗教・政治的信念・経済的ないし社会的地位のいかんにかかわらず、何人もが有する基本的権利のうちの一つです。

■ウィンスロウの定義

公衆衛生を提唱したウィンスロウは、「公衆衛生は、共同社会の組織的な努力を通じて、疾病を予防し、寿命を延長し、身体的・精神的健康と能率の増進をはかる科学・技術である」と定義しています。

 ウィンスロウ

C.E.A. Winslow（1877-1957）。元エール大学社会衛生科教授。ウィンスロウの唱えた公衆衛生の定義は現在、もっとも広く用いられている。

公衆衛生活動の具体的内容

❶ 環境衛生	❷ 対人衛生	❸ 公衆衛生の基本的活動
上下水道	伝染病予防	保健所運営
汚物処理	成人病予防	保健婦活動
食品薬物などの取締り	母子衛生	衛生教育
住宅衛生	精神衛生	医療社会事業
公害対策	栄養改善	衛生統計
都市計画　など	一般体力の増進　など	試験検査　など

環境衛生を改善し、個人で衛生を確保するための教育を行い、地域社会での医療、看護サービスを組織化することの必要性を唱えました。

③ ビル管理法の関係法規

建築物の環境衛生管理については、ビル管理法の他に多数の法律が関連しています。関連するものとして、建築基準法、労働安全衛生法、学校保健安全法、廃棄物の処理及び清掃に関する法律、建築物環境衛生管理基準、消防法などがあります。建築物の所有者や事業者、建築物環境衛生管理技術者は、これらの内容を理解し、建築物が基準を満たすよう管理しなければなりません。

■ 労働安全衛生法

労働基準法と相まって、労働災害の防止のための危害防止基準の確立、責任体制の明確化および自主的活動の促進の措置を講ずるなど、労働災害の防止に関する総合的計画的な対策を推進することにより、職場における労働者の安全と健康を確保するとともに、快適な職場環境の形成を促進することを目的としています。労働者の安全と健康を確保し、快適な作業環境の形成を促進させる法律です。

事務所衛生基準規則

事務所衛生基準規則は、労働安全衛生法に基づき、事務所について適用するものです。事務室の環境管理として、事業者は次のことを講じなければなりません。

❶ 気積

労働者を常時就業させる室の気積を、設備の占める容積および床面から 4m を超える高さにある空間を除き、労働者 1 人について、10m³ 以上とします。

気積とは

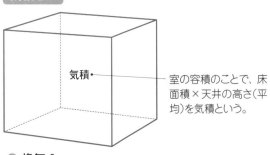

気積 ● ── 室の容積のことで、床面積×天井の高さ（平均）を気積という。

1 人当たりの気積とは

気積 ● ── 1 人当たり、床面積×天井の高さから家具、設備の容積を引いた容積を 10m³ 以上確保する。

❷ 換気 1

室においては、窓その他の開口部の直接外気に向かって開放することができる部分の面積が、常時床面積の 1/20 以上になるようにします。ただし、換気が十分に行われる性能を有する設備を設けたときは、この限りではありません。

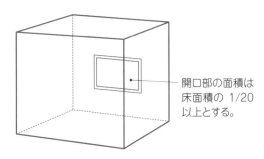

開口部の面積は床面積の 1/20 以上とする。

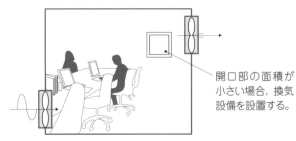

開口部の面積が小さい場合、換気設備を設置する。

③ **換気2**

室における一酸化炭素および二酸化炭素の含有率を、それぞれ 50ppm 以下、5,000ppm 以下とします。

④ **温度1**

室の気温が 10℃以下の場合は、暖房するなど、適当な温度調節の措置を講じます。

⑤ **温度2**

室を冷房する場合は、室内の気温を外気温より著しく低くしないようにします。ただし、電子計算機などを設置する室で、その作業者に保温のための衣類などを着用させた場合は、この限りではありません。

⑥ **照度等1**

室の作業面の照度を、右の表の作業の区分に応じて、基準に適合させます。ただし、感光材料の取扱いなど、特殊な作業を行う室については、この限りではありません。

作業の区分	基準
一般的な事務作業	300 lx 以上
付随的な事務作業	150 lx 以上

⑦ **照度等2**

室の採光および照明については、明暗の対照が著しくなく、かつ、まぶしさを生じさせない方法によります。

⑧ **照度等3**

室の照明設備について、6か月以内ごとに1回、定期に点検します。

■学校保健安全法

学校における保健管理および安全管理に関し必要な事項を定め、児童、生徒、学生、幼児ならびに職員の健康保持を図り、もって学校教育の円滑な実施とその成果の確保に資することを目的としています。

学校保健計画には次のようなものがあります。

年間計画

健康診断および
その結果に基づく事後措置

感染症および食中毒の
予防措置

環境衛生検査

施設設備の衛生的改善

大掃除などの時期、準備および
運営に関する具体的実施計画

月間計画

健康相談

校内などの清潔検査

体重検査などの
具体的実施計画

日常点検は教師が行う

定期検査は薬剤師が行う

●**管理事項**

室温、湿度、清浄度など空気環境
採光・照明
騒音
飲料水などの水質、給排水設備
学校内の清潔
ネズミ、衛生害虫など
教室などの備品
水泳プールの水質、設備

など

■建築基準法

この法律は、建築物の敷地、構造、設備および用途に関する最低の基準を定めて、国民の生命、健康および財産の保護を図り、もって公共の福祉の増進に資することを目的としています。

国民の健康確保を目的の一つとしてあげ、単体規定では、地域の気候風土や建築物の用途などに応じた規制をし、集団規定では、都市計画において用途地域を設定し、容積率や建ぺい率などを定めて、地域の実情に合わせた規制を行っています。

 単体規定・集団規定

単体規定は、建築物自体の安全、防火、避難、衛生などに関する技術的基準を定めた規定の総称。
集団規定は、都市の適切な土地利用や環境整備などを図り、相隣関係を調節するために定めた規定の総称。

■高齢者、障害者等の移動等の円滑化の促進に関する法律

この法律は、高齢者、障害者等の移動上、施設の利用上の利便性、そして安全性の向上の促進を図ることを目的としています。

具体的には、高齢者、障害者などの自立した日常生活や社会生活を確保するために、建築物の構造および設備を改善するための措置、建築物および道路、駅前広場、通路その他の施設の一体的な整備を推進するための措置、その他の措置を講じています。

■その他関連する法律

室内環境の管理、給水および排水の管理、ネズミ・害虫などの防除、環境管理についての新しい取組みなど、建築の環境衛生に関する関連法として、以下のものがあります。

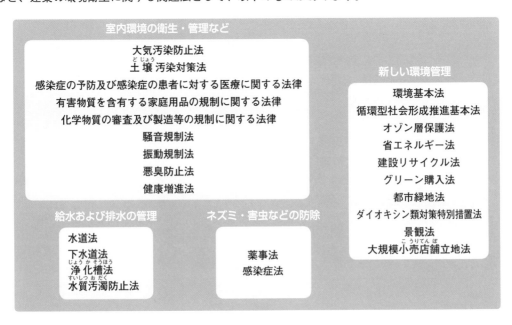

室内環境の衛生・管理など

大気汚染防止法
土壌汚染対策法
感染症の予防及び感染症の患者に対する医療に関する法律
有害物質を含有する家庭用品の規制に関する法律
化学物質の審査及び製造等の規制に関する法律
騒音規制法
振動規制法
悪臭防止法
健康増進法

新しい環境管理

環境基本法
循環型社会形成推進基本法
オゾン層保護法
省エネルギー法
建設リサイクル法
グリーン購入法
都市緑地法
ダイオキシン類対策特別措置法
景観法
大規模小売店舗立地法

給水および排水の管理

水道法
下水道法
浄化槽法
水質汚濁防止法

ネズミ・害虫などの防除

薬事法
感染症法

第2章

建築物の構造

建築物は環境を考慮したものでなければなりません。建築の仕事に関わるには、地球環境や建物自体の環境の保全を念頭に置き、企画、設計、施工という工程から、竣工、建設後の管理、維持保全、運営を経て、解体除却までのライフサイクルに関する知識が必要となります。竣工後の修繕、改修、診断、維持保全計画、転用などの判断も必要となります。この章では、建築物の環境および計画と設計、建築物の構造と力学、建築材料と施工、建築基準法と消防法について解説します。

建築物の環境と計画・設計

建築物を計画するにあたり、地球環境や建築物の環境衛生・環境管理といった面からの検討が必要です。そして、さまざまな調査をもとに計画・設計を行います。本項では、その計画・設計の内容と、設計や工事監理を行う資格者の仕事などについて説明します。

■地球環境を意識した建築物の計画と運用

現代の建築では、グローバルな温暖化対策や、省資源・省エネルギー化など、気候変動枠組条約による二酸化炭素などの軽減化を配慮した環境管理が重要な要素となっています。

省エネルギー化を配慮したシステムを構築するために、以下の取組みが重要となります。
1 建築物で使用されるエネルギー消費量の削減
2 室内空気調和負荷の削減を図るための外壁計画
3 風や太陽など、自然エネルギーの利用
4 コージェネレーションの導入

コージェネレーション

発電により生じる排熱を利用して冷暖房や給湯などを同時に行うシステム。

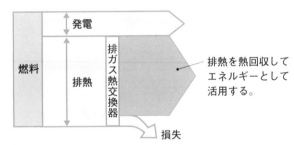

排熱を熱回収してエネルギーとして活用する。

5 雨水の再利用
6 環境負荷軽減のための資源の再利用など

また、建築物の省エネルギー化とともに、屋上緑化や風の通り道など、周辺環境をよくすることが、ヒートアイランド現象の軽減につながります。

KEYWORD

気候変動枠組条約　環境と開発に関する国際連合会議において採択された、地球温暖化問題に関する国際的な枠組を設定した環境条約で、大気中の温室効果ガスの濃度を安定させることを目的としている。

サスティナブル（持続可能な）建築物のシステム構築

1 地球環境・周辺環境にいかに配慮しているか、ランニングコストに無駄がないか、利用者にとって快適かなどの性能を客観的に評価した値を想定すること。
2 構造形式に対応する材料・機器などの選択をすること。Reduce（発生抑制）、Reuse（再利用）、Recycle（再資源化）も検討する。
3 リフォームや用途変更などにおけるフレキシビリティ（用途、環境などの変化に対して、柔軟に対応でき調整が可能な性質）を検討すること。
4 ライフサイクル（長寿命対応建築物、省エネルギーシステム、防災システムなど）を想定すること。
5 構造形式と意匠を検討すること。

室内と外部環境のかかわり

安全で健康かつ快適な室内の生活環境を維持するためには、建築外部環境の管理が重要となります。

熱 ── 断熱、採熱
光 ── 遮光、採光
火 ── 耐火、防火
煙 ── 排煙、煙侵入防止、避難
水 ── 湿気、雨、水密性
音 ── 騒音、情報プライバシー
空気 ── 新鮮空気、汚染物質

室内と外部環境は常に密接に関連しており、さまざまな要素が室内を出入りしています。

■建築物の計画と設計

　建築物を建設するためには、敷地や地盤、周囲の状況、法規制などの調査および、建築物の条件を決定する事業計画、採算計画、資金計画などを含めて企画が必要となります。企画調査をもとに、全体的な構想から基本計画、基本設計へ、そして実施設計へと進めていきます。

調査と企画

調査	内容
敷地調査	敷地付近の地勢や気象状況、地域の人口動態、周辺の環境や衛生、施設の状況、地盤、土壌汚染など
法的条件調査	用途地域指定、地区指定など（建築基準法、都市計画法、条例など）
経済的条件の検討	建設コスト、資金計画、発注形式、指名入札、コンペティションなどの検討、支払い条件、保険、損害補償、税金など
建設条件の検討	設計期間、工期、賃貸ビルの場合のテナント募集、マーケティング（市場調査）など
建設後の運用検討	借入金の返済計画、維持管理費、修繕計画、改修計画のランニングコストなど

計画・設計の内容

● 計画
　建設の目的に対して関係する諸条件を整理し、空間形態をまとめるための方針を明確にします。
● 設計
　与条件に適合する空間をイメージし、具体化し、形態をつくり、これを図面化し、施工できるようにまとめます。建築（意匠）、構造、設備の専門家がそれぞれの設計を担当します。

諸条件を検討し、空間をイメージし、図面化して、全体をまとめる。

建築物の安全性を確保するための構造計画、構造計算、構造図を作成する。

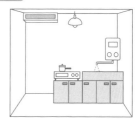

利用者の健康や快適性を確保するための空気調和・給排水、電気などの設備の設計を行う。

計画・設計は大きく以下の段階を経て進めていきます。

● 基本計画

情報の整理、発注者の要求、そして企画段階の項目を検討し、イメージ・構想をまとめます。

● 基本設計

意匠計画、構造計画、設備計画の基本計画の概略が決定すると、この段階に入ります。模型や完成予想図などに基づき、概算工事費を提示するとともに、建築主との合意と承認を受けます。設計業務の中で基本的なコンセプトがこの段階で決まります。

● 実施設計

基本設計に基づき実施設計を行います。実施設計図面は、施工する上で必要となり、請負契約や見積に必要なもので、図面以外に仕様書なども含まれます。

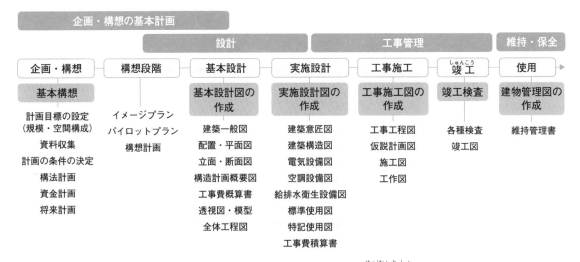

建築物の建築工事の実施のために必要な図面や仕様書をまとめて設計図書といい、細かくは以下の種類があります。

意匠図	表紙、建築概要書、仕様書、面積表、仕上表、案内図、配置図、平面図、立面図、断面図、矩計図、詳細図、展開図、天井伏図、屋根伏図、建具表、現寸図、透視図、日影図、積算書など
構造図	仕様書、杭伏図、基礎伏図、床伏図、梁伏図、小屋伏図、軸組図、断面リスト、矩計図、詳細図、構造計算書など
設備図	仕様書、電気設備図、給排水衛生設備図、空気調和設備図、ガス設備図、防災設備図、昇降機設備図など（各設備図における、計算書、配置図、系統図、平面図、各部詳細図、機器・器具一覧表など）

図面に使われる表示記号

前記の設計図や仕様書などに使用される代表的な記号・略号を以下に記載します。

◆ 構造・材料の表示記号

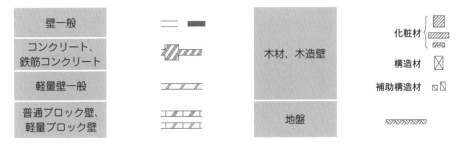

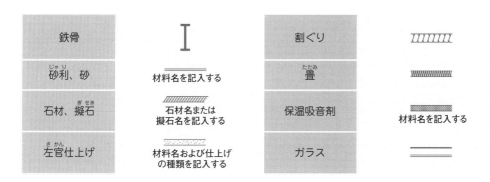

◆ 建具の平面表示記号

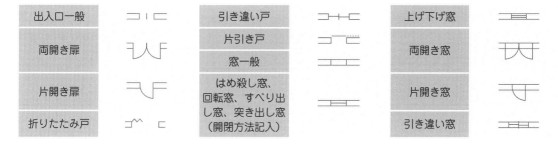

■設計・工事監理の資格者

　建築物の設計または工事監理を行う者の資格について、建築士法で規定しています。建築士法での設計とは、その者の責任において設計図書を作成することをいい、工事監理は、その者の責任において、工事を設計図書と照合し、それが設計図書のとおりに実施されているか、いないかを確認することをいいます。

建築士法による資格

1級建築士

　建築士法に基づき、国土交通大臣の許可を受け建築物の設計、工事監理などの業務を行います。1級建築士でなければ設計または工事監理できないものが定められています。

2級建築士

　建築士法に基づき都道府県知事の許可を受けて得られる資格です。一定規模以下の建築物の設計、監理などを行います。

木造建築士

　建築士法に定められた資格です。1・2級建築士に限られる建築物以外の100m^{2}を超える木造建築物の新築をする場合の設計と工事監理をすることができます。

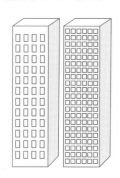

建築設備士

建築設備の設計と工事監理について、建築士に対して助言ができます。

構造設計1級建築士・設備設計1級建築士

高度の専門能力を必要とする 一定規模以上の建築物 について、自ら設計を行うか、もしくは関係規定への適合性の確認を受ける 法適合チェックを行い、建築物へ関与します。

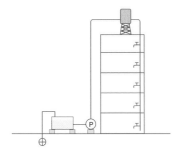

一定規模以上とは

- 構造設計1級建築士
- ・木造で高さ13mまたは軒高9m（のきだか）を超える建築物
- ・鉄骨造で4階建以上の建築物
- ・鉄筋コンクリート造で高さが20mを超える建築物

- 設備設計1級建築士
- ・3階建以上で床面積の合計が5,000m^{2}を超える建築物

■ 事務所建築物の計画

事務所は、何らかのサービスを提供するために、その基本単位となる個人の知的作業空間（執務空間）を持つ場所です。作業効率を高めるための諸施設と、作業変化に即応できる柔軟性を持つ空間であることが重要です。快適性、効率性、安全性、経済性、CI（コーポレートアイデンティティ）などを考慮して計画する必要があります。

面積構成（レンタブル比）

貸事務所ビルは収益部分と非収益部分に分けられ、収益部分は貸室を指します。収益を上げるための指標としてレンタブル比（賃貸面積比）があり、延べ床面積に対する、貸室面積の比をいいます。

$$レンタブル比＝\frac{貸室面積}{延べ床面積}×100\%$$

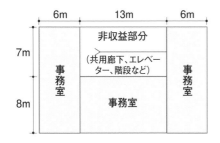

この場合の
レンタブル比は
$\frac{284}{375}×100\%＝75.7\%$

一般に65〜75％必要で、基準階では75〜80％程度まで高めます。

❓ **基準階**

高層建築などの平面計画において、各階ともに同じ平面構成の場合、その一つの階を基準階という。

事務所の収容人数と面積

事務所の建物の広さに対して、無理なく収容できる人数と、1人当たりが必要とする面積を考慮する必要があります。

事務所の収容人数（N）と貸室面積（R）、延べ床面積（A）との関係式は以下のとおりです。

$$R = NK \qquad A = \frac{R}{H} = \frac{NK}{H}$$

K：1人当たりの所要貸面積＝ 6.5 〜 8m²
H：延べ床面積と貸室面積の比率＝ 0.65 〜 0.75（レンタブル比 65 〜 75％）

K および H の値は、事務所の性格、業務内容で大小が生じます。なお、1人当たりの所要床面積は 8 〜 11m² です。

エレベーター計画

　必要台数と速度、定員の設定が必要です。一般的に建物の有効面積の 8 〜 15m² に 1人としてビル全体の人数を算出し、朝の出勤時（ピーク時）の 5分間の利用者数をシミュレーションする場合が多いです。ビル内在籍者の 8 〜 9％の人間が出勤時間帯約 30分間に集中するものとして、貸ビルでは 5分間集中率を 10 〜 15％、自社ビルでは 20 〜 25％をめどとして、輸送能力を計算します。

エレベーターホールにおける乗車待ち時間（出発間隔）は、平均 30秒以内が望ましいとされている。

その他の計画

　次のような事項を考慮して計画します。
❶ 建築物の各部分（柱間や窓寸法など）をモジュールに当てはめるように寸法調整（モジュール割り）して計画。
❷ 事務室内の間仕切りを可動型で計画し、空気調和設備の系統を、方位や使用時間帯を考慮して、ゾーン別に分割して計画。
❸ 事務室の廊下に面する扉は、避難経路の確保を考え内開きで計画。
❹ 一般事務室の机上面照度は 500 〜 1,000 lx で計画。
❺ OA機器対応にフリーアクセスフロアなどで計画（174 ページ参照）。
❻ 基準階のレンタブル比を高めるためには、便所、階段、エレベーターなどをひとまとめにしたコアプランが有効。また、2方向避難を確保するためにはダブルコアプランが有効。

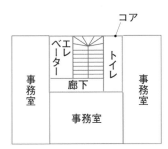

片寄せコア　　センターコア　　ダブルコア

2 建築物の構造

建築物の用途、形状、規模などにより構造形式が決まり、構造を形成する材料が選択されます。建築物の構造および構造を形成する材料は、施工方法や工期、設備計画などに影響を及ぼします。一般的な構造に関する知識を習得しておくことが大切です。

■ 構造形式による分類

建築物の骨組みには、外力に抵抗するための様々な構造形式があります。主な構造形式による分類として、次のようなものがあります。

ラーメン構造

柱、梁、床、壁で構成され、接点は剛に接合されていて、柱、梁は主として曲げで外力に抵抗します。矩形ラーメン、山形ラーメン、異形ラーメン、変断面ラーメンなどがあります。

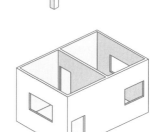

壁式構造

外力に対する主要な抵抗要素が板状の部材で構成される構造で、壁梁は必要ですが、柱、梁型がない壁の構造です。壁式構造は、組積式（れんが造、補強れんがブロック造、補強コンクリートブロック造など）、組立式（石材壁構造、壁式プレキャスト鉄筋コンクリート造など）、一体式（壁式鉄筋コンクリート造など）に分類されます。

トラス構造

三角形を構成する部材の接合部がピン接合となっている構造です。応力は軸方向のみ生じます。平面トラス、立体トラスなどがあります。

> **KEYWORD**
>
> 応力　物体が外力を受けたとき、それに応じて内部に現れる抵抗力をいう。

アーチ構造

梁、柱の区別をなくし、全体をアーチ状に構成する構造で、応力は、曲げモーメント、せん断力、軸方向力が生じます（これらの応力については 31 ページ参照）。アーチには、放物線アーチ、半円アーチ、扁平アーチなどの種類があり、アーチを応用した構造に、ドームやヴォールト などがあります。

ドーム

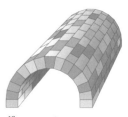
ヴォールト

シェル構造

非常に薄い材料でつくられる曲面板状の構造で、ほとんどの応力を面内力として伝達させる構造です。大スパン構造物に適しています。

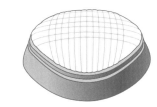

圧縮力

反力

反力

反力

空気膜構造

膜材で閉じた空間に空気を送り続け、内圧を外圧より高くして膜面の形態を保持します。内部と外部の空気圧の差により膜面に張力、剛性（ごうせい）を与え形状を得る構造形式です。

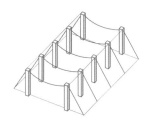

吊り構造

構造部の主要な部分を支点から吊る構造です。

免震構造

積層ゴム支承（せきそう）などの機構を設け、地震力に対する建築物の応答を抑制または制御しようとする構造です。

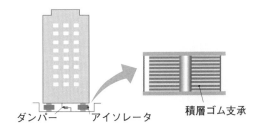

ダンパー　　　アイソレータ　　　積層ゴム支承

制振構造

建築物の揺れを制御し、低減しようとする構造です。

ダンパーにより
エネルギーを吸収

■ 主材料による分類

建築物の構造を構成する材料として主に使用されるものに、鉄筋、コンクリート、鉄骨、木材があります。これらの組み合わせ方や使い方により、建築物の構造を分類することができます。ここでは、一般的にビル建築で用いられる鉄筋コンクリート造、鉄骨造について説明します。

鉄筋コンクリート構造（RC 構造）

RC は Reinforced Concrete の略。鉄筋の引張強度とコンクリートの圧縮強度の大きさを活かし一体とした構造です。鉄筋とコンクリートの線膨張係数はほぼ等しく、相互の付着性能はよく、コンクリートの強度が大きいほど、鉄筋とコンクリートの付着力は大きくなります。そして、コンクリートの中にある鉄筋は、セメントのアルカリ性により防錆（錆を防ぐ）されます。

◆ RC 構造の長所と短所

長所	短所
・耐火性、耐久性に富む。 ・自由な形態が可能である。 ・比較的安価である。	・自重が大きく、地震力に影響を受けやすい。 ・施工状態が強度に影響する（材料の管理や養生）。 ・取り壊しは容易ではない。 ・工程が長くなる。 ・部材の粘りと耐震壁の配置などの検討が必要である。

鉄筋の役割

● 梁

主筋は、梁に作用する曲げモーメントに抵抗する役割を持ちます。スターラップ（あばら筋）とは、梁のせん断力に対する補強筋です。折曲げ筋は、梁の反曲点付近に入れ、せん断力に抵抗します。

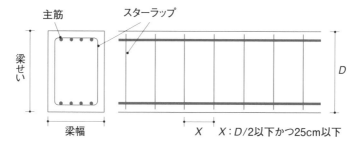

● 柱

主筋は、柱に作用する軸方向力と曲げモーメントに抵抗する役割を持ちます。フープ（腹筋または帯筋）とは、柱のせん断力に対する補強筋です。フープの間隔は 10cm 以下とします。

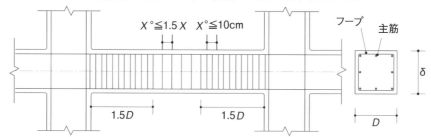

● 床スラブ

床荷重を小梁や大梁に伝達するとともに、水平力を各ラーメンや耐震壁に伝達する役割があります。床スラブの曲げ応力は、短辺方向、長辺方向の 2 方向に生じます。

鉄骨構造（S 構造）

S は Steel の略。骨組みが鉄骨で構成された構造です。強度が大きく、粘りが強いので、耐震的な構造としやすく、大スパン構造や高層、超高層建築物に適しています。

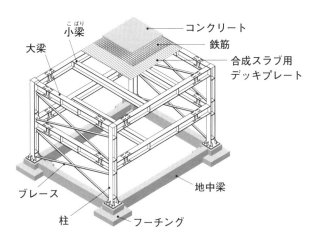

第2章 建築物の構造

◆ S 構造の長所と短所

長所	短所
・靭性に富み、耐震的に有利な構造にしやすい。 ・鉄筋コンクリート構造に比べて施工の工期が短い。 ・構造材料としての信頼性が高い。 ・鉄筋コンクリート構造に比べて解体が容易である。	・耐火性に乏しく、耐火被覆が必要である。 ・耐食性に乏しく、防錆処理（錆び止め塗装）が必要である。

KEYWORD

靭性　外力に対する、材料の持つ粘り強さをいう。

鋼材の種類

S 構造に用いられる鋼材には、形鋼、平鋼、鋼板、鋼管などがあり、材質は JIS 規格で規定されています。

H 形鋼　　　　　等辺山形鋼

角形鋼管　　　　鋼管

● 鋼材の規格

SS: 一般構造用圧延鋼材
SM：溶接構造用圧延鋼材
SSC：一般構造用軽量形鋼
STK: 一般構造用炭素鋼鋼管
STKR: 一般構造用角形鋼管
SN: 建築構造用圧延鋼材

その他の構造

鉄骨鉄筋コンクリート構造

　鉄骨部材を内蔵した鉄筋コンクリート構造で、RC 造と S 造の混合構造です。鋼材がコンクリートに被覆されることで、座屈耐力や耐火性が増します。耐震性能にも優れています。ただし、施工上、鉄骨と鉄筋による溶接部などの配筋が密となり、コンクリートの充填不良が生じやすいため、対策が必要となります。

KEYWORD

座屈
ざくつ
構造物に加える荷重を次第に増加すると、あるところで急に変形の仕方が変化し、大きなたわみが生じることをいう。

壁式鉄筋コンクリート構造

RC構造の一種で、柱、梁を用いないで上部荷重が耐力壁によって基礎に伝達される構造で、間仕切りの多い集合住宅に適しています。

プレストレストコンクリート構造

PC鋼材によりプレストレスが与えられているRC構造で、鉄筋コンクリート断面に圧縮力を加えることで、引張り力に弱いコンクリートのひび割れや、クリープが発生しない構造で大スパンの構造が可能となります。

？ クリープ

一定の荷重が持続して作用する際、材料の変形（ゆがみ）が時間とともに増大していく現象をいう。

木質構造

主要構造部を木材で構成する構造です。軽量で靭性に富みます。工法として、在来工法、プレハブ工法、枠組み壁工法(ツーバイフォー方式)などがあります。

■ 基礎と地盤

基礎の役目は、建物に作用する力（自重などの鉛直荷重や地震力などの水平荷重）によって、建物が横に移動したり、沈下したり、浮き上がったりしないように、地盤上にしっかりと建物を支えることです。

地業
じぎょう

基礎スラブを支えるための部分をいいます。直接地業と間接地業があり、直接地業には、割栗地業、玉石地業、砂地業、捨てコンクリート地業などがあります。間接地業には、杭地業、ピア地業などがあります。

◆ 割栗地業

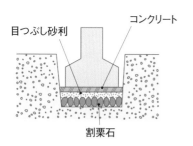

◆ 杭地業

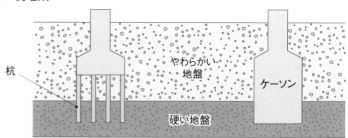

基礎から伸びた杭を硬い地盤に到達させ、建造物を支える。

鉄筋コンクリートのケーソン（箱の意味）を硬い地盤まで沈めて建造物を支える。

基礎

基礎には、直接基礎と杭基礎があります。

直接基礎

上部構造物の荷重を直接、地盤に伝達する基礎をいいます。
- 独立フーチング基礎：柱1本分の荷重を単独のフーチングで支持する基礎
- 布基礎（連続フーチング基礎）：連続した帯状のフーチングで複数の柱荷重を支持する形式の基礎
- 複合フーチング基礎：複数の柱荷重を単独のフーチングで支持する形式の基礎
- べた基礎：構造物全体の底面積が1枚の基礎スラブからなる基礎

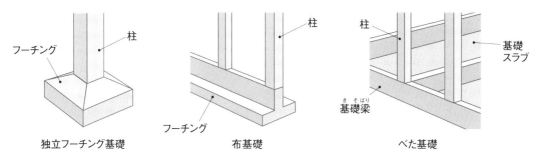

独立フーチング基礎　　　　布基礎　　　　べた基礎

杭基礎

表層の地盤が軟弱で支持層までの深さが深く、直接基礎では建物を十分支持できない場合に用います。
- 摩擦杭：地盤と杭周辺の摩擦力だけで建物を支持させる杭
- 先端支持杭：硬質地盤に貫入した杭先端の支持力で支持させる杭
- 併用杭：摩擦力と杭先端の支持力を合わせた杭

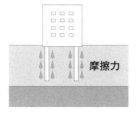
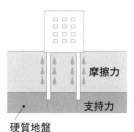

摩擦杭　　　　先端支持杭

地盤

地盤は地層によって構成され、地盤の状態は、地層の層の順序、力学的性質、地下水などによって決まります。地質調査の方法には、ボーリング標準貫入試験、平板載荷試験などがあります。

ボーリング標準貫入試験

ボーリングによって掘削した孔を利用して、1mごとに地盤の硬さを測定する標準貫入試験を行う調査です。

平板載荷試験

基礎を設置する深さまで掘削を行い、基礎に見立てた小さな鋼板（載荷板：直径30cmの円盤）を置いて実際の建物の重量に見合う荷重をかけて沈下量を測定し、地盤が安全に支持する力を判定する試験です。

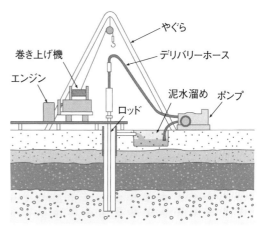

ボーリング標準貫入試験

地盤が荷重を支え、耐えることができる力を地盤力といい、法令により地耐力が規定されています。

地盤（地層）	長期に生ずる力に対する許容応力度〔kN/m²〕	短期に生ずる力に対する許容応力度〔kN/m²〕
岩盤	1,000	
固結した砂	500	
土丹盤	300	
密実な礫層	300	
密実な砂質地盤	200	長期に生ずる力に対する許容応力度のそれぞれの数値の2倍とする。
砂質地盤（地震時に液状化のおそれのないものに限る）	50	
硬い粘土質地盤	100	
粘土質地盤	20	
硬いローム層	100	
ローム層	50	

 液状化

中粒砂のゆるい地盤で、地震力により振動を受けると流動化し、地耐力を失う現象。

■構造力学と荷重

　建物にはあらゆる方向から外力（荷重）がかかり、建物の部材にはその力に抵抗する内力が働きます。これらの力のつり合いにより、建物の構造は安定します。

建築物にかかる荷重

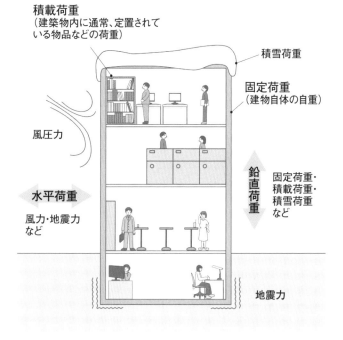

積載荷重
（建築物内に通常、定置されている物品などの荷重）

積雪荷重

固定荷重
（建物自体の自重）

風圧力

鉛直荷重

固定荷重・積載荷重・積雪荷重など

水平荷重

風力・地震力など

地震力

集中荷重

　極めて狭い範囲に作用する荷重で、1点に集中するとして考える荷重をいいます。

集中荷重　　　分布荷重

分布荷重は、板に盛った土のように、広い接触面を持つ荷重のことをいいます。その中で、材料に対して均一に荷重が分布するものは、等分布荷重と呼びます。

部材に生じる応力

曲げモーメント

部材にある点において部材を湾曲させようとする力です。

せん断力

部材内の任意の面に作用して、その材軸に直角の方向に働く力、また、ずれさせるように働く力です。

軸方向力

構造部材の軸方向に作用する力です。部材を引張る力と圧縮しようとする力があります。

■構造計画・構造設計

構造計画

建築物の規模や用途に応じて、荷重に対して力学的に安全かつ経済的な構造形式、材料などを計画し、選定することであり、鉛直荷重および水平荷重に対する計画です。

鉛直荷重を受ける部分は、荷重がなるべく均等に分布するようにし、各階の柱・壁は、上下階がなるべく同一な位置になるように計画します。

水平荷重を受ける部分は、骨組み・耐力壁・筋交いなど、垂直構面で主として抵抗させます。建築物の床面、屋根面などは水平構面（水平ブレース）と一体化し、バランスのよい計画を立てることが大切です。また、建築物の骨組み・耐力壁・筋交いなどをバランスよく配置します。

ねじれを防ぐために、平面的なバランスに対する偏心率、立体的なバランスに対する剛性率の規定があります。2次部材（非構造部材）に対する計画では、変形を制限する層間変形角の規定があります。

偏心率

平面的なバランスに対する規定（各階の偏心距離を各階の弾力変形で除した率）をいいます。

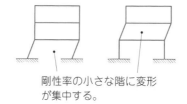

水平力

剛性率

立面的なバランスに対する規定（地震荷重に対して求められる層間変形角の逆数を、各階の層間変形角の逆数の全階にわたる平均値で除した率）です。

剛性率の小さな階に変形が集中する。

層間変形角

各階の層間変異をその層の高さで除した値で、2次部材（窓・扉など）に対する変形を制限する規定です。

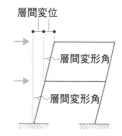

KEYWORD

剛性（ごうせい）　曲げやねじりの力に対する寸法変化（変形）のしづらさの度合いをいう。力に対して変形が小さいときは、剛性が大きい、変形が大きいときは剛性が小さいという。

構造設計

　用途、規模、構造の種別、土地の状況に応じて柱、梁、床、壁などを有効に配置し、建築物全体が、これに作用する自重、積載荷重、積雪、風圧、土圧、水圧、地震その他の振動・衝撃に対して、構造耐力上安全であることが大切です。
　構造耐力上主要な部分は、建築物に作用する水平力に耐えるように、つり合いよく配置し、使用上の支障となる変形や振動が生じないような剛性、および瞬間的破壊が生じないような靭性を持たせます。

■建築物の耐用年数と維持管理

　建築物の維持保全は、構造躯体、設備の耐用年数を把握することと、ライフサイクルコストを考慮することです。

耐用年数

建築物の耐用年数には次のようなものがあります。
- 社会的耐用年数：社会的状況（建築物に対する好みや流行、法規制上の制限など）の変化による耐用年数
- 物理的耐用年数：自然の中で物理的な劣化による耐用年数
- 経済的耐用年数：建築物の市場性の減退等により経済的に耐えられなくなるまでの耐用年数
- 法定耐用年数：所得税法と財務省令減価償却資産の耐用年数等に関する省令に定められた減価償却資産の耐用年数

◆ 法定耐用年数

単位：年

建物の用途	SRC 構造、RC 構造	S 構造		
		骨格材 >4mm	3mm< 骨格材 ≦ 4mm	骨格材 ≦ 3mm
事務所	50	38	30	22
住宅	47	34	27	19
店舗	39	34	27	19
旅館・ホテル	木造内装部分が 3 割超 31 その他 39	29	24	17
公衆浴場	31	27	19	15

建築物の耐久性・耐用性への計画

　目標耐用年数や計画耐用年数を設定し、地球環境等を考慮し、長寿命化建築物とする必要があります。維持管理しやすく、耐用年数が長く、安全性を高めた（免震、制振構造など）建築物が求められます。
　スケルトン・インフィル（SI）建築物もその流れで計画されています。スケルトン・インフィル（SI）建築物とは、建築物のスケルトン（柱・梁・床などの構造躯体）とインフィル（建築物内の内装・設備など）とを分離した工法で、スケルトンは長期間の耐久性を重視し、インフィル部分は使い手の多様なニーズにこたえるため自由な可変性を考慮した建築物をいいます。

　スケルトン

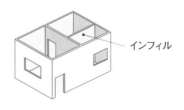　インフィル

3 建築材料と施工

建築材料は、用途により、構造材料、仕上げ材料、下地材料、断熱材料、設備材料、仮設材料などに分けられます。これらの建築材料の性能を十分把握し、適切に選択する必要があります。また、衛生上、健康被害防止の観点からシックハウス対策としてクロルピリホスを添加した材料の使用禁止や、ホルムアルデヒドの使用制限、石綿（アスベスト）の飛散防止による材料規制などがあります。

■構造材料

構造材料とは、構造躯体（くたい）を構成する材料で、木材、コンクリート、金属（鉄鋼材・非鉄金属）があります。

木材

木材の長所と短所

構造材として用いられる樹種には、すぎ、あかまつ、くろまつ、えぞまつ、とどまつ、つが、ひのき、けやき、ひば、からまつ、もみ、米ひ、米ひば、米まつ、米すぎ、米もみ、米つがなどがあります。

長所	短所
• 比重が小さく、熱伝導率が小さい。熱膨張（ねつぼうちょう）率も小さい。	• 吸水・吸湿性が大きいため、水分により変形しやすい。そのため、狂いやすく、腐朽（ふきゅう）しやすい。
• 比重の割合に強度が大きい。靱性（じんせい）も比較的大きい。	• 一般に燃えやすく、可燃性で着火点が低い（木材の引火点は、260℃前後、発火点は450℃前後）。
• 軽量で加工しやすく、まっすぐで長い材が得やすい。	• 虫害（シロアリなど）を受けやすいため、薬剤処理を必要とする。
	• 節、繊維方向により強度にばらつきが多い。

❓ 熱伝導率

物質の移動なしに熱が高温から低温へ運ばれる現象を熱伝導といい、この熱移動の起こりやすさを表す係数をいう。単位は W/m・K で表記され、$1m^2$ の立方体において 1 秒間に 1m 移動する熱量を表す。乾燥木材の熱伝導率 K〔W/m・K〕は 0.15 ～ 0.25 である。

合板、集成材

● 構造用合板
建物の構造耐力上の主要な部分に用いる合板。

● 構造用集成材
建物の構造耐力部材に用いる強度の高いもの。必要な強度に応じた断面寸法とすることができ、直線材のほかに湾曲（わんきょく）材も可能。

● 構造用大断面集成材
構造用集成材の中で厚さが 75mm 以上、積層厚さが 150mm 以上のもので、特に大型構造物の構造材料として用いるもの。

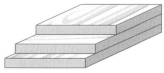

構造用合板

コンクリート

コンクリートは、セメント、骨材（砂＝細骨材、砂利＝粗骨材）、水および混和材量を均一に練り混ぜてつくられたものです。

◆ コンクリートの長所と短所

長所	短所
・圧縮強度が大きい。	・自重が大きい。
・耐久性・耐火性がある。	・引張強度が小さい。
・部材の形状を自由に成型が可能。	・伸びが小さい。
・鋼材の防錆力が大きい。	・硬化時に収縮亀裂の可能性が生じやすい。
・経済的である。	

使用材料

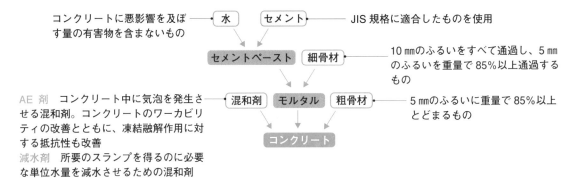

AE剤　コンクリート中に気泡を発生させる混和剤。コンクリートのワーカビリティの改善とともに、凍結融解作用に対する抵抗性も改善

減水剤　所要のスランプを得るのに必要な単位水量を減水させるための混和剤

KEYWORD

ワーカビリティ	材料の分離を生じさせることなく、運搬、打込み、締固め、仕上げなどの作業が容易にできる程度で示されるフレッシュコンクリートの性質。
スランプ試験	ワーカビリティを調べる指標の一つで、フレッシュコンクリートの流動性を示すスランプ値を求める試験。

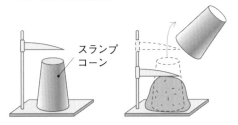

スランプコーン

スランプコーン一杯にフレッシュコンクリートを詰め、スランプコーンを引き上げたあと、コンクリートが下がった数値をスランプ地とする。

調合

● 単位水量

コンクリート $1m^3$ 中に含まれる水量。上限が $185kg/m^3$ と定められ、単位水量が大きいと乾燥収縮によるひび割れやブリージングが大きくなります。

● 単位セメント量

コンクリート $1m^3$ 中に含まれるセメントの重量。最小値が $270kg/m^3$ と定められ、単位セメント量が小さすぎるとワーカビリティが低下するおそれがあります。

水セメント比

コンクリートの配合における使用水量のセメント量に対する重量比のこと。

$$X〔\%〕= \frac{W}{C} \times 100$$

X：水セメント比〔%〕、W：単位水量〔kg/m^3〕、C：単位セメント量〔kg/m^3〕

水セメント比が大きいほど、圧縮強度は低下し、コンクリートの中性化は早くなり、コンクリートの透水性は大きくなり、乾燥収縮が大きくなり、コンクリートのクリープも大きくなります。

◆ 水セメント比と強度の関係

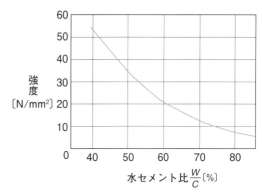

KEYWORD

中性化	大気中の二酸化炭素（CO_2）がコンクリート内に侵入し、炭酸化反応を引き起こすことにより、本来アルカリ性である細孔溶液の pH を下げる現象をいう。

コンクリートの種類

軽量コンクリート	密度がおおむね 2.0t/m^3 以下のコンクリート。建築物や部材の質量を低減したい場合に用いられる。
普通コンクリート	密度がおおむね 2.3t/m^3 程度のコンクリート。普通骨材を用いており、一般の鉄筋コンクリート構造物に用いられる。
重量コンクリート	密度がおおむね 3.0t/m^3 以上のコンクリート。重量骨材を用いており、遮蔽用コンクリートとして用いられる。
高強度コンクリート	一般に使用されるコンクリートよりも強度の高いコンクリート。JASS 5（建築工事標準仕様書）では、設計基準強度が 36N/mm^2 超える部材に用いるコンクリートと定義している。
流動性コンクリート	施工現場で流動化剤を後添加して、施工のための流動性を高めたコンクリート。

コンクリートの性質に関する用語

強度

一般にコンクリートは圧縮強度の大きい材料です。せん断強度は圧縮強度の約 1/4 ～ 1/7、曲げ強度は、圧縮強度の約 1/5 ～ 1/8、引張強度は約 1/10 ～ 1/13 です。

ヤング係数

木材やコンクリート材料によって異なる材料の変形しにくさを表す係数です。材料密度、質量などによって変化し、数値が大きいほど、たわみにくい材料になります。

ブリージング

セメント粒子、大粒の骨材などの沈降によって比重の小さい水がコンクリートの上方面に浮き出てくる現象です。これによりコンクリート上部が多孔質となってしまい、水密性、耐久性が低下します。

レイタンス

ブリージングにともなってコンクリート表面に浮かび出た物質をいいます。この部分は、強度、水密性、耐久性が低下します。

金属材料（鉄鋼・非鉄金属）

建築用の金属材料には、鋼材や鉄筋コンクリート用鉄筋などの鉄鋼材と、非鉄金属のアルミニウム、ステンレス鋼、銅、真鍮、青銅（ブロンズ）などがあります。

鋼の性質

　鋼は引張り強さが大きい材料のため、鋼の強度は一般に引張りに対する強度で評価されます。引張り強度を調べる試験では、材料に引張り荷重を加え、材料が変形し、破壊するまでの応力とひずみ（材料の伸び）の関係が表されます。これを応力度—ひずみ曲線といいます。

　材料が弾性限度を超え、ある値に達すると，応力がほとんど増加することなくひずみだけが急激に増加します。この限界の応力を降伏点といい、鋼の場合は上降伏点と下降伏点があります。鋼の引張強さは200〜300℃で最大となり、それ以上温度が上がると急激に低下します。

　また、鋼は炭素の含有量が増加すると強度が上昇しますが、伸びや靱性が低く、もろくなります。

◆ 応力度—ひずみ曲線

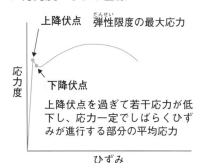

◆ 炭素含有量による強度・伸びの違い

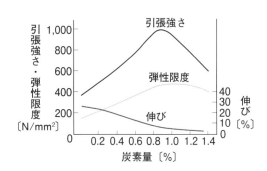

構造用材

- SS鋼（一般構造用圧延鋼材）：一般に広く用いられている鋼材で、通常溶接はしない。
- SM鋼（溶接構造用圧延鋼材）：溶接に適した鋼材。
- SN鋼（建築構造用圧延鋼材）：SM鋼をベースに鉄骨建築に求められる強度や伸びなどの特性が強化された鋼材。
- TMCP鋼：熱加工制御により製造された高靱性で溶接に優れた鋼材。
- FR鋼（耐火鋼）：モリブデン、バナジウムなどの元素を添加することで耐火性を高めた鋼材。

非鉄金属の種類と特性

種類	性質
アルミニウム	・軽量で強度があり、加工性に富む。 ・耐食性、耐摩耗性は大きいが、酸やアルカリに弱い。 ・融点が低く（660℃）、火災に弱い。 ・熱伝導率が高く、結露しやすい。
ステンレス鋼	・鉄鋼にクロムやニッケルを加えて作られる。 ・炭素量が少ないものほど耐食性に優れている。 ・錆に強いが、加工はしにくい。
銅	・加工性に富む。 ・表面に酸化による緑青が生じ、耐食性に優れる。
真鍮	・銅と亜鉛の合金。 ・加工が容易で、耐食性がある。
青銅（ブロンズ）	・銅と錫の合金。 ・鋳造性に富み、耐食性に優れている。
鉛	・比重の大きな金属。 ・やわらかく加工がしやすい。 ・酸への耐食性は大きいが、アルカリに弱い。
溶融亜鉛めっき鋼	・鋼材に亜鉛をめっきした鋼板。 ・亜鉛の腐食生成物が保護膜となり表面を覆うことで耐食性を高めている。

■仕上げ材料

仕上げ材料とは、部位の表層部を構成する材料で、外部と内部の材料に分けられます。

屋根と防水仕上げ

屋根材は、雨、雪、風、日照などに耐えられる性能が要求されます。陸屋根の防水層としては、アスファルト防水、モルタル防水、シート防水、塗膜防水、ステンレスシート防水などがあります。勾配屋根には鋼板などの屋根材があります。

壁・天井

外壁には、防水性、耐火性、耐久性、断熱性、遮音性などが要求されます。種類には、モルタル塗り、吹付け、タイル張り、石張り、鋼板張りなどがあります。RC造の場合、コンクリート打ち放し仕上げもあります。

内壁・天井には、吸音性、遮音性、質感、材質感などが要求されます。種類には、漆喰、プラスタ(石灰・石膏などの鉱物質の粉末と水を混錬した左官材料)、木質天井材、クロス張りなどがあります。

床材・開口部

床材には、耐摩耗性、防水性、防音性、踏み心地のよさ、美しさなどが要求されます。種類には、タイル、テラゾ(大理石や花崗岩の砕石を白色セメントに混ぜて固め、磨いて大理石のように仕上げた人造石)、大理石、縁甲板、アスファルトタイル、カーペット、畳などがあります。

開口部とは、窓や出入口の扉(自動ドアや回転ドアなども含む)で、安全性、利便性、そして換気や採光、排煙など機能上でも要求されます。木製、アルミニウム製、鋼製、ステンレス製などがあります。

その他の主要材料

ガラス

ガラスの主成分は珪砂で、主成分はケイ酸です。建築では以下の種類がよく使用されます。
- 板ガラス:不燃材料だが、550℃程度で軟化するため、加熱されると破壊する。
- 網入りガラス:ガラスの飛散・落下がないため防火用に使用される。
- 複層ガラス:単板ガラスに比較して断熱性は優れているが、ガラスからの熱損失は大きくなる。断熱または室内外の温度差によるガラス表面の結露防止に役立つ。
- 強化ガラス:焼き入れ処理を行ったガラスで、衝撃強さは加熱急冷加工により一般の板ガラスの5倍程度ある。

石材

建築では、大理石や花崗岩がよく使用されます。大理石は変成岩の一種で、内装材として用いられますが、酸と火に弱く、大理石は花崗岩に比べて風化しやすい石材です。花崗岩は耐火性が低く、火熱に合うと熱膨張のため崩壊します。

◆ 石材の長所と短所

長所	短所
・不燃性、耐久性、耐水性に富む。	・引張強度が小さい。
・圧縮強度が大きい。	・長大材が得にくい。
・色調、模様、光沢が美しい。	・比重が大きく、加工しにくい。

大理石

4 建築基準法と消防法

建築基準法は、建築物のあり方を示す基本的事項を定めたものです。建築物を新築するときに限らず、維持保全において基本的かつ非常に重要な法律です。消防法も建築の安全維持管理の上で重要で、建築基準法と関係の深い法律です。

■ 建築基準法

建築基準法は、建築物の敷地、構造、設備および用途に関する最低の基準を定めて、国民の生命、健康および財産の保護を図り、もって公共の福祉の増進に資することを目的とします。

建築基準法の用語

建築物（建築基準法（以下「法」と略す）第2条第1号）

土地に定着する工作物のうち、屋根と柱、壁を有するもの（これに類する構造のものを含む）、これに附属する門や塀、観覧のための工作物または地下や高架の工作物内に設ける事務所、店舗、興行場、倉庫などの施設（鉄道や軌道の線路敷地内の運転保安に関する施設並びに跨線橋、プラットホームの上家、貯蔵槽などを除く）をいい、建築設備を含みます。

屋根、柱、壁を有することが、建築物の要件となる。

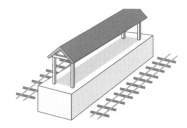

プラットホームの上家は建築物に該当しない。

特殊建築物（法第2条第2号）

学校（専修学校および各種学校を含む）、体育館、病院、劇場、観覧場、集会場、展示場、百貨店、市場、ダンスホール、遊技場、公衆浴場、旅館、共同住宅、寄宿舎、下宿、工場、倉庫、自動車車庫、危険物の貯蔵場、と畜場、火葬場、汚物処理場などの建築物をいいます。

建築設備（法第2条第3号）

建築物に設ける電気、ガス、給水、排水、換気、暖房、冷房、消火、排煙、汚物処理の設備、煙突、昇降機、避雷針をいいます。

居室（法第2条第4号）

居住、執務、作業、集会、娯楽などの目的のために継続的に使用する室をいいます。

主要構造部 （法第2条第5号）

　壁、柱、床、梁、屋根、階段をいい、建築物の構造上重要でない間仕切壁、間柱、附け柱、揚げ床、最下階の床、廻り舞台の床、小ばり、ひさし、局部的な小階段、屋外階段などの部分を除くものとします。

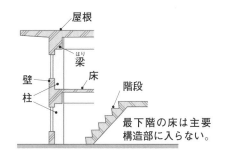

屋根
梁
壁
柱
床
階段
最下階の床は主要構造部に入らない。

構造耐力上主要な部分 （建築基準法施行令（以下「令」と略す）第1条第3号）

　構造耐力上重要である基礎、基礎杭、壁、柱、小屋組、土台、斜材(筋交い、火打材など)、床版、屋根版、横架材（梁、桁など）で、建築物の荷重、その他の外力による衝撃を支える部分をいいます。

延焼のおそれのある部分 （法第2条第6号）

　隣地境界線、道路中心線または同一敷地内の2つ以上の建築物（延べ面積の合計が 500m^2 以内の建築物は、一つの建築物とみなす）相互の外壁間の中心線から、1階にあっては 3m 以下、2階以上にあっては 5m 以下の距離にある建築物の部分をいいます。

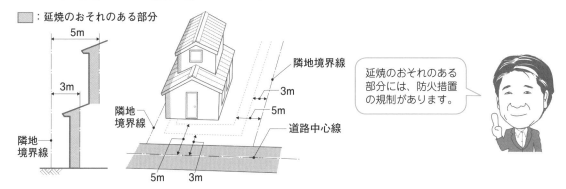

：延焼のおそれのある部分

5m
3m
隣地境界線

隣地境界線
隣地境界線
道路中心線

3m
5m

5m　3m

延焼のおそれのある部分には、防火措置の規制があります。

耐火構造 （法第2条第7号、令第107条）

　壁、柱、床などの構造のうち、耐火性能に関して政令で定める技術的基準に適合する鉄筋コンクリート構造、れんが造などの構造で、国土交通大臣が定めた構造方法を用いるもの、または国土交通大臣認定を受けたものをいいます。また、耐火性能は、通常の火災が終了するまでの間、建築物の倒壊・延焼を防止するために建築物の部分に必要な性能をいいます。

準耐火構造 （法第2条第7号の2、令第107条の2、令第115条の2の2）

　壁、柱、床などの構造のうち、準耐火性能に関して政令で定める技術的基準に適合するもので、国土交通大臣が定めた構造方法を用いるもの、または国土交通大臣認定を受けたものをいいます。また、準耐火性能は、通常の火災による延焼を抑制するため建築物の部分に必要な性能をいいます。

防火構造 （法第2条第8号、令第108条）

　建築物の外壁や軒裏の構造のうち、防火性能に関して政令で定める技術的基準に適合する鉄網モルタル塗、しっくい塗などの構造で、国土交通大臣が定めた構造方法を用いるものまたは国土交通大臣の認定を受けたものをいいます。また、防火性能は、建築物の周囲で発生する通常の火災による延焼を抑制するための外壁・軒裏に必要な性能をいいます。

不燃材料 （法第 2 条第 9 号、令第 1 条第 5 号、第 6 号、令第 108 条の 2）

　不燃性能に関して不燃材料、準不燃材料、難燃材料の 3 ランクがあり、通常の火災による加熱が加えられた場合に、不燃材料は過熱開始後 20 分間、準不燃材料は 10 分間、難燃材料は 5 分間、燃焼しないこと、防火上有害な変形、溶融、き裂、その他の損傷をしないこと、避難上有害な煙、ガスを発生しないことの 3 要素を満たしているものとして、国土交通大臣が定めたものまたは国土交通大臣の認定を受けたものをいいます。

耐火建築物 （法第 2 条第 9 号の 2、令第 108 条の 3）

　主要構造部が耐火構造であること、または耐火性能の技術的基準に適合するものであること。さらに、外壁の開口部で延焼（えんしょう）のおそれのある部分に、防火戸かその他の政令で定める防火設備を有するものをいいます。

準耐火建築物 （法第 2 条第 9 号の 3、令第 109 条の 3）

　主要構造部を準耐火構造（準耐火構造には耐火構造も含まれる）としたもの、もしくはこれと同等の準耐火性能を有するものとして、主要構造部の防火の措置などについて政令で定める技術的基準に適合するものをいいます。さらに、外壁の開口部で延焼のおそれのある部分に、政令で定める構造の防火戸、その他の防火設備を有するものとします。

設計図書（せっけいとしょ）（法第 2 条第 12 号）

　建築物、その敷地または工作物に関する工事用の図面（原寸図その他これに類するものを除く）や仕様書をいいます（20 ページ参照）。

建築 （法第 2 条第 13 号）

　建築物を新築し、増築し、改築し、または移転することをいいます。

◆ 新築

◆ 増築

◆ 改築

◆ 移転

| 何もない敷地に新しく建築物を建てること。何もない敷地に、別の敷地から建築物を移動しても新築という。 | 既存の建築物に付け加えて増やすこと。敷地内に別棟を新しく建てることも増築という。 | 壊してつくり直すこと。用途・構造・規模のいずれかに変更がある場合は改築ではない。 | 同一敷地内にて、建築物の位置を変更すること。別敷地への移転は、移転先敷地での新増築となる。 |

敷地 （令第 1 条第 1 号）

　1 つの建築物または用途上、不可分の関係にある 2 つ以上の建築物のある一団地の土地をいいます。

地階 （令第 1 条第 2 号）

　床が地盤面下にある階で、床面から地盤面までの高さがその階の天井の高さの 3 分の 1 以上のものをいいます。

建築基準法の手続等

建築確認申請 （法第 6 条、法第 6 条の 2）

建築主は建築物を建築しようとする場合、建築主事に対して確認の申請をします。

◆ 確認申請が必要な建築物

適用区域	建築物の用途・構造	規模	工事種別	条文
全国	①特殊建築物	その用途の床面積の合計 100m² 以上	新築、増築、改築、移転、大規模の修繕、大規模の模様替	法第 6 条 法第 87 条※
	②木造建築物	階数 3 以上または延べ面積 500m² 以上、高さ 13m 以上、軒高 9m 以上		法第 6 条
	③木造以外	階数 2 以上または延べ面積 200m² 以上		
	④建築設備（エレベーター、エスカレーター）	令第 146 条で指定したもの	設置	法第 87 条の 2
	⑤工作物	令第 138 条で指定したもの	築造	法第 88 条
都市計画区域内、準都市計画区域内および知事の指定区域内	⑥ ①②③以外のすべての建築物		建築	法第 6 条

* 用途変更して、①に当てはまるときも必要（法第 87 条）。ただし、類似の用途に変更する場合は除く。

中間検査・完了検査 （法第 7 条～法第 7 条の 4）

建築主は、特定工程を含む建築工事を行う場合、中間検査を申請しなければなりません。また、工事を完了したときは、建築主事の検査を申請する必要があります。

❓ **特定工程**

階数が 3 以上である共同住宅の 2 階の床や梁に配筋を配置する工事の工程、または特定行政庁が指定する工程。

特定行政庁

建築主事を置く市町村の区域については当該市町村の長をいい、その他の市町区域については都道府県知事をいう。

定期検査報告等 （法第 12 条第 1 項、法第 12 条第 3 項）

❶ 特殊建築物等の定期調査報告

調査対象建築物	特殊建築物、その他政令で定める建築物（事務所その他これに類する用途の建築物のうち、階数が 5 以上で延べ面積 1,000m² を超えるもの）で特定行政庁が指定するもの。
定期報告	建築物の所有者（所有者と管理者が異なる場合は管理者）が特定行政庁に報告する。
報告期間	6 か月～3 年以内の間隔（特定行政庁指定）
調査内容	対象建築物の敷地、構造、建築設備の安全、防火、避難に関する事項の状況
調査者	1・2 級建築士、特殊建築物等調査資格者

❷ 昇降機、建築設備の定期検査報告

検査対象建築設備	昇降機や特殊建築物などの建築設備で特定行政庁が指定するもの。
定期報告	建築設備等の所有者などは、検査の結果を特定行政庁に報告する。
報告期間	6か月～1年以内の間隔（特定行政庁指定）
検査内容	建築設備等の安全、衛生、防火、避難に関する事項についての検査
調査者	1・2級建築士、建築基準適合判定資格者、特殊建築物等調査資格者、昇降機検査資格者、または建築設備検査資格者

集団規定による建築物の制限

用途地域内の建築物の用途制限 （法第2条第21号、法第48～51条）

　都市計画法（第8条）により、都市地域において、土地の合理的な利用を図り、良好な市街地の環境を確保するために、地域の使い方を定めます。

◆ 用途地域の種類

	地域地区の種類	地域の特徴
住居系	第1種低層住居専用地域	低層住宅に係る良好な住居の環境を保護する地域
	第2種低層住居専用地域	主として低層住宅に係る良好な住居の環境を保護する地域
	第1種中高層住居専用地域	中高層住宅に係る良好な住居の環境を保護する地域
	第2種中高層住居専用地域	主として中高層住宅に係る良好な住居の環境を保護する地域
	第1種住居地域	住居の環境を保護する地域
	第2種住居地域	主として住居の環境を保護する地域
	田園住居地域	農業の利便の推進を図りつつ、良好な低層住宅の環境を保護する地域
	準住居地域	道路の沿道としての地域の特性にふさわしい業務の利便の増進を図りつつ、これを調和した住居の環境を保護する地域
商業系	近隣商業地域	近隣の住宅地の住民に対する日用品の供給を行うことを主とし、商業その他の業務の利便を増進する地域
	商業地域	主として商業その他の業務の利便を増進する地域
	準工業地域	主として環境の悪化をもたらすおそれのない工業の利便を増進する地域
工業系	工業地域	主として工業の利便を増進する地域
	工業専用地域	工業の利便を増進する地域

建築物の形態規制

● 容積率の最高限度を規定 （法第52条）
　容積率は延べ床面積の敷地面積に対する割合をいいます。

$$容積率〔\%〕 = \frac{延べ面積}{敷地面積} × 100$$

　容積率には、用途地域の種別に対応した制限があります。また、前面道路の幅員が12m未満の場合の制限があり、いずれかの厳しい値をその敷地の容積率とします。

このビルの容積率は
$\frac{200}{100}×100=200\%$
となる。

敷地面積100m²

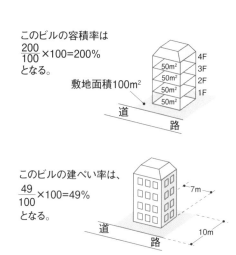

● 建ぺい率の最高限度規定 （法第53条）
　建ぺい率は建築面積の敷地面積に対する割合をいいます。

$$建ぺい率〔\%〕 = \frac{建築面積}{敷地面積} × 100$$

　建ぺい率は、用途地域制に連動して規制しています。2つ以上の制限の異なる区域にわたる場合は、その加重平均によります。

このビルの建ぺい率は、
$\frac{49}{100}×100=49\%$
となる。

建築物の高さの制限

● 道路斜線（法第 56 条第 1 項第 1 号、法第 56 条第 2 項〜 7 項、別表 3、令第 130 条の 11 〜第 135 条の 2）
　建築物が道路に与える圧迫感を軽減するための規定
● 隣地斜線制限（法第 56 条第 1 項第 2 号、法第 56 条第 5 項〜第 7 項、令第 135 条の 3）
　建築物が、隣接する他の敷地に与える圧迫感を軽減するための規定
● 北側斜線（法第 56 条第 1 項第 3 号、法第 56 条第 5 項〜第 7 項、令第 135 条の 4）
　北側に隣接する（または北側の道路などをはさんで隣接する）他の敷地の日当たりを考えた規定
● 日影規制（法第 56 条の 2、別表第 4、令第 135 条の 12 〜 13）
　一定の規模以上の建築物を建てるとき、周囲の敷地に一定時間以上影を落とさないことの規定
● 高度地区（法第 58 条、都市計画法第 8 条〜 9 条）
　都市計画で定める建築物の高さの最高または最低限度の規定
● 第 1 種、第 2 種低層住居専用地域の制限（法第 55 条、令第 130 条の 10）
　低層住宅地の環境を守るため、建築物の高さの最高限度を 10m または 12m までとする規定

■消防法

　消防法は、火災を予防、警戒、鎮圧して国民の生命、身体および財産を火災から保護するとともに、火災、地震などによる被害を軽減することで、安寧秩序を保持し、社会公共の福祉の増進に資することを目的としています。

火災と消火の原理

火災の種類

● 一般火災：木材、紙などの一般的な可燃物による火災
● 油火災：可燃性液体（ガソリン）、油などによる火災
● 電気火災：電気機器などによる火災
● 金属火災：マグネシウム、ナトリウムなどによる火災

消火方法

● 除去消火　　　　　　　● 窒息消火　　　　　　　　● 冷却消火

可燃物を除去する。　　　酸素の供給を絶つ。　　　　熱を奪う。

　● 希釈消火　　　　　　　　　● 負触媒消火

水溶性
アルコール　　水道水

可燃物や酸素を希釈する。　　　酸化反応を抑制する負触媒効果による消火。

消防設備の種類

消火器

　火災の初期発見段階での消火に使用するもので、炎が天井まで達する程度まで拡大した火災には不適です。水消火器、強化液消火器、泡消火器、粉末消火器、ハロゲン化物消火器、二酸化炭素消火器などがあります。

屋内消火栓設備

　初期消火に非常に有効な消火設備で、消防隊だけが使用するものではなく、火災を発見した一般の人が使うことができます。消火栓には1号消火栓と2号消火栓があり、1号消火栓に易操作性1号消火栓、2号消火栓に広範囲型2号消火栓が加わり、4種類の消火栓があります。各消火栓の比較や操作方法については、132ページを参照してください。

屋内消火栓設備

スプリンクラー設備

　火災を小規模のうちに消火する散水式の自動消火設備で、特に初期消火に有効です。使用されるヘッド（放出口）によって、開放型と閉鎖型に大別でき、開放型スプリンクラー設備は、劇場の舞台部など火の回りが早い場所に設置します。一般的な場所には閉鎖型スプリンクラーを設置します。

スプリンクラーヘッド

屋外消火栓設備

　建築物などの1階、2階部分の消火を行い、隣接した建築物への延焼も防止します。消火栓弁・ホース・ノズルを内蔵した屋外消火栓箱型と、地上ピット格納型、地上スタンド型があります。

泡消火設備

　油火災などのように注水による消火方法では火災が拡大するような場合の消火設備で、泡で燃焼物を覆い、窒息作用と冷却作用で消火するものです。駐車場や飛行機の格納庫などに設置されます。

不活性ガス消火設備・ハロゲン化物消火設備・粉末消火設備

　電気室や通信機器室、ボイラ室などに設置されます。火災の際は、手動起動装置の扉を開けて警報を発し、対象室の人を避難させ無人になったことを確認して起動スイッチを押します。
● **不活性ガス消火設備**：不活性ガスの放出による希釈作用を主とした消火方法です。
● **ハロゲン化物消火設備**：消火薬剤をハロゲン化物（ハロン1301など）とするもので、負触媒作用による消火方法です。
● **粉末消火設備**：消火薬剤として重炭酸ナトリウムなどの粉末を使用するもので、負触媒作用による消火方法です。

連結送水管

　消火活動上必要な施設の一つ。火災の際に、消防ポンプ車が1階外壁、または外部に設置された放水口から配管に圧力水を放水し、消防隊がホース・ノズルを持ち込み、建築物内各所に設けられた放水口に接続して放水し、消火活動を行います。

連結散水設備

　消火活動上必要な施設の一つ。消火活動が困難な地下街に設置するもので、火災の際は、消防ポンプ車が火災発生場所に対応している送水区域の送水口から圧力水を送水し、散水ヘッドから放水して消火します。

第3章

建築物の環境衛生

ビルの管理では、建築物をとりまく環境が衛生面において良好であり、そこで生活する人々が健康を維持できる状態に整備することが重要です。この「建築物の環境衛生」の章では、温熱条件や冷暖房、室内空気、騒音・振動、照明や色、水などが人間に与える影響について説明します。そのなかで、人間と建物がどのように環境に適合するか学びましょう。

1 温熱環境と健康

建築物の温熱環境は、人間の健康と大きなかかわりがあります。人は外部の環境の変化に応じて、また、身体機能や体液成分などを制御し、変動幅を一定にすることで内部環境を一定に保つことができます。このことを、人体機能の恒常性（ホメオスタシス：一定に調節する性質）といいます。

■ 体温調節と温熱条件

　人体の温度は、測定する部位によって大きく異なります。顔、躯幹（からだ：胴体）、手、足などの表面温度は外気温の影響を受けやすいですが、身体内部の温度は外気温に左右されにくく、この身体内部を核心部といい、その温度を核心温といいます。

　一般に、体温は核心温を示します。核心温の指標としては、直腸温、食道温、鼓膜温、舌下温、腋下（脇の下）温などが用いられます。体温は通常は、体内で産生される熱量と、表面から外部へ放散される熱量とのつりあいによって 37℃ 前後に維持されています。安静にして椅子に座っている状態で、暑くも寒くもないときの平均皮膚温は、季節や着衣条件に関わらず 33℃ 〜 34℃ で、35℃ 以上で暑さ、31℃ 以下で寒さを感じます。

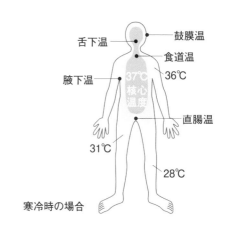

鼓膜温
舌下温
食道温
腋下温
36℃
37℃ 核心温度
直腸温
31℃
28℃
寒冷時の場合

体温調節機能

　人は体内における産熱と放熱が平衡を保ち、一定の体温を維持しています。

❶ 産熱機能
　基礎代謝の増進や低温曝露時（低い温度の風や雨にさらされること）による産熱（体内で作られる熱）の増加による制御です。

❷ 放熱機能
　発汗、呼吸、血管循環、皮下組織の熱遮断などによる制御です。

人体の産熱と放熱の関係

　人体は、周囲の温度が変化すると、暑さに対する発汗や寒さに対する血管収縮などにより体温調節機構が働きます。体内で食物と酸素によって生産された熱量（産熱）と放出される熱量（放熱）のバランスがとれているとき、もっとも快適な状態になります。

代謝量

人体の体温（36 ～ 37℃）を保つために行われている生理的活動や、エネルギーを使用して熱を放散する現象（新陳代謝）を代謝といいます。

絶対安静状態（気温約21℃、8時間以上の睡眠などの条件）において生命保持のために必要とされる最小限の代謝で、早朝覚醒後の空腹時で、仰向けになって寝ている体勢（仰臥姿勢）におけるエネルギー代謝を基礎代謝といいます。日本人成人男性の場合、約1,450kcalで、女性は男性の80 ～ 85％程度といわれています。基礎代謝は、幼児や高齢者では性による差違は少ないです。また、体表面積当たりの基礎代謝は、体の大きさによらずほぼ一定となっています。

● エネルギー代謝率（RMR：Relative Metabolic Rate）

運動や作業による代謝の増加率を表したもので、その関係は次式となります。

$$RMR = \frac{作業代謝量 - 1.2\ 基礎代謝量}{基礎代謝量}$$

KEYWORD

met（メット）　椅座位安静時(椅子に座って何もしていない状態)の代謝は、基礎代謝の1.2 ～ 1.25倍で、この椅座位安静時の代謝を1 met という。

➡ 1.2 基礎代謝量＝安静時代謝量

着衣量（着衣の熱抵抗）

人間の温熱感は、着衣量によっても左右されます。

着衣量を表すときにclo（クロ）という単位が用いられます。気温21℃、相対湿度50％、気流0.1m/sの状態で、何も着ていないときを0 clo として、1 clo は標準的な背広の上下を着た場合の熱抵抗を表します。

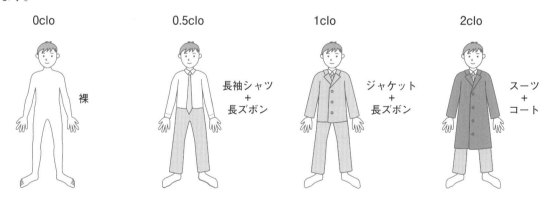

0clo	0.5clo	1clo	2clo
裸	長袖シャツ＋長ズボン	ジャケット＋長ズボン	スーツ＋コート

温熱環境指標

ある温度、湿度、風速の状態において、人が感じる温熱などの感覚を表す指標について、以下に説明します。

有効温度（ET：Effective Temperature）

有効温度は室内温感覚の尺度で、乾球温度（温度）、湿球温度（湿度）、風速（気流）の3要素から求められています。気温 t ℃、湿度100％、気流0 m /sec の場合と同じ温冷感が得られる温熱因子の組み合わせを有効温度 t （℃ ET）として表したものです。

有効温度
乾球温度（温度）
湿球温度（湿度）
風速（気流）

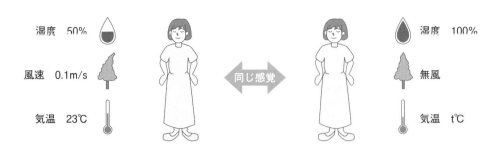

修正有効温度 （CET：Corrected Effective Temperature）
コレクテッド エフェクティブ テンパラチャー

　有効温度に放射熱の影響を加え4要素で評価したものを、修正有効温度といいます。グローブ温度、湿球温度、風速から求めます。グローブ温度は、周囲からの放射の影響を受けた温度で、グローブ温度を測定するグローブ温度計は、直径15cm程度の黒いグローブ球の内部に温度計（または温度センサー）を設置したものです。

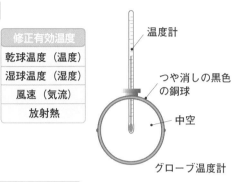

修正有効温度
乾球温度（温度）
湿球温度（湿度）
風速（気流）
放射熱

新有効温度 （ET*：New Effective Temperature、イー・ティー・スター）
ニュー エフェクティブ テンパラチャー

　相対湿度50%を基準として、乾球温度、湿球温度、気流、放射熱、作業強度（代謝量）、着衣量の6つの因子により計算し、環境を総合的に評価するものです。

　着衣量0.6clo（クロ）、椅位軽作業1.0～1.2met（メット）、気流0.1～0.15m/sec、相対湿度40～60%、平均放射温度＝気温、という状態を標準新有効温度（SET*：Standard Effective Temperature）といいます。
スタンダード

　標準新有効温度22.2～25.6℃ SET* の温度範囲では80%以上の人が快適となり、室内の空調計画において基準温度となっています。以下に快適な温湿度域を示します。

新有効温度
乾球温度（温度）
湿球温度（湿度）
風速（気流）
放射熱
作業強度（代謝量）
着衣量

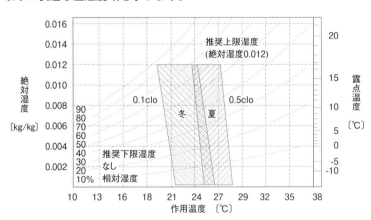

冬は1.0clo、夏は0.5cloの衣服を着用したヒトが、風速0.2m/秒以下の場合における座位の状態(代謝量1.1met以下)、作用温度と湿度の快適範囲(ASHRAE2009)

等価温度 （EW：Equivalent Warmth）
イクイヴァレント ウォームス

　乾球温度、気流速度および周囲の壁からの放射温度に関係するもので、実用上はグローブ温度計により求められます。

湿球黒球温度（WBGT：Wet-bulb Globe Temperature Index）

湿球黒球温度とは、高温環境での熱ストレスを評価する指数です。乾球温度、湿球温度、グローブ温度から算出され、スポーツ時の熱中症の予防や高温職場の許容基準として使用されています。

作用温度（OT：Operative Temperature）

作用温度は、乾球温度、気流、周囲の壁からの放射を総合的に考慮した温度です。壁面の平均温度と室内の気温の平均で表されます。人体との熱交換を基礎にした尺度で、建築空間などの温熱環境評価に用いられています。

不快指数（DI：Discomfort Index）

不快指数は、夏季の蒸し暑さの判定に用いられる指標です。
不快指数は以下のいずれかにより求められます。

● DI=0.72×（Td＋Tw）＋40.6
● DI = 0.81Td +0.01H（0.99Td −14.3）+46.3

ここで、Td：乾球温度（気温）〔℃〕、Tw：湿球温度、
H：相対湿度〔%〕。

日本人の場合、DI が 77 で半数の人が不快、不快指数 85 で全員が不快といわれています。

不快指数	不快の程度
86	がまんできない不快さ（蒸し暑くてたまらない）
80	すべての人が不快に感じる（暑くて汗が出る）
75	半数以上の人が不快に感じる（やや暑さを感じる）
70	不快を感じ始める
68	快適

予想平均（温冷感）申告（PMV：Predicted Mean Vote）

PMV は、温熱環境に関する気温、放射温度、気流、湿度といった物理的要素と、着衣量、活動量（代謝量）を示す人間的要素の 6 つがどのような複合効果を持つかを評価する指標で、右の 7 段階の尺度を数値化しています（ISO-7730 として国際規格化）。

＋3	暑い
＋2	暖かい
＋1	やや暖かい
0	どちらでもない
−1	やや涼しい
−2	涼しい
−3	寒い

予想不満足（者）率（PPD：Predicted Percentage of Dissatisfied）

PMV は多数の居住者の平均的な温冷感申告を表しており、PMV が 0（暑くも寒くもない）の場合でも、温冷感が全員満足しているわけではありません。PPD は、在室者が暑い寒いという感覚を持つとき、どのくらいの人がその環境に満足しているかを示すものです。PMV と PPD の関係は図のとおりです。

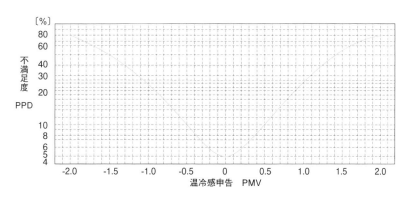

■異常温度環境による健康障害

　高温により発症する障害として、もっとも深刻なものが熱中症といえます。熱中症とは、暑熱障害による症状の総称をいい、室内においても発症する危険があり、注意が必要です。

　熱中症の種類は下表のとおりです。

軽症	熱失神	血管の拡張と脱水により血圧が低下し、脳への血流が悪くなり、一過性の意識消失を起こす。
	熱けいれん	大量の汗をかき低ナトリウム血症となり、筋肉のけいれんを起こす。
中等症	熱疲労	高温にさらされて大量の汗をかき、脱水症状となり、全身倦怠感、脱力、めまい、頭痛、吐き気などの症状を起こす。
重症	熱射病	高音にさらされて体温が異常上昇し、中枢神経機能が異常をきたす。
	日射病	炎天下にさらされるなど太陽光が原因で、脱水症状やめまい、頭痛、吐き気などが起こる。

? 熱けいれん

　熱の放射時の過剰な発汗により身体から水分と塩分（ナトリウム）が失われる際に、水分を大量に摂取すると塩分濃度が薄まり、有痛性の筋収縮が生じること。

■冷暖房と健康

　現代社会において、建物内で快適に過ごすために空調（冷暖房）は不可欠なものとなっています。冷暖房の温度を適切に設定することは、建物内の人の健康や業務の効率などに大きく影響します。

　冷暖房を行う場合の注意点としては、冷房時は室内外の温度差を7℃以下にすることで、冷房病を防ぐのに有効です。とくに高齢者は若年者に比べ寒さを感じやすくなります。また、快適温度は男性より女性のほうが1〜2℃高いため、足が冷える、体が冷えるなどの訴えは、女性のほうが比較的多くなります。

　暖房時は、暖かい空気は上部に、冷たい空気は下部に分布するため、空気調和による暖房は室内に温度差がつきやすくなります。その点、床暖房は足元から暖められるため、上下空気の温度差がつきにくく、快適な暖房が得られます。

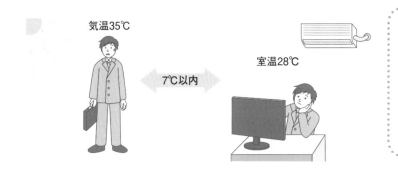

KEYWORD

冷房病

急激な温度差に体の体温調整機能が働かなくなり、冷房病を起こすことがあります。冷房時の室温は室外の−7℃以下とします。

②　室内空気の性状と健康

人間は、呼吸作用によって肺の中に空気を送り込み、血液中に酸素（O_2）を吸収しています。この呼吸が生命活動の基本となります。よって、健康の維持のためには、室内空気は清浄でなければなりません。

■空気の組成

　清浄な空気の組成は、窒素（78.08%）、酸素（20.95%）、アルゴン（0.93%）、二酸化炭素（0.034%）、その他にネオンやヘリウムがわずかに含まれています。

酸素（O_2）

　大気中の酸素濃度は約21%です。20〜18%であれば健常者はとくに違和感はありませんが、17〜16%になると呼吸および脈拍の増加やめまいが生じます。

> O_2 が18%未満になると息苦しい！
> めまいがしてクラクラする！！
> 脈拍が多くドキドキする！！

KEYWORD

酸素濃度　労働安全衛生法に基づく厚生労働省令である酸素欠乏防止規則（酸欠則）では、酸素濃度が18%未満である状態を酸素欠乏（酸欠）と定義している。

二酸化炭素（CO_2）

　二酸化炭素は無色・無臭で空気より重い気体です。大気中には二酸化炭素が約0.04%含まれていますが、室内環境においては、人の呼吸で排出される二酸化炭素（呼吸の約4%）によって増加します。

　二酸化炭素は、人体に有害ではありませんが、室内の在室人員や滞在時間によって室内空気中の二酸化炭素濃度が増加し、それと空気汚染が比例しているため、室内汚染の指標として用いられています。

> CO_2 濃度0.5%（5,000ppm）が8時間労働の労働環境としての限界値で、それ以上の濃度になると体に不調をもたらします。

■汚染物質と健康への影響

一酸化炭素（CO）

　一酸化炭素は、無色・無臭で空気より軽い気体で、燃焼器具（ガス器具や石油ストーブなど）や喫煙などの不完全燃焼によって発生します。

　一酸化炭素は酸素よりも200倍以上血液中のヘモグロビンと結合する性質を持っているので、器官への酸素供給を妨げ、中毒症状を引き起こします（下表参照）。室内環境においては、とくに気密性の高い室で火を扱う場合は十分注意しなければいけません。また、一酸化炭素は大気汚染物質ですが、最近は、自動車の排ガス規制により大気中の濃度は減少しました。

◆ 血液中のカルボキシヘモグロビン濃度による人間の体調変化

濃度〔%〕	症状
0～10	無症状。5%程度以上になると人によっては軽い頭痛がする。
10～20	軽い頭痛がし、とくに動作によっては軽度の息切れをし、呼吸困難となる。
20～30	頭痛、耳鳴りを起こす。
30～40	激しい頭痛、めまい、嘔吐を起こし、判断力が低下、運動機能を失う。
50～60	場合によってけいれんや昏睡、意識障害を起こすことがある。
60～70	昏睡、けいれんを起こし、呼吸が弱くなる。致死の可能性がある。
70～80	呼吸障害を起こし、即死する。

❓ カルボキシヘモグロビン（COHb）

　一酸化炭素とヘモグロビンが結合したもの。ヘモグロビンは、血液中に含まれているたんぱく質の一種で、酸素を運ぶ機能を持っている。

窒素酸化物（NOₓ）

　窒素酸化物は化石燃料（石油、石炭など）の燃焼過程で、燃料中の窒素や空気中の窒素が酸化し生成されるものです。工場・事業場の燃焼施設やディーゼルエンジンが主な発生源です。窒素酸化物は、低温燃焼時よりも高温燃焼時のほうが多く発生します。

　窒素産物は刺激性、非水溶性で、吸入すると肺深部まで到達します。特に二酸化窒素 NO_2 は毒性が強く、高濃度の場合は、目、鼻、喉を強く刺激し、咳、咽頭痛が起こり、めまい、頭痛、吐き気などの症状を招くほか、吸入量が多いと5～10時間後、唇が青くなるチアノーゼを起こし、数時間の潜伏期の後に肺水腫を招きます。重症の場合は意識不明となり死亡することがあります。

二酸化硫黄（SO_2、SO_x）

　二酸化硫黄（亜硫酸ガス）は、硫黄を含む化石燃料を燃焼させたときに、硫黄分が酸化し生成します。0.5～1ppm で特有な刺激臭を感じ、5～10ppm で粘膜刺激作用により咳、咽頭痛、喘息などの症状、20ppm で目の刺激症状を引き起こします。400～500ppm になると呼吸困難を起こし、死亡することがあります。

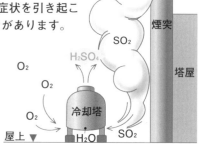

　重油炊きボイラと冷却塔の設置場所が近いと、冷却塔がボイラからの煙を吸い込み、ボイラの煙に含まれる二酸化硫黄と空気や冷却塔へ返る冷却水が混合するおそれがあります。これを化学式にすると $SO_2+O_2+H_2O \Rightarrow H_2SO_4$、つまり希硫酸（酸性）が発生することになるので、離します。

オゾン（O₃）

　オゾンは、大気汚染物質の一つである光化学オキシダントの主成分です。室内では発生源として、コピー機、レーザープリンタなど高電圧を利用した機器からの発生や、抗菌や脱臭を目的としたオゾン発生器からの漏えい（ろうえい）により問題になる場合があります。オゾンには特有の臭気があり、粘膜に対して強い刺激作用があり、0.3 〜 0.8ppm で鼻、喉に刺激を生じさせます。水に溶けにくいため、吸入すると肺の奥まで到達し肺気腫を起こすこともあります。

揮発性有機化合物（きはつせい）（VOCs：Volatile Organic Compounds）（ヴォラタル オーガニック コンパウンズ）

　常温で蒸発する有機化合物の総称です。発生源は、建材、家具・調度品の原材料、接着剤、塗料、化粧品、事務用品、清掃剤、芳香消臭剤、防虫・防菌剤、石油ストーブなどの開放型燃焼器具、喫煙（きつえん）などからも発生します。

> VOCs は、室内での健康被害の原因となるほか、化学反応を起こすと光化学スモッグの原因にもなります。

KEYWORD

揮発性有機化合物の種類　代表的なものに、ホルムアルデヒド、アセドアルデヒド、トルエン、キシレン、エチルベンゼン、スチレン、パラジクロロベンゼン、テトラデカン、クロルピリホス、フェノブカルブ、ダイアジノン、フタル酸ジ -n- ブチル、フタル酸ジ -2- エチルヘキシルがある。

ホルムアルデヒド

　ホルムアルデヒド（化学式＝ HCHO）は、常温で無色の刺激臭のある気体で、水に溶ける性質（水溶性）を持っています。化学物質過敏症やシックハウス症候群の原因物質で、発がん性もあります。

　ホルムアルデヒド 35 〜 38％水溶液はホルマリンといわれ、殺菌・防虫・防腐剤や、塗料・接着剤などにも広く利用されているほか、尿素系やフェノール系の合成樹脂の生産に用いられます。天然産物、タバコの煙・ガソリンの排気ガスなどにも含まれています。

　ホルムアルデヒドは、低濃度でも長い時間、継続して被爆（ひばく）すると過敏症となり人体に害を及ぼします。ホルムアルデヒド濃度が 2 〜 3ppm で鼻・目への刺激、4 〜 5ppm で涙、30 〜 50ppm では浮腫（ふしゅ）（皮下組織に余分な水がたまること）、肺炎を起こし、100ppm 以上になると死に至ることもあります。

浮遊粉じん

　粉じんとは機械的に粉砕されて発生する固体の粒子状物質が環境空気中に浮遊している状態のもので、次ページ表のように生成過程により、粉じんのほかに、ヒューム、煙、ミストに分類でき、これらを総称してエアロゾルと呼んでいます。

室内の浮遊粉じん

◆ エアロゾルの種類と生成様式

エアロゾルの種類	生成様式	例
粉じん	固体の粉砕、飛散により生成	石材の粉じん、土ぼこりなど
ヒューム	固体の加熱により気化したあと、凝縮により生成	溶接・溶断など
煙	有機物の燃焼により生成した固体・液体の粒子、ガス状の物質	石炭・石油の不完全燃焼時、たばこの煙など
ミスト	液体の分散、蒸発により浮遊する粒子	農薬スプレーの散布、硫酸ミストなど

　粉じんの大きさが 10μm 以上のものは、長時間浮遊して、人間の呼吸によって気道に入ることは少ないため、建築物環境衛生では、粒径がおおむね 10μm 以下のものを測定対象としています。特に 1 μm 程度以下の大きさの粉じんについては、肺の奥まで入り込み健康に害を及ぼす可能性が高くなります。

たばこ煙

　たばこ煙には、様々な種類の有害物質が含まれており、肺がんや虚血性心疾患（きょけつせいしんしっかん）、慢性気管支炎、肺気腫（はいきしゅ）など様々な疾病のリスクを増大させることや、妊娠中の喫煙は低出生体重児や早産の頻度（ひんど）が高まることが報告されています。たばこ煙には主流煙と副流煙（しっぺい）があり、それぞれの組成は異なり、発がん物質は主流煙より副流煙に多く含まれています。また、受動喫煙により肺がんや小児の呼吸器疾患のリスクが増大するといわれています。

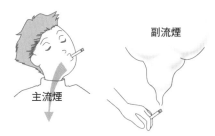

主流煙を 1 とした場合の副流煙に含まれる発がん性物質等の量

発がん性物質		
	ジメチルニトロソアミン	19 ～ 129 倍
	メチルエチルニトロソアミン	5 ～ 25 倍
	ベンゾピレン	3.4 倍

その他の有害物質		
	アンモニア	46 倍
	一酸化炭素	4.7 倍
	タール	3.4 倍
	ニコチン	2.8 倍

（厚生労働省「最新たばこ情報」より）

　健康増進法（2007 年 7 月制定）では、多数の者が利用する施設における受動喫煙防止措置の努力義務規定があり、この規定により禁煙や分煙が普及したことや、たばこ煙などを除去する空気清浄装置の性能向上などにより、室内の浮遊粉じん量の基準達成は容易になっています。屋内に設置された空気清浄機は、たばこ煙中のガス状物質より粒子状物質の除去に有効です。なお、分煙効果判定の基準には、浮遊粉じん濃度や一酸化炭素濃度、空気の流れ（風速）があります。

その他（臭気・ラドン・微生物）

❶ 臭気

　人の在室による汚染の場合、あまり人体への影響はなくても不快なものとして、体臭、便所の臭い、調理臭などがあげられます。臭気に対しては、特別な測定器はなく、人間の臭覚がたよりとなっており、臭気を表す示性語と、臭覚への影響などから「臭気強度指数」が提案されています。

◆ ヤグローの臭気強度指数

臭気強度の指数	示性語	説明
0	無臭	まったく感じられない
1/2	感じられる限界	きわめて微弱で訓練された者だけがわかる程度
1	明確	普通の人にわかるが不快ではない
2	普通	室での許容限界（愉快ではないが不快でもない）
3	強い	不快
4	激しい	激しく不快
5	耐えがたい	吐き気をもよおす

❷ ラドン

　ラドンは希ガス放射性物質で、地殻（地球の表層）内のラジウムの崩壊によって生じ、その後地表面から大気へ拡散します。ラドンの半減期は 3.8 日でその結果生じる娘核種とともに大気中を浮遊しており、自然放射線による被ばく線量のうち約半分を占めています。

 娘核種

　微小な粒子物質で、これを吸入すると気管支や肺胞に沈着し、α線を放出し続けることから、高濃度の被ばくが続けば肺がん発生のリスクが高まる。

❸ 微生物

　空気中の浮遊微生物には、細菌や真菌（かび）、ウィルスなどがあります。室内に存在する細菌や真菌は多種多様であり、極めて毒性の強いものも含まれる場合もありますが、量的には多くありません。細菌の汚染原因としては、レジオネラ属菌が知られています。

　レジオネラ属菌は、症状は、レジオネラ肺炎とポンティアック熱の2種があり、ポンティアック熱はインフルエンザのような症状で、一方のレジオネラ肺炎（別名：在郷軍人病）は劇症といわれるほど悪化が早く、死亡率も高いとされています。

室内空気と健康問題

シックビル症候群（SBS：Sick Building Syndrome）

　建物の気密性の向上や換気不足、各種化学物質を放出する建材の使用など、それらがその他の物理化学的要因や心理的要因と結びついたときに現れる様々な健康障害をいいます。めまい、吐き気、頭痛、眼、鼻、喉の痛み、ゼイゼイする、といった呼吸器系の諸症状などが代表的な症状です。SBSは一般にその建物を離れれば症状はなくなります。

建材からの有害物質の放散

気密性の向上・換気不足

タバコの煙

アレルギー疾患

　アレルギーとは、特定の抗原に特異的に結合する抗体（免疫グロブリンと呼ばれるたん白質）やリンパ球（白血球の一種）を体内に生じ、再度、抗原が体に侵入した際、引き起こされる人体に有害な免疫反応をいいます。アレルギー疾患には、気管支喘息、アレルギー性鼻炎、花粉症、アトピー性皮膚炎などがあり、近年では国民の3割程度が何らかのアレルギー疾患に罹患（病気にかかること）しているとされています。気管支喘息の原因となるアレルゲンは、室内に存在するハウスダスト（家屋じん）や、その成分でもあるヒョウヒダニ属がもっとも多く、真菌、花粉、ペットの毛、ゴキブリの虫体成分も原因になっています。

アスベスト（石綿）

　アスベストは自然界に存在する繊維状の水和化したケイ酸塩鉱物の総称で、クリソタイル（温石綿）、アモサイト（茶石綿）、クロシドライト（青石綿）などがあります。耐火性に優れており、建材の吹付け、一般の住宅では屋根瓦、外装材など広く利用されています。アスベストを長期にわたって吸い込むと、呼吸系疾患（悪性中皮腫のほか、肺が繊維化する石綿肺、肺がんなど）を発症するおそれがあります。

KEYWORD

石綿の規制　労働安全衛生法施行令で、綿および石綿をその重量の 0.1%を超えて含有するすべての物の製造、輸入、譲渡、提供、使用が禁止されている。

3 音・振動と健康

私たちは、いつも音や振動に囲まれて生活をしています。音がない生活というものは考えられません。ただし、過度の騒音や振動は健康を害します。騒音は、人間に不快感を与える音をいい、振動も、人間に不快感を与える揺れをいいます。

■音の聞こえ方

人が音を感じ取る（聴覚）要素には、音の大きさ、音の高さ、音色があり、これを音の3要素といいます。また、音の3要素を物理的特性で表すと、音圧レベル〔dB〕、周波数〔Hz〕、波形（時間的変動特性）となります。

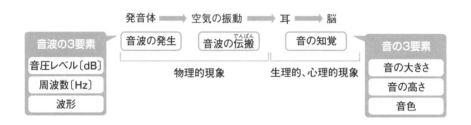

音は、空気密度の高い部分と低い部分が交互に伝わっていく波動現象によるもので、この波動現象が音波です。音波は、発音体が振動すると、そのまわりの媒体粒子に微小圧力変動（疎密現象）を与えます。音波の伝搬される速度のことを音速といい、音速は媒体の種類や温度によって異なり、空気中を伝搬する音速 c〔m/s〕は、気温を t〔℃〕とすると、

$c ≒ 331.5 + 0.6\ t$〔m/s〕

となり、気温が高くなると音速は速くなります。

また、音波は正弦波振動で伝播されますが、このときの波長 $λ$〔m〕と周波数 f〔Hz〕（音の1秒間の振動数）との間には、次のような関係があります。

$c = λf$〔m/s〕

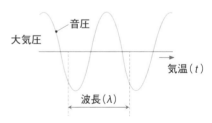

一般に、音の強さを測定することは困難なので、音圧を測定して音圧レベルで表します。

実際に音の強さを計算する場合は、音の進行方向に垂直な単位面積を単位時間に通過するエネルギー量 I で表します。

$$I = \frac{p^2}{\rho c}\ [\text{W/m}^2]$$

ここに、p：音圧〔Pa〕、ρ：密度〔kg/m³〕、c：音速〔m/s〕

なお、ρc（空気の固有音響抵抗 ≒ 400）は定数として扱ってよいので、音の強さは音圧の2乗に比例するということになります。

■可聴範囲と聴力

音の大きさと可聴範囲

音の大きさの感覚は、音波の周波数と音の強さ（音圧レベル）が関係します。下図は等ラウドネス曲線と呼ばれるもので、健康な成人の聴覚特性を示したものです。周波数 1,000Hz を基準として同一曲線上の純音（一つの周波数の正弦波からなる、もっとも単純な音）は音の大きさのレベルが等しいことを示し、騒音評価のもとになっています。

人の聴覚は一般に周波数 4,000Hz 付近（2,000 ～ 5,000Hz）を最大感度として、この範囲から周波数が離れるほど、その音波に対する感度が鈍くなり、同じ強さの音波でも小さい音にしか聞こえません。

人の聞こえる音の可聴範囲は、周波数 20 ～ 20,000Hz、音圧レベル 0 ～ 130dB で音として聞こえ、最小の 0dB を最小可聴値、最大の 130dB を最大可聴値といいます。

等ラウドネス曲線

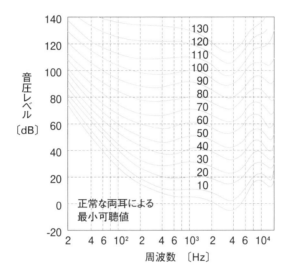

聴力

聴力とは、各人の最小可聴範囲のことで、オージオメータ（聴力検査機器）の基準音圧レベルによって測定されます。各人の最小可聴値が基準音圧レベル（0dB）に対して、音（純音）の上昇値（大小の聴こえ方）によって判定されます。プラス値の場合は聴力の低下、マイナス値の場合は聴力がよいことになります。

オージオメータ

マスキング

ある音を聴こうとするときに、ほかの大きさの音によって聴きにくくなる現象をマスキングといいます。マスキング効果は、一般に、低周波の音より高周波の音のほうが大きく、低周波の音は高周波の音をマスクしやすく、周波数が近いほどマスクしやすい傾向があります。

■騒音と健康への影響

　騒音には、交通機関の騒音（変動の激しい音）、工場などからの騒音（長く続く音や大きな音）、その他の生活上の騒音など（純音性の音、聞き慣れない音、周囲の音より大きな音）などがあげられ、このような音は、会話や安眠を妨げ、人々の生活において生理的、心理的悪影響を及ぼします。不快感音の影響によって、血圧の上昇、食欲減退、聴覚の損傷、作業能率の低下などが起こる場合があります。

騒音性難聴（職業性難聴）

　騒音に慢性的に曝露されているうちに進行する難聴のことを騒音性難聴といい、耳閉そく感、耳鳴りなどの症状が現れます。騒音職場などの健康診断では、オージオメータで 1,000Hz と 4,000Hz の聴力レベルが測定されます。騒音性難聴の初期の特徴としては、約 4,000Hz 付近での聴力低下、いわゆる C⁵dip（ディップ）と耳鳴りなどがあげられます。

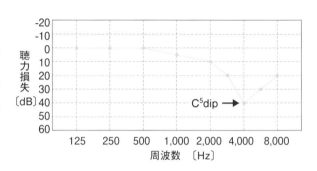

会話妨害度（SIL）

　普通の聴力を持った人間どうしが、イヤホンや拡声器などの器具を用いずに、周囲に騒音がある中でどの程度、明瞭に会話を理解できるか、という騒音環境の指標を会話妨害度といいます。会話妨害度は、騒音の 500Hz、1,000Hz、2,000Hz、4,000Hz の各オクターブ・バンド音圧レベルの平均値で示されます。

■振動と人体への影響

　人は、皮膚や内臓、関節などにある知覚神経末端受容器により振動を感じ取り、その感覚は振動する周波数によって異なります。全身振動は、鉛直振動と水平振動に分けて評価されます。一般に、振動障害を受けるときは強い鉛直振動である場合が多く、たとえば交通車両の運転業務により受ける振動障害は、強い鉛直振動によるものです。全身に振動を受ける場合、三半規管が感知し、その影響は加速度の知覚や身体の姿勢によっても感覚は異なります。

　振動レベルの単位には、dB（デシベル）が用いられ、振動感閾値（振動を感じ始める値）は、地震の震度段階 0（無感）の限界に相当する 55dB です。
　振動による人体への影響として、全身振動では不快感や不安感、疲労感を覚え、100dB 以上の強い振動で、呼吸数の増加、血圧上昇、胃腸の働きの抑制、自律神経系、内分泌系への影響がみられます。また、局所振動の多くは手腕振動障害で、レイノー症候群（白ろう病）による指の末梢循環障害、手首、ひじの筋肉や関節障害、手や腕の感覚運動神経障害などがあります。

 振動感閾値

振動の感覚や反応を起こさせるのに必要な、強度や刺激などの量をいう。

4 照明と色の影響

光と色は密接な関係があり、人間の目は可視光線（目に見える光）によって視知覚を生じ、明るさを感じます。つまり、光がなければ人は色がわかりません。昼間は太陽光により、夜は照明器具によって照らされ、色が表れます。

■ 光の性質

光とは、可視光線（波長 380 ～ 780 n m ）のことで、目に対して明るさを感じさせる電磁波です。

分光分布

蛍光ランプでも種類によって光色の違いがあり、それは波長の分布によって決まります。光の発生には温度放射（白熱灯など）とルミネセンス放射（蛍光灯など熱をともなわない発光）があります。

光色は色温度〔K〕によって数値で示され、黒体（完全放射体）を熱したときの温度と光色の関係を基準としたもので、光色と色温度の関係を下図に示します。

◆ 光の色と温度の関係

光源〔K〕	20,000		12,000		6,500		6,000		5,300	5,200		3,000	2,800		1,800
			青空		夏空		薄曇			蛍光灯		ハロゲン 電灯	100W 白熱電球		夕日、ろう そくの炎
涼 し い 青 み が か っ た 色 か ら 青 色										中間（白）		暖かい黄色みがかった色から赤色			

演色性

演色性の良し悪しは、8色の標準色の色のずれの平均によって計算される平均演色評価数 Ra を用いて光源の演色性を表現します。基準光源を Ra100 と定めて、色のズレが大きいほど数値は小さくなり、数値が高いほど色の再現性が優れています。

光源	平均演色評価数 Ra
白熱電球 （ハロゲン電球を含む）	100
高演色形蛍光ランプ	90 ～ 98
普通蛍光ランプ	60 ～ 74
水銀ランプ	40 ～ 50

■ 光源の種類

光源の種類と、照明器具や照明方式の特徴について、それぞれ理解しておくとともに、オフィス照明について、省エネルギーや環境整備の面から理解しておきましょう。

第3章 建築物の環境衛生

59

白熱電球

フィラメントに電流を通して加熱し、熱放射（温度放射）によって可視光線（光）が発生するもので、演色性がよく、赤みが加わり、暖かい感じがあります。蛍光灯より輝度は高いですが、効率が悪くなります。ランプ寿命は 1,000 〜 3,000 時間程度です。

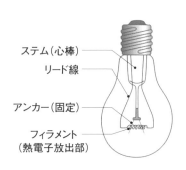

ステム（心棒）
リード線
アンカー（固定）
フィラメント（熱電子放出部）

? 輝度

発光体の単位面積当たりの明るさをいう。単位は c d/m² （カンデラ）である。

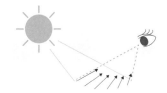

ある面から反射した光をある方向から見る人の目に入る光の量

蛍光灯 （けいこうとう）

白熱電球よりランプ寿命が長く（6,000 〜 12,000 時間）、経済的。空間をすみずみまで均一に照らすことができるので、主照明に適しています。

水銀灯

真空中のガラス管に水銀蒸気を入れて、管の両端に電圧をかけて放電し発光させたものが水銀灯です。水銀灯の特長としては、白熱電球の約 4 倍の発光効率があり、12,000 時間と長寿命、色温度は 4,100 〜 5,700 K で、青白っぽい色合いとなります。街灯やスポーツ施設などに使われています。

ハロゲン灯

白熱灯にハロゲンガスを封入して、寿命・効率を改良したもので、小型化されています。演色性が高く、ダウンライトやスポット照明などに用いられています。

LED（Light Emitting Diode） （ライト イミッティング ダイオード）

「発光ダイオード」と呼ばれる半導体のことで、白熱ランプや蛍光ランプ・HID ランプと異なり、半導体結晶の中で電気エネルギーが直接光に変化するしくみを応用した光源です。特徴としては、低消費電力、低発熱、長寿命、小型化が可能、高指向性（指向性の調節が可能）、多色、応答が速い、低環境負荷などがあげられます。ただし、LED は指向性が強いため一方向を明るく照らし、拡散光が得にくい欠点があります。

タスク・アンビエント照明

タスクは task：作業、アンビエントは ambient：周囲の意味。オフィス内に不均一照明を用いることで省エネルギー効果を図る手法で、天井照明をアンビエント光源とし、作業用のスタンド照明をタスク光源とする方法で天井照明の電力を下げるのに効果的です。

建築化照明

建築物の天井や壁の中に照明器具を組み込んで、建築物と一体化させた照明方法で、コーブ（cove）照明やコーニス（cornice）照明などがあります。

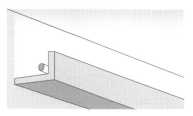

コーブ照明

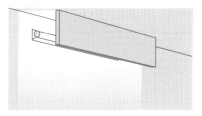

コーニス照明

■照度基準

　照度とは、照射面の明るさのことで、ある面の平均照度を、使用期間中に下回らないように維持するべき値が設定されています。

　事務所の照明設計基準として、基準面における維持照度の推奨値を下表に示します。

	作業・活動の種類	照度〔lx〕
作業スペース	設計室、製図室、事務室、役員室	750
	診察室、電子計算機室、調理室、中央管理室	500
	受付	300
共用スペース	玄関ホール（昼間）	750
	会議室、応接室	500
	食堂、エレベーターホール	300
	喫茶室、湯沸室、書庫、更衣室、トイレ、洗面所、電気室、機械室	200
	階段	150
	休憩室、倉庫、廊下、エレベーター、玄関ホール（夜間）、玄関（車寄せ）	100
	屋内非常階段	50

KEYWORD

年齢により必要な照度	年齢が増すにつれて、物を見るのに高い照度が必要になる。20歳（視力1.0）の成人が必要な照度を1とした場合、50歳で1.4倍、60歳で2.5倍、70歳で3.8倍の照度が必要とされる。

■VDT作業者の健康管理

　VDTとは、Visual（またはVideo）Display Terminalsの略語で、「視覚表示端末装置」のことです。一般には、コンピュータの画面などに向かって長時間連続して画面を見たり、画面を見ながらキーボードを打ち続ける作業によって引き起こされる不快な症状をVDT症候群といい、目の症状・体の症状・精神の症状に異常が現れます。

VDT作業における作業環境管理のガイドライン（厚生労働省）

① 室内での照明および採光は、できるだけ明暗の対象が著しくなく、かつ、まぶしさを生じさせないようにすること。

② ディスプレイを用いる場合のディスプレイ画面上における照度は500lx以下、書類上およびキーボード上における照度は300lx以上とすること。また、ディスプレイ画面の明るさ、書類およびキーボード面における明るさと周辺の明るさの差は小さくすること。

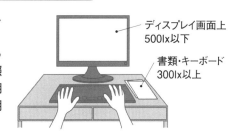

ディスプレイ画面上
500lx以下

書類・キーボード
300lx以上

③ ディスプレイ画面に直接または間接的に太陽光線などが入射する場合は、必要に応じて窓にカーテンなどを設け、適切な明るさとなるようにすること。

■照明に関する用語

グレア（輝き、きらめき）

光源から直接・間接的に受けるまぶしさのことで、高輝度（こうきど）の光源や反射などにより、目に不快感がもたらされます。視野を囲む 30°以内にある光源は、とくにグレアを起こしやすいです。照明には不快なグレアがないのが望ましいです。

シルエット現象

たとえば、昼間、窓を背にした人の顔を見ようとするとき、顔が薄暗くて識別しにくくなる場合があります。このような現象をシルエットといいます。これは視対象に対して周囲の輝度が非常に高い場合（逆光によって）に生じるものです。

モデリング

照明により対象となるものの立体感や質感などがよく見えることをいい、対象物の最大と最小の輝度比が 2～6：1 がよいといわれています。

作業対象物とその周囲との間の輝度比の推奨値（すいしょうち） 2～6：1

1
2

昼光率

全天空照度（直射日光を除いた全天空光による照度）に対する室内の測定点の照度の比を百分率〔％〕で表したものです。昼光率は屋外の照度（季節・天候・時間など）に左右されない一定の値で、室内採光の良否を見る指標として用いられています。

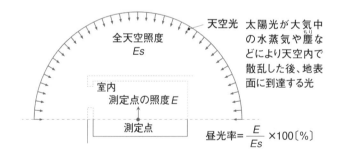

全天空照度 Es

天空光　太陽光が大気中の水蒸気や塵（ちり）などにより天空内で散乱した後、地表面に到達する光

室内 測定点の照度 E

測定点

$$昼光率 = \frac{E}{Es} \times 100 〔\%〕$$

均斉度（きんせいど）

照明における明るさ（照度および輝度）の分布の変動を表す尺度で

$$均斉度 = \frac{最低照度}{最高照度}$$

で表されます。オフィスにおける照度の室内均斉度は 1/3 以上が望ましいとされています。また、昼光照明による片側一面採光の部屋の場合、均斉度は 1/10 以上あればよいでしょう。

5 水と健康

きれいな水は、飲料水や生活水として必要なものです。とくに飲料水は、人が生命を保つために不可欠なものです。飲料水（水道水）ができるまでの過程については、6章で述べていますが、ここでは、水が人の健康に及ぼす影響について考えます。

■ 人体に必要な水

　人が生理的に必要とする1日の水分摂取量は約1.5Lです。通常の食事で水分摂取した場合は1日で1〜2Lの尿を排泄し、多くの場合は3L以上になる場合もあります。摂取する水分量が少なければ尿量も少なくなります。また、尿量が少なくなってくると、尿に溶解して体外に排泄される老廃物が体内に蓄積され、高窒素血症や尿毒症などの健康障害を起こすことがあるため、最低でも成人の場合で1日0.4〜0.5Lの尿の排泄が必要といわれています。

健常な一般成人における体内の水分量（体液量）は、体重の50〜70%です。

体液の主成分は水で、その他、ナトリウム（Na）イオン、カリウム（K）イオン、カルシウム（Ca）イオンなどの電解質とブドウ糖、タンパク質、尿酸などの非電解質から成り立っています。

　年齢からみると、小児が生理的に必要とする水分量は、体重当たりに換算すると成人の3〜4倍になり、加齢とともに水分割合は少なくなっていきます。また、一般に、体重当たりの体内水分量は、女性のほうが男性より少なくなります。

　なお、体液は細胞内部の水分である細胞内液と細胞外液とに区分されます。成人の場合には、細胞内液は体重の約40%、細胞外液は約20%となっています。

? 細胞内液と細胞外液

細胞内液は体液に含まないことが多く、細胞外液は、血液やリンパ液、血管の外の細胞間を満たす組織液、および体腔内の体腔液などが含まれている。

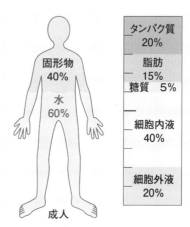

■水質と健康

　水道事業では、供給する水の衛生、安全性を確保するため、良質の水源を必要とします。水質に関する健康障害の原因となる水の汚染には、病原生物による水の汚染、化学物質による水の汚染があります。水質については、環境基本法に基づく水質汚濁に係る環境基準の「人の健康の保護に関する環境基準」、水質汚濁防止法に基づく「人の健康に係る有害物質の排水基準」、水道法に基づく「水道水の水質基準」で定められています。

　わが国の水質汚濁による健康被害で問題となった公害病には、次のようなものがあります

水俣病、新潟水俣病

　熊本の水俣湾の水俣病や、新潟の阿賀野川流域で発生した新潟水俣病は、工業排水中のメチル水銀（有機水銀）による水質汚染が原因になっています。海や河川に流出したメチル水銀が水中生物、プランクトン、それを食する小魚で生物濃縮され、それらを長年にわたり摂取したことで、運動失調、言語障害、視野の狭窄などの脳神経症状を主とした健康阻害が発症しました。

プランクトン

工業廃水　　メチル水銀

イタイイタイ病

　イタイイタイ病は、富山県の神通川流域で発生したもので、鉱山の排水に含まれるカドミウムによる水質汚染が原因です。汚染された水が田畑に流れ土壌汚染が広がり、収穫された米麦、穀物にカドミウムの濃縮が生じ、それらを長年にわたり摂取したことで、腎臓障害や軟骨化症を主とする健康障害が生じていました。

　以下に、水質基準に示される主な物質の毒性等を示します。

物質名	毒性
水銀	毒性の強いメチル水銀中毒は、手足の知覚喪失など神経系に障害を起こし、精神異常を発症する。
鉛	貧血、頭痛、食欲不振、不眠、神経系の障害を起こす。
ヒ素	毒性の強い無機態ヒ素を摂取すると、腎臓、肝臓、消化管などに作用し、発がん性も認められる。
硝酸態窒素・亜硝酸態窒素	飲料水などを通して硝酸態窒素を多量に摂取した場合、メトヘモグロビン血症を引き起こす。発がん性も認められる。
ベンゼン	皮膚や眼に強い刺激を与える。めまい、頭痛、吐き気を起こす。発がん性も認められる。

KEYWORD

水道水の消毒	水道水（飲み水）は、末端の水栓において、遊離残留塩素を0.1mg/L（結合残留塩素の場合0.4mg/L）以上保持するように塩素消毒をするよう決められています。

第4章

空調設備

現代に生活する私たちは、室内で過ごす時間が多く、室内空気の摂取量も多くなります。
快適な室内環境を維持するためには、室内空気の温度・湿度・清浄度を考慮する必要
があります。一般的に、室内の温熱・空気環境を調整する場合には、温度・湿度・気流速度・
空気清浄度の4要素が主対象となります。

空気環境の基礎知識

空気は、見ることも、手でつかむこともできませんが、屋外の大気には、窒素、酸素と、アルゴンなどその他（微量）の、いくつかの分子からできていて、体積もあれば重さもあります。なお、空気の重さは、400年前にイタリア人のガリレオ・ガリレイによって発見されました。

■空気の基礎知識

　標準的な空気の成分を下図に示します。注目点は、空気のほとんどが、窒素と酸素からできていて、体積の99%までがこの2つの分子で占められ、残り1%の中にアルゴンをはじめ二酸化炭素、その他のいくつかの分子がひしめき合っています。

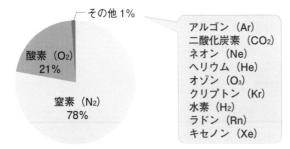

ここには表示されていませんが、大気には水蒸気も含まれています。

空気の性質

① 水蒸気を含まない理論上の空気のことを乾き空気と呼ぶ。
② 空気中の水蒸気の濃度は、場所と時間帯によってかなりの変化がある。
③ 水と比べると容積比熱が小さいので、空気の保有熱も小さく、少ない熱量で気温が大きく変わる。

 容積比熱

容積が1cm³の物質の温度を1℃上昇させるために必要な熱量。

④ 熱伝導率と拡散率も小さいので熱を伝えにくく、対流を抑えると空気は断熱材となる。
⑤ 世界中の空気の成分は、どこでも同じようなものであるが、酸素の量は標高が高いほど減る。

空気中の窒素が及ぼす人体への影響

① 常温常圧下では、不活性ガスなので人体に直接、健康障害を及ぼすことはない。
② 急速な潜水作業時（高圧作業）などは、中枢神経系へ麻酔作用を起こし、窒素酔いが生じる。
③ 高圧作業の後に急に常圧に戻る場合、窒素ガスが血液中で気泡化して、小血管や他の組織で閉塞・圧迫が発生し、潜水病となる。

■熱の基礎知識

　温度の高い物体 A と温度の低い物体 B を長時間接触させておくと、A と B は同じ温度になります。熱は、空気と同じく実体は存在しませんが、A が持っていた分子運動が B に伝わり、分子の運動エネルギーが移動します。これを「熱が移動した」といいます。また、熱の移動が止まり A と B が同じ温度になることを「熱平衡に達した」といいます。

熱の流れ

　熱の移動には、熱伝導、熱対流、熱放射の 3 種類があり、これを熱移動の三態といいます。いずれも熱の流れる方向は、温度の高い側から低い側になります。

　固体内部の熱流は、伝導のみによって移動し、固体とそれに接する流体間の熱流は、対流と放射で移動します。これを熱伝達といいます。

　固体にさえぎられた両面流体間の熱の流れは、伝導、対流、放射によって移動します。これを熱貫流といいます。

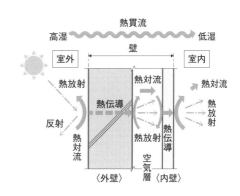

熱量の単位は SI 単位のジュールを用います。

・1J（ジュール）＝ 1 N・m（ニュートンメートル）
・1J（ジュール）＝ 0.2389cal（カロリー）
・1J/s（ジュール毎秒）＝ 1 W（ワット）

流体の基礎知識

　一般的な物質は、低温では固体となり、高温になると液体、さらに高温になると気体に変わります。固体の多くは、原子、分子の結晶体でできていますが、液体、気体は自由に動く原子、分子、イオン、電子の集合体となっています。気体をさらに高温にすると、解離や電離を起こしイオンと電子に分かれます。

流体の特性

① 流体の性質には、圧縮性、粘性、熱伝導性、表面張力がある。流体力学から見ると、圧縮性と粘性が重要となる。
② 圧縮性は、流体に圧力を加えたときに、流体の体積が変化することをいう。体積の変化は、密度の変化となるので、圧縮性の変化には、密度の変化にも考慮が必要となる。
③ 流体内部で接近して運動している 2 つの部分が、相互に力を及ぼす性質を粘性（内部摩擦）という。
④ 摩擦応力が働く粘性流体をニュートン流体といい、水はニュートン流体として扱われる。
⑤ ニュートン流体の摩擦応力は、粘性係数および速度勾配に比例する。

❓ 速度勾配

運動する物体の単位運動距離当たりの速度変化のこと。

⑥ 流体が固体の壁面に接して流れるとき、粘性の影響を受ける。固体表面近くの薄い層を境界層といい、粘性による摩擦応力の影響は、境界層で現れる。

第4章　空調設備

湿り空気

　空気は、必ずいくらかの水蒸気を含んでいて、乾燥空気と水蒸気の混合気体とみなされます。これを湿り空気と呼び、熱量計算などで取り扱います。水蒸気の量は、質量比で 1 ～ 2% 程度ですが、気象条件などによって変化するため、人間の温熱感にも影響を及ぼしています。

湿り空気線図

　湿り空気の状態変化を図示したものを湿り空気線図といいます。以下に湿り空気線図中の用語について説明します。

❶ 乾球温度

　乾いた感温部を持つ温度計（乾球温度計）で測った空気温度のこと。

❷ 湿球温度

　湿度測定機器で計った空気温度のことで、湿球温度計は温度計の感熱部を湿布で包んだもので計る。測定器には、アスマン通風乾湿計がある（71 ページ参照）。

❸ 飽和空気

　空気中に含まれる水蒸気量は乾球温度が高いほど多く、ある温度での空気がこれ以上、水蒸気を含むことができなくなった状態の空気を飽和空気という。

❹ 露点温度

　空気中の水蒸気が液体の水となって出てくるときの温度、つまり結露が始まる温度のことをいう。

❺ 絶対湿度

　湿り空気に含まれている水蒸気の重量〔kg〕を乾燥空気の重量〔kg〕で割った値を絶対湿度〔kg/kg〕といい、乾燥空気 1kg に対する水蒸気量〔kg〕のことをいう。

❻ 相対湿度

　湿り空気の水蒸気分圧と、その温度と同じ温度の飽和空気の水蒸気分圧の割合のことで、百分率で表す。単に湿度という場合は、相対湿度のことを表している（天気予報で使われる湿度）。

🛈 水蒸気分圧

　大気圧は、乾き空気の圧力と水蒸気による圧力からできていて、その水蒸気のみの圧力のことをいう。

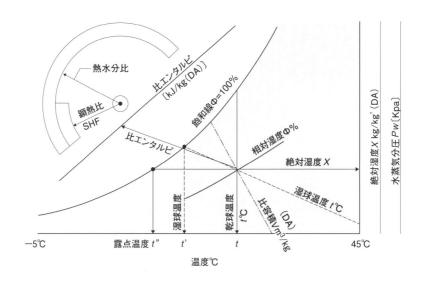

② 室内空気環境の管理

空気調和設備を設置した場合の居室内の空気環境基準として、建築基準法や建築物衛生法に定められた基準に適合するように、調整する必要があります。また、厚生労働大臣が定める基準に従い、空気調和設備の維持管理を行います。

■室内空気の環境基準

空気調和設備および機械換気設備を用いて空気を供給する場合は、建物の居室に関する温度・湿度・気流速度の基準値が、「建築基準法」「建築物における衛生的環境の確保に関する法律」（建築物衛生法）に定められています。

室内空気環境の条件

❶ 浮遊粉じんの量 ➡ 0.15mg/m³
❷ 一酸化炭素（CO）の含有率 ➡ 6ppm 以下（0.0006％以下）
　一酸化炭素は、燃料の不完全燃焼などで発生し、吸い込むと中毒症状を発症します。血液中の酸素が全身へと運ばれなくなってしまうためです。外気中の CO 濃度が高く、上記の値が保てないときは 20ppm 以下とします。

ppm は、百万分の一のことです。

❸ 二酸化炭素（CO₂）の含有率 ➡ 1,000ppm 以下（0.1％以下）
　室内での二酸化炭素は、在室者の呼吸によって増加していきます。無色・無臭で、これ自体は、直接人の身体には有害ではありませんが、18％以上になると致命的で死に至ります。

一酸化炭素の発生

石油・ガスストーブなどの開放型暖房器具、小型湯沸かし器の不完全燃焼などにより発生する。

二酸化炭素の発生

人の呼吸や、燃焼器具の完全燃焼などにより発生する。

❹ 温度 ➡ 18℃以上 28℃以下
　18℃以上は冬期の最低値で、28℃以下は夏期の最高値を表します。居室における温度を外気の温度より低くする場合は、その差を著しくしないようにします。
❺ 相対湿度 ➡ 40％以上 70％以下
　40％以上は冬期の最低値、70％以下は夏期の最高値を表します。
❻ 気流 ➡ 0.5m/ 秒以下
　これ以上の気流速度は、ドラフト（不快な気流）を感じることから決められた値です。計測には 0.2m/秒以上の気流を測定できる風速計を使用します。
❼ ホルムアルデヒド ➡ 0.1mg/m³ 以下
　室内に使用されている壁紙や建材などの接着剤に含まれるホルムアルデヒドが室内へ放散されることにより、室内の空気汚染が問題となります。

室内温熱環境

　人が室内の中で、暑く感じたり寒く感じたりすることを温熱感といいます。人の温熱感に影響を及ぼす環境側の要素には、①空気温度、②湿度、③平均放射温度、④気流速度があげられます。また、人間側の要素には、⑤代謝量、⑥着衣量があげられます。これら6つの要素が温熱環境の基本6要素であり、周辺環境を温熱的に評価する場合には、この6要素を把握する必要があります。

温熱環境の基本6要素

❶ 空気温度

　室内の場所により室内温度は異なるので、空気温度を設定する位置を決めるため、椅子に座った場合で床上60cm、立った場合で床上110cmを測定位置としています。

❷ 湿度

　大気に含まれる水蒸気の量や割合のことで、体の表面では発汗していなくても、皮膚表面からは水分蒸発による放熱が繰り返されています。気温が高く湿度が高いと皮膚からの大汗によって不快が生じます。

❸ 平均放射温度（MRT）

　空気温度が同じでも、室内の壁、床、天井、窓など周囲の表面温度が異なれば、在室者の温熱感・冷熱感は異なってきます。平均放射温度とは、周囲の全方向から受ける熱放射を平均化して温度表示をしたもので、熱の放射状態を表すために使用されます。

❹ 気流速度

　同じ気温でも、風があるとないとでは、暑さ・寒さの感覚が違ってきます。気流は、空気の流れのことで、人が動く場合はその動きも含めた気流とします。

❺ 代謝量

　人の活動量や作業強度を表すもので、そのときの一般的に単位体表面積当たり、単位時間当たりの代謝量で表します（代謝量の単位はmet（メット））。

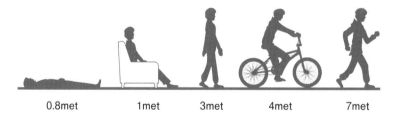

| 0.8met | 1met | 3met | 4met | 7met |

　1metは、椅子座静座状態の体表面積当たりの代謝量を示し、58 W/m² を表す。安静に横たわっているときは0.8metになる。

❻ 着衣量

　着衣量はクロ（clo）で表示されます。裸体時の体表面積を基準に定義され、温熱環境指標のクロ値は皮膚表面から着衣外表面までの熱抵抗値を示します（着衣量については、47ページも参照のこと）。

室内温熱環境の計測機器

❶ アスマン通風乾湿計

温度と相対湿度を同時に測定することが可能なように、乾球と湿球の温度計から構成されています。

❷ デジタル温湿度計

デジタルで温湿度が表示されます。センサー部に半導体が使われていて、計測間隔の指定ができ、また計測データを本体に記録することができるようになっています。

❸ 自記温湿度計

回転する円筒状の記録用紙に連続して自記記録ができるもので、温度はバイメタル、湿度は毛髪の伸縮を利用します。

❹ グローブ温度計

直径15cmの中空銅球体（表面は黒色のつや消し）の中心に、ガラス管でできたアルコール温度計を入れたものです。窓ガラス面からの冷却による熱放射の影響を調査する場合に用いられます。

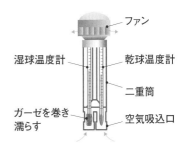

アスマン通風乾湿計

ファン
湿球温度計
乾球温度計
二重筒
ガーゼを巻き濡らす
空気吸込口

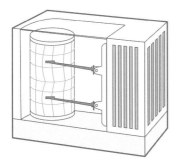

自記温湿度計

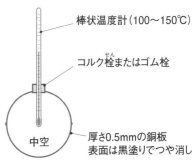

グローブ温度計

棒状温度計（100～150℃）
コルク栓またはゴム栓
中空
厚さ0.5mmの銅板表面は黒塗りでつや消し

❺ 熱線風速計

センサーの金属線（白金線、ニッケルなど）を加熱しておき、これに気流を当てて起こる温度変化から、電気抵抗の変化を測定して風速を算出します。

■ 室内空気環境

これまでの室内の空気汚染は、人間と燃焼器具によるものが代表的とされてきました。近年の建物は気密性が向上し、今まであまり問題にされてこなかった微量物質による影響が重視されるようになりました。

室内空気の汚染物質

室内空気の汚染物質には、粒子状とガス状の汚染物質があります。粒子状の汚染物質には、浮遊粉じん、アスベスト（石綿）、微生物などで、ガス状の汚染物質には、二酸化炭素、一酸化炭素、ホルムアルデヒド、窒素酸化物などがあげられます。浮遊粉じんは、空気中に浮遊している微小粒子の総称で、粉じんの粒径は100 nm ～ 100 μm 程度と広い範囲に及びます。

1 nm = 0.001 μm = 0.000001 mm
1 μm = 0.001 mm

第4章 空調設備

二酸化炭素（CO_2）は、無色・無臭で、直接人体に有害ではありませんが、その濃度は、空気の汚染度と並行することが多いので、空気の清浄度の指標となります。室内環境基準では、0.1%（1,000ppm）までの増加はよいとされています（建築物衛生法第4条第1項に基づく「建築物環境衛生管理基準」による）。

二酸化炭素検知管を使って濃度を測定します。

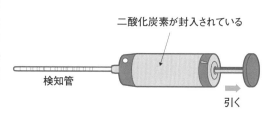

二酸化炭素が封入されている

検知管

引く

二酸化炭素検知管

浮遊粉じん量の測定

❶ 標準測定（ローボリウムエアサンプラ）

大気中の浮遊粒子状物質を、ろ紙上にろ過捕集して採取します。毎分 20L または 30 L の空気を吸引して、その質量増加から質量の濃度を求めます。

❷ 相対濃度測定

相対濃度とは、粉じんの質量濃度や個数濃度と1：1の関係にある物理量のことです。相対濃度計には、光散乱法式、光吸収（光透過）方式、圧電天秤方式のものがあります。

◉光散乱方式

光散乱方式は、浮遊粉じんに光を照射し、散乱光の量（強さ）により濃度を計測します。粉じんに光を照射したときの散乱光の量（強さ）は、粉じんの粒径によって変動します。

◉光吸収（光透過）方式

ろ紙上に捕集した粉じんの、捕集前と捕集後の光の透過率の変化量から粉じん濃度を算出します。粉じん濃度は、メータに表示されます。

◉圧電天秤方式（ピエゾバランス式）

付着させた粉じんの質量に比例した振動周波数の減少が認められる現象を利用して、粉じん濃度を求めるもので、天秤の上に粉じんを静電捕集して、空気中の粉じん濃度を求めます。

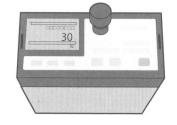

光散乱方式

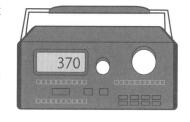

圧電天秤方式

室内空気環境測定の留意事項

① 測定箇所は、各階1箇所以上で、室内中央部の床上 75 〜 150cm の位置とする。
② 床面積が広い場合の測定は、500m^2 ごとに1箇所とする。
③ 測定回数は、午前に1回、午後に1回の2回 / 日を基本とする。
④ 測定値は、2回測定値の平均値とする。
⑤ 測定記録は、記録表に記録をして5年間保存する。

3 空気調和設備

空気調和は、空気の温度・湿度・気流を調整し、空気を清浄にすることにより、室内の空気を適切な環境条件に保つことです。目的によって、次の2つに大別されます。
① 保健用空調（人の健康と快適性の向上が目的）
② 産業用空調（物品の生産や貯蔵、生産性の向上、製品の品質維持が目的）

空調方式の分類と特徴

空調方式は、熱の搬送方式によって分類されます。中央の空調機で調整した冷温風をダクトで室内へ送風する方式を全空気方式といいます。これに対して、冷水や温水をポンプや配管で室内の各空調機器へ送り、機器の空気と熱交換する方式を水＋空気方式といいます。さらに冷媒と空気を直接熱交換する冷媒方式（パッケージ方式）などがあります。

定風量単一ダクト方式

中央機械室に設置された空調機（エアハンドリングユニット）から、1本のダクトにより冷風、温風を供給する方式です。各室の吹出し風量は一定で、室内の負荷変動にしたがって、吹出し空気温度を変化させ、室内温度をコントロールするシステムです。

特　徴
① 空調機が機械室にあるので、冷温水管や電気配線類の維持管理が容易で確実に行える。
② 空調機械室と空調する室が隔離されているので、防音・防振対策が容易にできる。
③ 還気ファンを設けることで、中間期（4・5月、10・11月頃）の外気冷房が可能となる。
④ 効率のよいフィルタを取り付けやすいので、室内環境はよくなる。
⑤ 室ごとの個別空調の運転・停止ができない。
⑥ 将来の用途変更や負荷が増えた場合の対応ができない。
⑦ 高度な空気処理が可能な方式なので、恒温、恒湿、無塵、無騒音などの環境がつくれる。
　　例 ➡ 病院の手術室、クリーンルーム、放送・テレビスタジオなど

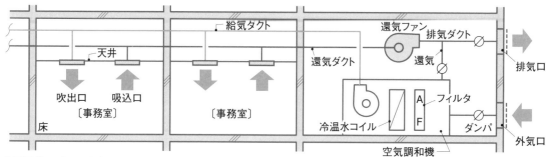

定風量単一ダクト方式

変風量単一ダクト方式（VAV方式）

　通称VAV方式と呼ばれ、空調機の吹出し温度を一定に保ったまま、吹出し風量を変化させて室温を制御します。送風量の制御は、変風量装置（VAV）に設けられた風速センサにより、ダンパに開度信号を送って行います。

　風量を変動するには、空調機の給気ファンも変風量制御にする必要があります。これらは、インバータによる送風機の回転数制御方式が用いられています。

特　徴

① 個別制御ができる。

② 吹出し風量が変化するので、空気分布がよい吹出口の選定と取付け位置の考慮が必要。特に冷房時の低風量は、コールドドラフトが発生しやすい。

 コールドドラフト

　人体に不快な冷気感覚を与える気流のことをいう。

③ 冷・暖房時に負荷が減り、低風量になるので、送風機の制御を行い、動力の節約ができる。

④ 間仕切りの変更や、冷・暖房負荷の変動に対して対応ができる。

⑤ VAVユニットの風量調整構造により、試運転時の風量調整がしやすい。

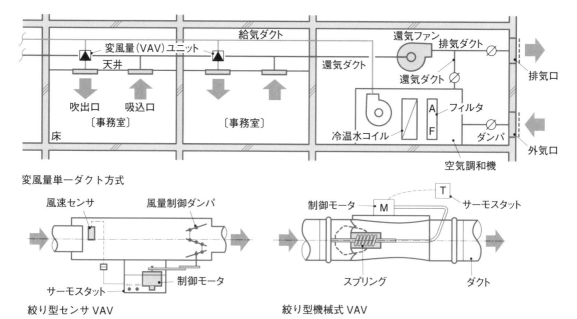

変風量単一ダクト方式

絞り型センサVAV　　　　　　　　　　絞り型機械式VAV

ダクト併用ファンコイルユニット方式

　インテリア部分を空調機、ペリメータ部分をファンコイルユニットで、それぞれ空調を行います。ファンコイルユニットには、熱源から冷水、温水を供給し、送風機で室内空気を循環させて、冷房、暖房を行います。また、中央機械室の空調機により、外気、還り空気を冷却（加熱）した空気を供給します。

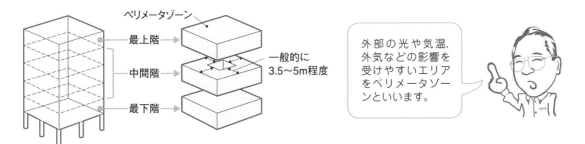

外部の光や気温、外気などの影響を受けやすいエリアをペリメータゾーンといいます。

特徴

① 定風量単一ダクト方式に比べてダクトスペース、および搬送動力が小さくなる。
② ファンコイルユニットごとの制御を行えば、各室ごとに制御ができる。
③ 各室のファンコイルユニットのフィルタ、ファンなどの保守点検が分散し、維持管理が増加する。

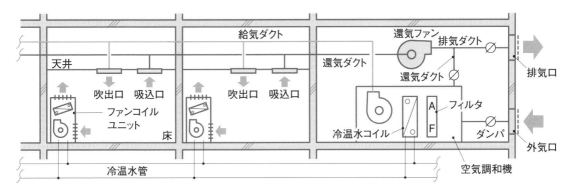

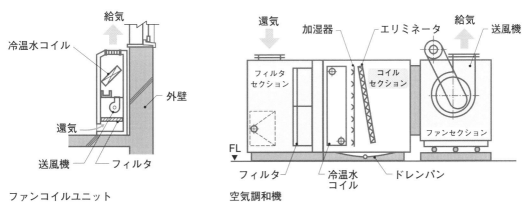

ファンコイルユニット　　　　　空気調和機

　上図に示されているダンパは、風量調整ダンパ（VD）と呼び、風量の調整をするために、分岐ダクトや空調機の吹出口、吸込口に設置します。一般的に、図のようなダクトにダンパを設置する場合は、モータダンパ（MD）を設置し、モータで風量を自動調整し、風量の切り換えができるようにします。

外調機併用ターミナルエアハンドリングユニット方式

　ターミナルエアハンドリングユニットは、小風量型の空調機で送風機、冷温水コイル、フィルタ、センサ、制御盤などを内蔵したもので、壁面設置型や天井隠蔽型を各室に設置して空調を行います。外気は、機械室に設置された空調機により冷却（加熱）してターミナルエアハンドリングユニットへ供給します。冷温水コイルには、中央機械室から冷温水を供給して熱処理を行います。

特　徴
① 全空気方式に比べて、ダクトスペースが小さくなる。
② ターミナルエアハンドリングユニットごとに個別制御ができる。
③ 負荷変動に合わせて室温を維持するため、無駄なエネルギーの消費が少ない。
④ フィルタの清掃・交換のために保守管理人の人手が増える。

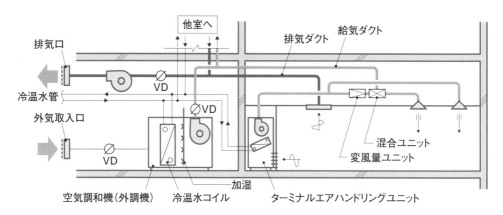

放射冷暖房＋中央外気調和機方式

　室内の床・壁・天井などに埋設したパイプに、冷水や温水を通して冷却パネルまたは放熱パネルとし、パネル表面からの放射熱を利用して冷暖房を行う方式です。放射冷暖房単独では、新鮮外気の導入と室内空気循環による除塵機能を持たないため、他の空調方式と併用になります。

特　徴
① 空気の温度に直接作用しないので、気流が身体に当たる不快感はない。
② 冷房時は、放射パネルの表面が空気の露点温度より低くなると、放射パネルの表面に結露が発生し、室内の空気を除湿する。
③ 放射パネルには、パネル表面に付着した水滴を集めるドレンパンを設ける。

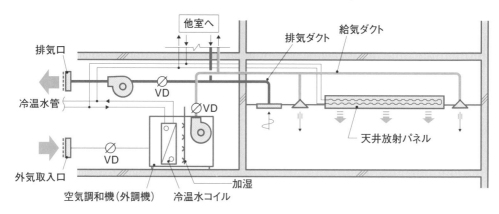

空気熱源ヒートポンプパッケージ方式（個別熱源方式）

　空気熱源を使用し、圧縮機、凝縮器（ぎょうしゅくき）、蒸発器、エアフィルタ、自動制御機器などを1つのパッケージにまとめた中・大型の空調機で、室外機1台で室内機1〜数台が、冷媒配管（ガス管、液管）により同一接続されたシステムで、室内機1〜数台を同一運転することができます。個別運転ができない広い空間や事務所、小規模店舗（てんぽ）などに多く用いられています。

特徴

① 使われるエネルギーは、電気とガスエンジンの2種類がある。
② 熱源、自動制御が一体化になっているので、設置操作が簡便にできる。
③ 室内機と室外機を接続する冷媒配管の長さに制約がある。
④ 極端な空調条件（大風量、全外気運転など）に対応しにくい。

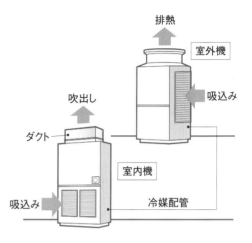

空気熱源ヒートポンプマルチパッケージ方式

　1台の屋外ユニットに対して多数の屋内ユニットを冷媒配管で接続し、凝縮器と蒸発器の役割を屋内と屋外で切り換えることで、冷房にも暖房にも使えるようにしたヒートポンプを使用したシステムです。複数台の室内機が接続されることから、マルチ形（ビルマルともいう）といわれています。機能、性能の向上が著しい空調システムとして近年急速に普及してきました。

特徴

① 冷房専用ユニットもあるが、ほとんどが冷暖房ユニットとして用いられている。
② 屋外ユニットの圧縮機、送風機は、インバータを用いた回転数制御が使われ、省エネルギーとなっている。
③ 屋内機の種類は、天井埋込（てんじょううめこみ）カセット型、天井ビルトイン型、天井埋込ダクト型、床置き型などがある。
④ 標準機種は加湿器の組込みができないので、別途対策が必要となる。
⑤ ユニットごとの単独運転ができる。
⑥ 冷媒配管の接続は、メーカによって2管方式と3管方式がある。

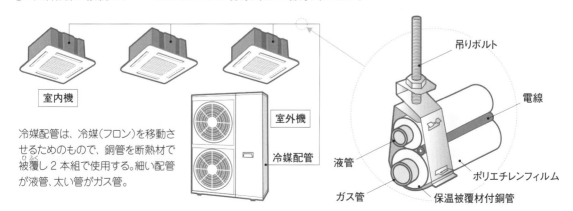

冷媒配管は、冷媒（フロン）を移動させるためのもので、銅管を断熱材で被覆（ひふく）し2本組で使用する。細い配管が液管、太い管がガス管。

熱源方式の種類

　空調設備の熱源方式は、使用するエネルギーにより電力、燃料（ガス、油など）と、その組合せにより、電力使用の冷熱源方式、石油・ガス使用の冷熱源方式、石油・ガス使用の温熱源方式、電力使用の温熱源方式、コージェネレーションシステムなどに分類されます。

電力使用の冷熱源方式

　電力使用の冷凍機には、往復動冷凍機、スクリュー冷凍機、遠心冷凍機、吸収冷凍機があります。

往復動冷凍機（レシプロ冷凍機）

　古くから用いられており、構造によって、全密閉型（電動機 15kW 以下）、半密閉型（電動機 15kW 以上）、開放型（電動機 75kW 以上）があります。

特　徴

① 作動は、ピストンの往復動により、冷媒ガスを圧縮するもので、小〜中型の冷凍機となる。
② 比較的安価だが、ピストンの往復運動が騒音と振動を発生する。
③ パッケージ型空調機、ルームエアコンに使用され、冷凍施設用やカーエアコンなどに適用されている。

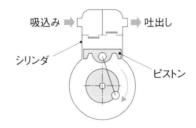

スクリュー冷凍機

　遠心冷凍機と往復動冷凍機の中間の容量範囲で使用され、低負荷時の制御特性が優れています。

特　徴

① 往復動冷凍機に比べて振動が少ない。
② 作動は、2本のロータのかみ合わせ部に冷媒ガスを通し、回転によって冷媒ガスを圧縮する。
③ 圧縮比が高くとれ、中・大容量の空気熱源ヒートポンプに適するので、ビル空調、冷凍施設用として適用されている。

? 圧縮比

圧縮機の吐出し圧力と吸込み圧力の比のことで、圧縮比が大きくなると、圧縮機の圧縮効率は低下する。

遠心冷凍機（ターボ冷凍機）

他の冷凍機と比較すると、吸込み、圧縮のガス量が大きくとれるので、中・大容量機を主として製作されています。用途は中規模建物の空調から地域冷暖房まで使われています。

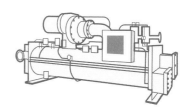

特　徴

① インペラ（羽根車）を高速回転させて、冷媒ガスに働く遠心力によって圧縮する。
② 冷凍容量は、350kW を下限として 35,000kW くらいまでのものが生産されている。
③ 重量、据付面積が小さく、往復動冷凍機に比べて容量制御がよい。
④ 使用している冷媒は、HCFC-123（R-123）、HCFC-22 がある。

石油、ガス使用の冷熱源方式

主要なエネルギー源として、石油やガスが使用され、電力は補機として使われています。石油やガス使用の冷熱源方式には次のようなものがあります。近年のビル建築では、1 台の機械で冷水（冷房時）、温水（暖房時）がつくれ、設置スペースも小さい吸収式冷温水機がよく使われます。

吸収式冷凍機

吸収式冷凍機は、真空中の蒸発器内で吸収液の冷媒（水）を低温蒸発させて冷水をつくります。冷媒に水を用いることで、水が蒸発するときに周囲から熱を奪う作用を利用したものです。

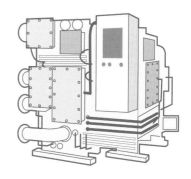

特　徴

① 電力は、冷媒ポンプ程度にしか使用しないので、レシプロやターボ冷凍機に比べて電力使用量が少ない。
② 冷凍機容量は、遠心式冷凍機の使用範囲とほとんど変わらない。
③ 現在使用されているものに、単効用、二重効用、三重効用の 3 種類がある。

吸収式冷温水機（直焚き吸収式冷温水機）

機能は、吸収式冷凍機と似ていますが、吸収式冷凍機を改良したもので、蒸気や高温水の代わりにガスや石油を直接燃焼させて、冷水と温水を別々に、または同時に取り出しできるため、冷暖房併用としても使われます。

特　徴

① ボイラに関係する法規に適用されずに設置できる。
② 振動、騒音が少なく、暖房時のボイラを必要としないので、機器の設置面積も小さい。
③ フロン系の冷媒ガスを使用しないため、吸収剤にはリチウムブロマイド、冷媒には水が使われる。

石油、ガス使用の温熱源方式

　温熱源の熱媒は、温水、温風です。エネルギーとなるものに、石油、ガス、電気、地熱蒸気、太陽熱、廃ガスなどがあります。この方式には、ボイラや吸収式冷温水機などがあります。ボイラは、水を加熱して、蒸気または温水をつくる装置で、大別すると、蒸気をつくる蒸気ボイラ、温水をつくる温水ボイラに分けられ、空調設備に用いる代表的なボイラの種類には、炉筒煙管式、鋳鉄製セクショナル式、真空式温水機などがあります。

炉筒煙管ボイラ

　ボイラ胴の中に、燃焼室となる径の大きい炉筒と、燃焼ガスの通路となる円筒群とを組み合わせたもので、胴内の水は炉筒と煙管によって加熱されます。

特　徴

① 大規模建物の暖房用として採用されるほか、地域冷暖房用として使われる。
② 保有水量が多いので、起動するまでの時間が長くなる。
③ 分割搬入ができないので、搬入口の大きなものが必要となる。

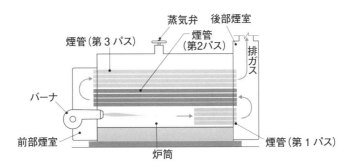

鋳鉄製ボイラ（セクショナルボイラ）

　鋳鉄製のセクションを3〜20枚程度で組み立てて構成します。セクションの枚数を継ぎ足すことで、ボイラの熱容量を増やします。また、セクションの解体・組み立てが簡単なので、分割搬入、現場組み立てができます。

特　徴

① 蒸気ボイラとして使う場合の圧力は、0.1MPa以下と規定されている。
② 温水ボイラの場合の圧力は、0.5MPa以下、最高温水温度は120℃以下と規定されている。
③ 鋳鉄製なので耐食性があり、寿命が長い。
④ 構造上、セクションの内部清掃が難しい。

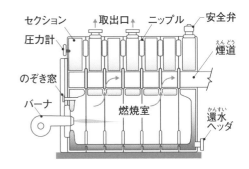

❓ 地域冷暖房

　一つの都市や地域内にあるビル、商業施設、集合住宅などの建物に、1箇所または数箇所の熱源プラントから、冷水、温水、蒸気を供給し、各建物の冷暖房を行うシステム。

真空式温水機

温水機の缶内を大気圧以下に保ち、缶内に封入した熱媒水を加熱して、低圧の状態で蒸気をつくります。缶内に設けた暖房用熱交換器および給湯用熱交換器から異なった出口温度の温水を取り出せるようにしたものです。

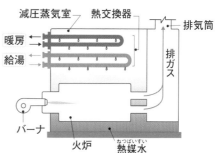

特 徴

① 大気圧以下で運転するため、労働安全衛生法上のボイラに該当しないので、取扱い資格が不要となる。
② 中規模建築物などの給湯・暖房用途に適していて、熱交換器が本体に内蔵されているため、放熱損失がなく、熱交換のための動力も不要となる。

電力温熱源方式

近年、成績係数（COP）の高い電力使用のヒートポンプが主として使用されています。ヒートポンプは燃焼を伴わないので、大気汚染防止や出火の危険も少ない方式です。熱源として、空気、地下水、排熱が使われ、種類は以下のように分別されます。

● 空気対空気方式
空気から熱を取り出し、空気を加熱します。外気温度が下がると能力不足となるので、電気ヒータなど補助加熱源を設置します。ヒートポンプルームエアコンや空気熱源ヒートポンプパッケージユニットなどがあります。

● 空気対水方式
空気から熱を取り出し、水を加熱する方式で、水回路および冷媒回路の切り換え方法があります。空気熱源ヒートポンプチリングユニットなどがあります。

● 水対空気方式
水から熱を取り出し、空気を加熱する方式で、冷媒回路の切り換え方法で、水熱源ヒートポンプパッケージ型空調機があります。

成績係数（COP）

熱源出力に対して、それをつくるために必要なエネルギー量の割合のこと。COP が大きいほど省エネルギー性の高い機器といえる。

コージェネレーションシステム

コージェネレーションシステムは、都市ガスや石油などの燃料でガスエンジンやタービンにより発電し、電力供給を行いながら、同時に発生する排熱を蒸気や温水として回収し、温熱として利用するシステムです。一般に、工場、病院、福祉施設など、熱供給と電気供給が同時に発生する施設で活用されています。

◆ コージェネレーションシステムフロー例

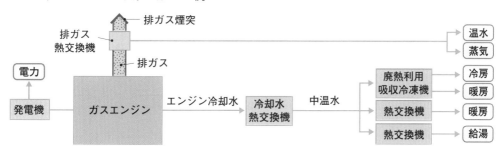

■ 搬送機器

熱を機器から機器、または機器から室内へと搬送（はんそう）するためには、配管（水、蒸気、冷媒（れいばい））、ポンプ、送風機、ダクト（空気）などを用います。

送風機（ファン）

送風機は、羽根車を通る空気の方向から、遠心式・斜流式（しゃりゅうしき）・軸流式に分けられます。ファンを選択する際は、風量（m³/h）と静圧（Pa）から、ファン動力（kW）とファン番手（ファンの型番）を決定します。

遠心式送風機

羽根車とケーシングからできていて、空調や換気設備の送風機として使用されます。羽根車の片側から空気を吸い込むタイプは片吸込み型、両側から吸い込むタイプは両吸込み型と、呼び名が違います。羽根径が同じ送風機では、両吸込み型が風量が多くなります。

● 多翼送風機（シロッコファン）
遠心式送風機の代表とされ、同じ大きさの遠心式の中では、最も大きい風量が出せます。

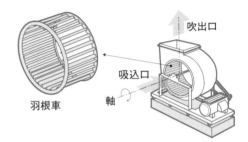

吹出口
吸込口
羽根車
軸

特　徴
① 静圧は 100 ～ 1,000Pa、風量は 10 ～ 2,000m³/min となる。
② 風量の増加にともない軸動力も増加する。
③ 羽根車の構造が高速回転にならないので、高い圧力は出せない。

斜流送風機（斜流ファン）

羽根車の形状や風量・静圧は、遠心式と軸流式の中間で、小型の割には風量が大きく、静圧も高く 200 ～ 400Pa 程度で使用されています。

特　徴
① 羽根車の羽は、三次元で複雑な形状で、鋼板やアルミニウム合金鋳物製（ちゅうてつせい）が多く使われている。
② ケーシングの形状は、軸流式ファンの形状と遠心式ファンの形状があるが、空調用には軸流式のものが使われる。
③ 送風機の圧力曲線は、軸流式送風機と同じで、軸動力は風量変化に対してほとんど変わらない。

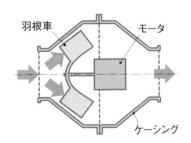

羽根車
モータ
ケーシング

❓ 圧力曲線
送風機の性能を示す曲線で、風量の変化に対する状態変化を示したもの。

軸動力
送風機の軸を駆動（くどう）するのに必要な動力。kW で表す。

軸流式送風機（プロペラファン）

　ケーシングまたは案内羽根によって、ベーン軸流送風機、チューブラ送風機、プロペラ送風機に分類されます。

● ベーン軸流送風機

　ケーシングと案内羽根が設けられて、チューブラ送風機より高圧（静圧 100 〜 700Pa）で使用されます。駐車場、トンネル、共同溝などの換気に用いられます。

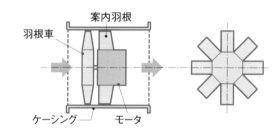

● チューブラ送風機

　ケーシングのみが設けられて、中圧（静圧 50 〜 150Pa）で、大風量に適しており、大型冷却塔に用いられます。

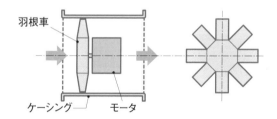

● プロペラ送風機

　ケーシングも案内羽根もない送風機なので、中圧（静圧 50 〜 150Pa）で、換気扇、小型冷却塔、エアコンの屋外機に用いられます。

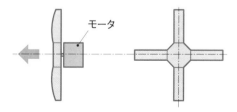

横流送風機
おうりゅう

　羽根の幅は、直径に比べて大きく、空気は軸に直角方向から吸い込まれます。幅の広い膜状の気流ができ、エアーカーテンやサーキュレータ、ファンコイルユニットなどに利用されます。

■ポンプ

モータからエネルギーを受け、羽根車の回転によって、水にエネルギーを与えて送り出す機械をポンプといいます。一般にポンプといえばターボ型を指し、空調用として主に使用されるポンプには、渦巻ポンプとタービンポンプがあります。

◆ ポンプの種類

渦巻ポンプ

渦巻ポンプは、ボリュートポンプともいわれ、羽根車を回転させて遠心力で水を送り出します。低い揚程で、大量の水を必要とする場合に多く使われています。

特 徴

① 冷凍機と冷却塔を循環させる冷却水ポンプとして使用される。
② 空調機の冷温水コイルへ冷水、温水を供給（循環）するための冷温水ポンプとして使用される。
③ 各種ボイラへの給水ポンプ、温水ボイラの温水循環ポンプなどに使用される。
④ 低揚程用として使用される。

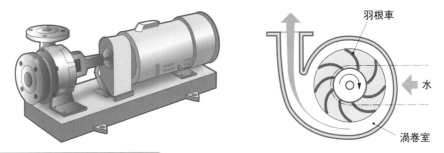

タービンポンプ（ディフューザポンプ）

羽根車の周囲に流線型のディフューザ（案内羽根）を羽根車と反対向きに配列し、渦巻室に取り付けたものをいいます。ディフューザを設けることにより水の速度が圧力に変換され、高圧となって渦巻室に入って吐き出されます。

特 徴

① 水量は渦巻ポンプより少ないが、揚程が 20 ～ 200m ぐらいまでのものに用いられる。
② 各種ボイラの給水や消火ポンプとして用いられる。
③ 高揚程用として使用される。

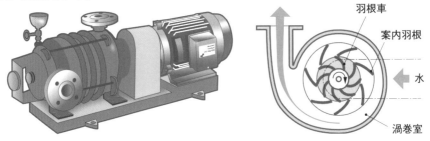

第5章

換気・排煙設備

建物内で生活している我々は、知らず知らずのうちに室内の空気を自らが汚しています。汚染源には、体から発する熱や水蒸気、呼吸による二酸化炭素、タバコによる煙や調理で使うガスの燃焼空気など、いろいろな要素が当てはまります。換気は、これらの汚れた空気を、自然（自然の風や建物内の温度差を利用）または機械（送風機）によって、新鮮な外の空気と入れ替えます。

1 換気設備

室内で、臭気や、塵埃（じんあい）、有毒ガス、熱気などが増えて空気が汚れていくと、室内にいる人間は不快感で、在室ができない状態になります。換気は、自然や機械によって、室内の空気と外気を入れ替えることで、室内の空気を衛生的に良好な状態に保ちます。

■ 換気の対象

室内の空気と外気を入れ替える目的と換気の対象には、次のようなものがあります。

室内空気をきれいにする

● 排除するもの

粉塵、有毒ガス、臭気、石綿（アスベスト）、ホルムアルデヒドなど

● 対象室

居室（きょしつ）、便所、浴室、給湯室、台所、倉庫、納戸など

熱を取り除く

● 排除するもの

厨房（ちゅうぼう）レンジからの排熱、臭気、工場の電動器具類からの発生熱など

● 対象室

機械室、電気室、ボイラ室、厨房など

空気を供給する

● 供給するもの

居住者や燃焼機器に必要な空気など

● 対象室

厨房、居室、ボイラ室など

水蒸気を排除する

● 排除するもの

居室で発生する水蒸気や多湿の空気など

● 対象室

浴室、厨房、床下、地下倉庫、屋根裏、納戸など

❓ 居室

居住、執務、作業など継続的に使用する部屋のこと。

■ 換気の種類

換気の方法を大きく分けると、自然換気と機械換気があります。

自然換気

窓を開けて室内空気を入れ替えるように、自然の風や温度差を利用して換気をすることをいいます。

風力換気

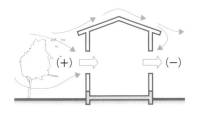

ドアや窓を開けて風（空気）の出入りを利用します。

温度差換気

室内と屋外の温度差（浮力）を利用します。

パッシブ換気

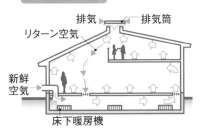

外気を床下に取り込み、温めた空気の浮力を利用します。

86

機械換気

機械換気は、送風機を使って強制的に換気を行います。換気扇を使う簡単な換気を除き、一般には、ダクトと送風機からなり、下記のとおり第1種から第3種の方式に分類されます。

第1種換気方式

送風機によって室内に外気を送入すると同時に、送風機によって室内の空気を排出する方法で、換気の方式では、もっとも確実な換気量の確保ができます。給排気を変えることにより、室内圧を正負圧のどちらにでも決められます。

● 全熱交換器

空調された室で給気と排気を同時に行う、「全熱交換器」を用いる方式もあります。全熱交換器は、空気中の、熱と湿度を排出しないで回収し、取入外気とともに再度室内に給気にします。

第2種換気方式

給気側にだけ送風機を設け室内を正圧に保ち、排気側は、室内圧が正圧になった分だけ排気口から逃がす方式です。常に清潔が求められる清浄室(クリーンルームなど)や燃焼用空気が必要なボイラ室などに用いられます。

第3種換気方式

排気側にだけ送風機を設け室内を負圧にし、給気側は、給気口から負圧になった室内に自然に空気が流れ込む方式です。便所、浴室、厨房、倉庫のような、臭気や水蒸気などを室外に拡散させたくない場所に用いられます。

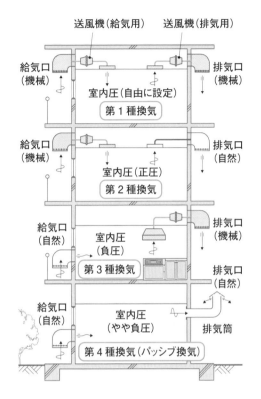

【 第4種換気方式（パッシブ換気）】
給気側と排気側の両方を自然換気として第4種換気と呼ぶ考えもあります。

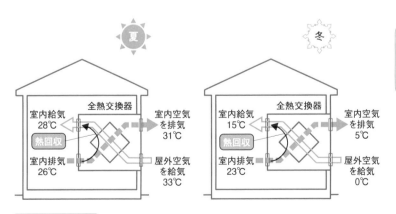

全熱交換器は、排気の全熱の差の65〜85%を回収し、空調負荷を約20%軽減できます。

局所換気方式

汚染された空気が局所的に限定される場所や、厨房・浴室のように臭気や多量の水蒸気を発生する箇所に設ける方式のことで、たとえば厨房などは、調理中の水蒸気や臭いなどを分散させずに集中的に排気するために、排気フードを使って換気をします。

2 換気量の求め方

換気によって入れ替わる空気の量を換気量といい、室内の空気を適正な状態に保つために、ある汚染物質を許容値以下に保持できるための必要な最小風量を必要換気量といいます。

■換気量の計算

換気回数によって換気量を求める

室の容積を求めて、室の換気回数を使って換気量を算定します。この方法は、汚染物質の許容値、汚染源の把握ができない場合や、換気回数計算で計画しても問題が生じないときに用います。換気量は、

$$V = N \times M$$

より求めます。

V：必要換気量〔m^3/h〕、N：換気回数〔回/h〕、M：室容積〔m^3〕

換気回数は $N = V \div M$ より求めます。

◆ 主な室の換気回数

室の種類	回数〔回/h〕	備考
ボイラ室	10	給気には燃焼空気量を加算する。
電気室	10〜15	冷房を併設するときは3〜5回/h、許容室温は40℃とする。
自家発電室	30〜50	給気には燃焼空気量を加算し、常用の換気設備を設ける。
エレベーター機械室	10〜30	許容室温は40℃とする。
便所・洗面所	10〜15	
物置・倉庫	3〜5	

機械室などの換気量を求める

室内の機器からの発熱を除去するために必要な換気量を計算で求めます。

$$V = \frac{3.6 q_s}{c_p \rho (t_i - t_o)} = \frac{3 q_s}{t_i - t_o}$$

V：必要換気量〔m^3/h〕、q_s：発熱量〔W〕、c_p：空気の比熱（1.0）〔kJ/（kg・K）〕、ρ：空気の密度（1.2）〔kg/m^3〕、t_i：許容室温〔℃〕、t_o：外気温度〔℃〕

汚染源が室内にある場合の換気量を求める

一般に室内の二酸化炭素 CO_2 の濃度を基準として算定します。

$$V = \frac{M}{c_i - c_o}$$

V：必要換気量〔m^3/h〕、M：室内における CO_2 発生量〔m^3/h〕、c_i：室内における CO_2 設計基準濃度〔m^3/m^3〕、c_o：取り入れ外気の CO_2 濃度〔m^3/m^3〕

室内の二酸化炭素濃度を、1,000ppm 以下に保つために必要な換気量を求める。
ただし、外気中の二酸化炭素濃度は 400ppm で、室内の二酸化炭素発生量は 0.3〔m³/h〕とする。

$$V = \frac{0.3}{0.001 - 0.0004} = 500 \text{〔m}^3/\text{h〕}$$

在室人員による有効換気量

建築基準法による居室(きょしつ)の必要換気量を、在室人員から算定します。
① 特殊建築物(劇場、映画館、公会堂など)の居室は、床面積 3m² に 1 人
② その他の建築物の居室は、床面積 10m² に 1 人は、少なくとも在室しているとみなして計算します。
③ 特殊建築物以外の無窓の居室に機械換気設備を設ける場合の有効換気量 V の最小値は、次式で求められます。

$$V = \frac{20A}{N}$$

V：有効換気量〔m³/h〕、20：1 人 1 時間当たりに供給されるべき外気量〔m³/h・人〕、
A：居室の床面積〔m²〕、N：1 人当たりの占有面積〔m²/ 人〕(実状に応じて決める)
ただし、床面積〔m²〕÷在室人員〔人〕>10〔m²/ 人〕のときは、N =床面積〔m²〕÷ 10〔m²/ 人〕とする。

■火気を使用する室の換気

燃料が燃焼すると、燃料の可燃性成分が酸素と反応し、炭酸ガスと水蒸気が発生します。厨房(ちゅうぼう)などの直火を扱う室の換気量は、法的に定められており、酸素欠乏にならないように、排気装置の条件、燃焼の種類、消費量で安全を考慮し計算します。

各種燃料を使用する厨房の換気量(火気を使用する室)

排気フード・換気扇の換気量計算式

● 排気フードⅡ型を設置した場合(図 1)
　　$V = 20KQ$
　　V：有効換気量〔m³/h〕、Q：実状に応じた燃料消費量〔kW〕、
　　K：燃料の単位燃焼量当たりの理論廃ガス量〔m³/(kW/h)〕
● 排気フードⅠ型を設置した場合(図 2)
　　$V = 30KQ$
● 換気上有効な換気扇のみを設置した場合(図 3)
　　$V = 40KQ$
各種燃料の理論廃ガス量 K は以下の数値を使用します。

燃料の種類	発熱量	理論廃ガス量
都市ガス	※	0.93〔m³/(kW/h)〕
LP ガス(プロパン主体)	50.2〔MJ/kg〕	0.93〔m³/(kW/h)〕
灯油	43.1〔MJ/kg〕	12.1〔m³/kg〕

※都市ガスの燃料の種類により、発熱量は以下のように異なります。
● 13A：45〔MJ/m³〕
● 12A：41〔MJ/m³〕

第5章 換気・排煙設備

◆ 排気フードⅡ型（図1）　◆ 排気フードⅠ型（図2）　◆ 排気フードなし（図3）

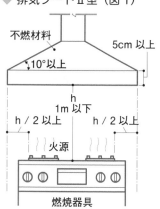
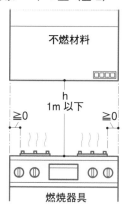
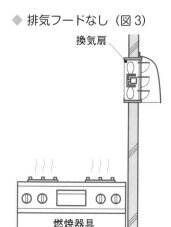

電気式厨房器具を使用する厨房の換気量

機械換気とし、換気量は以下とします。

$V \geqq E \times P$

V：有効換気量〔m³/h〕、E：電気式厨房器具の換気係数〔m³/h・kW〕（= 30）

P：電気式厨房器具の電機容量〔kW〕

電気式厨房器具の場合、燃焼ガスによる上昇気流がなく、横風が吹くと換気量が減り、フードの捕集率が低下するおそれがあるので、換気量に注意が必要です。

◆ ガスコンロの場合　　　　　　◆ 電気式厨房器具の場合

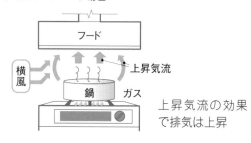
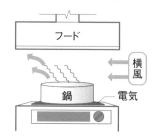

排気フードの面風速による有効換気量

面風速〔m/秒〕とは、汚れた排気を効率よく吸い込むために、排気フードを通過させる排気の速さのことをいいます。

$V \geqq 3{,}600 \times a \times a \times b$

V：有効換気量〔m³/h〕、a：フード吸込み部の面風速〔m/秒〕、a：フード下面の長辺〔m〕、

b：フード下面の短辺〔m〕、3,600：〔秒/h〕

算定例 3辺開放でフードサイズ 1.2m × 0.9m = 1.08〔m²〕、面風速が 0.5〔m/秒〕のフードからの換気量を求める。

フードの有効換気量 $V = 3{,}600 \times 0.5 \times 1.08 \fallingdotseq 1{,}950$〔m³/h〕

◆ フード下面面風速（参考）

	フード吸込み位置	面風速〔m/秒〕		フード吸込み位置	面風速〔m/秒〕
①	4周開放	0.8	③	2辺開放	0.4
②	3辺開放	0.5	④	1辺開放	0.3

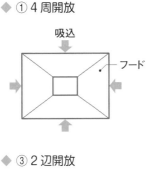

◆ ①４周開放

吸込

フード

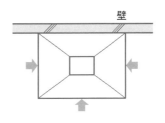

◆ ②３辺開放

壁

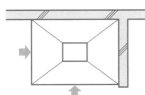

◆ ③２辺開放

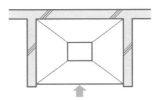

◆ ④１辺開放

■給・排気ガラリの構造と位置

　ガラリは、屋外からの外気取入れや室内からの排気を排出するために、外壁面などに設置する建具(たてぐ)の一種で、用途により、給気ガラリ、排気ガラリなどと呼びます。給気ガラリ・排気ガラリの構造や位置は、近隣建物への臭気や騒音、清浄空気の確保、延焼(えんしょう)の防止などを考慮して決めます。

給・排気ガラリ設置の規準

① 外壁取付けの給気ガラリ・排気ガラリには、雨水の流入、ねずみ、虫、埃(ほこり)などの侵入に対応する、水切り、防虫網、シャッターなどを取り付け、外気の風によって換気能力が低下しない構造にします。

◆ 外壁ガラリ

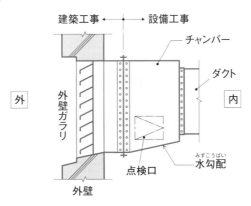

建築工事　　設備工事

チャンバー

ダクト

外

外壁ガラリ

内

点検口

水勾配(みずこうばい)

外壁

② 外壁の延焼のおそれのある箇所（39ページ参照）に設置する給・排気ガラリには、防火フードや防火ダンパを設置します。
③ 居室(きょしつ)への外気取入れガラリは、地上から 10m 以上の高さに設けます（ビル衛生管理の建築確申請時審査に係わる指導要領　平成 17 年 4 月改正東京都福祉保険局より）。

3 排煙設備

排煙設備は、火災時に発生した建物内に充満する煙を屋外に放出して、在室者の避難経路を確保し、消防隊の消火活動を容易にする設備です。排煙の方法には、自然排煙、機械排煙、加圧排煙があります。

■排煙設備が必要な建築物

　法令上では、排煙設備の設置に関して消防法の規定と建築基準法の規定に分けられ、建築基準法に基づき排煙設備が設置されている箇所には、消防法上の排煙設備は免除されます。

排煙設備の設置対象

　排煙設備の設置対象建築物の概略を以下に示します。
① 建物の居室・通路など
  ● 特殊建築物の建物で、延べ面積が 500m^2 を超えるもの（劇場、映画館、公会堂、集会場, 病院、ホテル、学校、体育館、図書館、公衆浴場など）
  ● 階数が 3 以上（地上・地階を問わない）で、延べ床面積が 500m^2 を超える建築物（建築物の高さが 31m 以下の部分にある居室で、床面積 100m^2 以内ごとに、防煙壁で区画されたものを除く）
  ● 延べ面積が 1,000m^2 を超える建築物の居室で、その床面積が 200m^2 を超える建築物（建築物の高さが 31m 以下の部分にある居室で、床面積 100m^2 以内ごとに防煙壁で区画されたものを除く）
  ● 開放できる部分の面積が、1/50 未満の無窓の居室
② 特別避難階段の附室
③ 非常用エレベーターの乗降ロビー
④ 地下街の地下道
⑤ 消防法による排煙設備

排煙システム

　排煙システムには、各種の方式がありますが、大きくは「自然排煙方式」と「機械排煙方式」とに分類されます。

自然排煙方式

　外気に面する部屋の窓や、ガラリなどの開口部を排煙口として利用します。火災発生のときには、この排煙口を開放して排煙します。

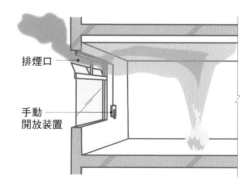

排煙口

手動
開放装置

機械排煙方式

強制的に排煙を行う方式で、排煙口から排煙用のダクトを経由して、排煙機によって屋外へ排出します。

加圧排煙方式は、機械排煙方式の一種で、避難通路となる附室や廊下に加圧給気を行って、圧力を高くして、圧力の差を利用して、煙が避難経路に侵入するのを防ぐ方式です。

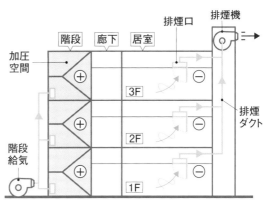

自然排煙・機械排煙の設備

排煙窓（自然排煙口）

排煙上有効な開口部として必要な面積は、床面積の 1/50 で、天井から下方 80cm 以内に設置します。

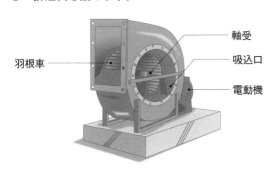

手動開放装置

シロッコ型排煙機

電動機で駆動し、予備電源を必要とします。予備電源がない場合は、電動機にさらにエンジン付きの排煙機を設けます。

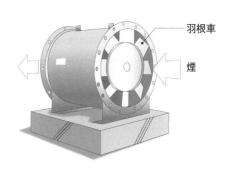

軸流型排煙機

軸方向から煙を吸い込み軸方向に煙を吐き出す形式の送風機で、羽根車、電動機、ケーシングからできています。

排煙口

　排煙口は、火災時に発生した煙を排出する吸込み口をいいます。常時閉鎖型と常時開放型とに区分され、常時開放型は、1つの防煙区画のみを専用の排煙機にて受け持つ場合に用い、常時開放状態を保持します。操作は、手動始動装置で排煙機を直接起動します。

◆ 排煙口の例

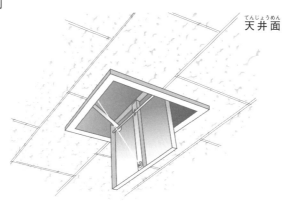

天井面^{てんじょうめん}

排煙口の設置

① 排煙口の開口面積は、0.04m² 以上とし、吸込み風速 10m/ 秒以下とする。
② 排煙口は、一般的に天井面に取り付け、防煙区画の各部分から排煙口の 1 つに至る水平距離が 30m 以下となるように設置する。

◆ 排煙口の設置位置（平面図）

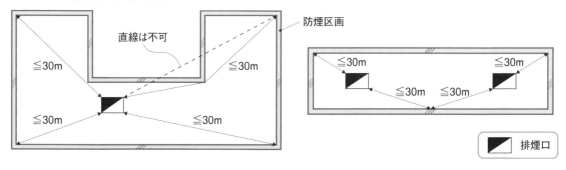

直線は不可

防煙区画

≦30m
≦30m
≦30m
≦30m
≦30m
≦30m
≦30m
≦30m

███ 排煙口

③ 防煙区画に可動間仕切りがある場合は、それぞれに排煙口を設け連動させる。

◆ 可動間仕切りがある排煙口

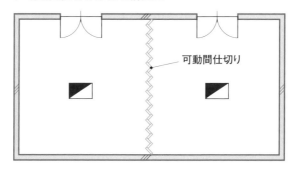

可動間仕切り

④ 天井の高さが 3m 未満の場合は、天井から 80cm 以内の部分に設置する。

⑤ 天井の高さが 3m 以上の場合は、床面からの高さが 2.1m 以上で、天井の高さの 1/2 以上の箇所に設置する。

◆ 天井高さが 3m 未満

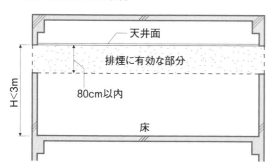

◆ 天井高さが 3m 以上

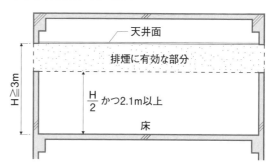

⑥ 同じ防煙区画内に、2 箇所以上の排煙口を設置する場合は、各排煙口を機械的または電気的に連動させる。

⑦ 廊下に排煙口を設置する場合は、避難方向と煙の流れが反対になるように設置する。

⑧ 排煙口の開放と同時に、排煙機を起動させる連動機構を設ける。

手動開放装置

排煙口の開放操作には、直接手で開放、ワイヤーを介して開放、電気信号を利用して開放、煙感知器連動で開放する方法があります。

① 手動開放装置を壁に設ける場合は、床面から 80cm 以上、1.5m 以下の高さの位置にする。

② 手動開放装置を天井から吊り下げで設置する場合は、床面から約 1.8m の高さの位置にする。

手動開放装置（電気式）

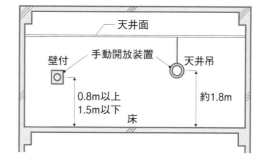

防煙区画と風量

火災発生の初期に、煙がほかの区域に流出しないように、間仕切壁または天井面より 50cm 以上下方に突き出した垂れ壁で、500m² 以下に区画された区域を表したものを防煙区画といいます。

防煙区画の排煙機の排煙風量

①防煙区画の排煙風量

防煙区画の床面積〔m²〕× 1〔m³/（m²・分）〕以上とする。

②排煙機の排煙風量

● 1 防煙区画のみを受け持つ場合
120〔m³/分〕（7,200〔m³/h〕）以上で、防煙区画の床面積〔m²〕× 1〔m³/（m²・分）〕以上とする。

● 2 以上の防煙区画を受け持つ場合
120〔m³/分〕（7,200〔m³/h〕）以上で、最大防煙区画の床面積〔m²〕× 2〔m³/（m²・分）〕以上とする。

● 天井の高さが 3m 以上で、500m² を超える防煙区画（集会場の客席など）を含み、内装仕上げが不燃材料または準不燃材料の場合
500〔m³/分〕以上で、防煙区画の床面積の合計〔m²〕× 1〔m³/（m²・分）〕以上とする。

■排煙ダクト

各排煙口にダクトを接続し、このダクトをまとめて排煙機に導きます。

排煙ダクトの製作・取付け留意事項

① 排煙ダクト内の風速は、20m/秒以下とし、排煙口のサイズは、吸込み風速 10m/秒以下とする。
② 排煙中に変形や脱落がない不燃材料とし、亜鉛鉄板製または普通鋼板製とする。コンクリートや ALC 板は、気密性が保てないので使用しない。
③ 排煙機は、最上階の排煙口よりも下の位置にならないようにする。
④ 排煙ダクトの系統も煙の特性を考慮して立上がりを主とした系統にする。
⑤ 天井裏のダクトは、金属以外の不燃材料で覆う。
⑥ 可燃物（木材など）から 150 ㎜以上離すか、または、厚さ 100 ㎜以上の金属以外の不燃材料で覆う。

各室と防煙区画の排煙ダクトの風量

排煙ダクトの風量計算は以下に従って行います。
① 排煙口を同時に開放しない場合は、そのダクトが受け持つ防煙区画の風量にする。
② 排煙口を 2 箇所同時に開放する場合は、隣接する 2 防煙区画の合計風量にする。
③ 立ダクトの風量は、最遠の階から順番に比較して、各階ごとの排煙風量のうち最大となる風量にする。

上記の防煙区画の求め方を用いて、右図の建物の各室の排煙ダクトの風量を求めます。
　①室 = 100〔m²〕× 1〔m³/（m²・分）〕= 100〔m³/分〕
　②室〜⑦室を同様に計算すると、表 1 のようになります。

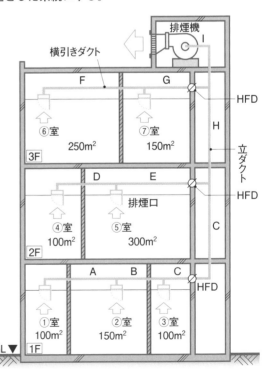

◆ 表1　排煙風量・排煙口の算定

室名	室面積 [m²]	防煙区画風量 [m³/分]	排煙口サイズ(四角型とする) [m²]	排煙口サイズ(四角型とする) [mm × mm]
①室	100	100	0.16	400 × 400
②室	150	150	0.25	500 × 500
③室	100	100	0.16	400 × 400
④室	100	100	0.16	400 × 400
⑤室	300	300	0.50	700 × 700
⑥室	250	250	0.42	650 × 650
⑦室	150	150	0.25	500 × 500

横引きダクトの排煙風量

● 排煙口から同時開放で排煙する必要がないダクトの排煙風量は、1区画の排煙風量となる。

● 2区画以上の防煙区画を受け持つダクトは、そのうちで最大の防煙区画の排煙風量が、そのダクトの排煙風量となる。

　よって、Aダクトは①室の排煙風量100〔m³/分〕を使い、Bダクトは①室の排煙風量100〔m³/分〕と②室の排煙風量150〔m³/分〕の合計風量250〔m³/分〕となります。

　C～Iダクトを同様に計算すると表2のようになります。

◆ 表2　排気ダクトの風量

区間	ダクトの風量〔m³/分〕	算定方法
A	100	①室の風量
B	250	①室＋②室の風量
C	250	②室＋③室の風量
D	100	④室の風量
E	400	④室＋⑤室の風量
F	250	⑥室の風量
G	400	⑥室＋⑦室の風量
H	400	CとEを比較して風量の多いEとする
I	400	GとHは同じ風量なので400とする

立ダクトの排煙風量

● 排煙機からもっとも遠い室（防煙区画）から順次比較して、各階ごとの排煙風量のもっとも大きい排煙風量とする。

　よって、H立ダクトの風量は、Eの風量400〔m³/分〕とCの風量250〔m³/分〕を比較して、大きいほうの風量400〔m³/分〕とします。

排煙口の有効開口面積

　有効開口面積は、以下の式で求めます。

$$A = \frac{Q}{60} \times V$$

　ここに、A：排煙口の有効開口面積〔m²〕、Q：防煙区画の排煙風量〔m³/分〕、V：排煙口の吸込み風速〔m/分〕、60：〔秒/分〕

　ただし、開口面積は0.04〔m²〕以上とし、吸込み風速は10〔m/秒〕以下で決めます。

　よって、①室の排煙口は $A = \frac{100}{60} \times 10 = 0.16$〔m²〕＝ 400mm × 400mm となります。

　②室～⑦室を同様に計算すると表1のようになります。

■排煙ダクトに設ける防火ダンパ

　排煙ダクトに防火ダンパを設けるのは、排煙を遮断した後に排煙ダクトから他の部屋への延焼を防止するためです。防火ダンパの構造は、空調、換気に使用されているダンパと同じものですが、排煙用の防火ダンパは、作動温度が280℃のものが使われています。

防火ダンパと防煙ダンパ

① ダクトが防火区画を貫通する箇所は、防火ダンパ（FD）を取り付ける。
② ダクトが異種用途区画を貫通する箇所は、防煙ダンパ（SD）を取り付ける。
③ 竪穴区画を貫通する場合は、防煙ダンパ(SD)を取り付ける。竪穴区画の頂部は防火ダンパ(FD)とする。
④ 竪穴区画を貫通する場合でも、2以上の階にわたり煙が流出しない場合は、防火ダンパ（FD）になる。

防煙防火ダンパ（SFD）

SFD（防煙防火ダンパ）とは、火災発生時にダクト内に煙および熱が他の室内および階に伝播しないように、煙感知器や温度ヒューズと連動して、ダクト内の煙や熱を遮断するものです。

❓ 防火区画

火災時に建築物内の延焼・煙の拡散を防ぎ、避難を容易にするための、防火上の区画で耐火構造の床や壁で区画したもの。

　異種用途区画

1つの建築物の中に、異なる用途の部分が複数混在するような建築物のこと。

　竪穴区画

階段、エレベーターシャフトなどの吹き抜け部分からの火災の延焼と拡大を防ぐための防火区画で、3階以上の階または地階に居室がある場合に適用される。

防火・防煙ダンパの設置例

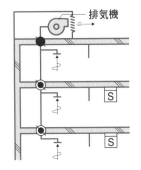
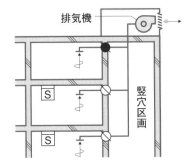

Ⓢ 煙感知器　　◉ 防煙防火ダンパ（SFD）　　◌ 防煙ダンパ(SD)　　● 防火ダンパ(FD)　　耐火構造等の防火区画

第6章

給排水衛生設備

給排水衛生設備は水を扱う設備で、給水設備、排水・通気設備、消火設備、浄化槽<ruby>浄化槽<rt>じょうかそう</rt></ruby>設備などがあります。この章では、給排水衛生設備とはどのようなものか、どのようなしくみになっているのかを学び、その中でも特に人間が生活するために重要な給水および排水の管理について理解することを目指します。

上・下水道

給排水衛生設備には、給水設備、給湯設備、排水・通気設備、消火設備、ガス設備、衛生器具設備、浄化槽設備、その他（排水再利用設備、雨水利用設備、ごみ処理設備など）に分類されます。まずは、飲み水（水道水）が敷地内および建物内にどうやって供給されるのか、建物からどのようにして排除されるのかを学びましょう。

■ 上水道

上水道は、水道法上の水道のことです。水道とは、導管およびその他の工作物により水を人の飲用に適する水として供給する施設の総体をいいます（臨時に施設されたものを除く）。

上水道の施設

水道の水源水が需要者に供給されるまでには、原水の質および量、地理的条件、水道の形態などに応じて、取水施設、貯水施設、導水施設、浄水施設、送水施設、配水施設、給水装置の作業プロセスをたどります。下図に、上水道施設一般構成図の例を示します。

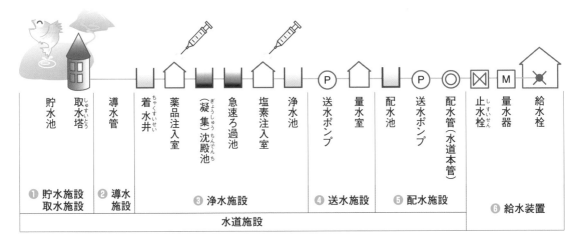

着水井

河川などから原水を導入する際に原水の水位の動揺を安定させるとともに、その水量を調節するために設ける設備。

（凝集）沈殿池

凝集剤と原水を混和させる混和池と微小フロック（凝集作用によってできた大きな浮遊物の集合体）を成長させるフロック形成池で構成されている。

❶ 取水施設

取水施設は、河川、湖沼、または地下水源から水を取り入れ、粗いごみなどを取り除いて導水施設へ送り込む施設です。

❷ 導水施設

導水施設は、原水を取水施設（取水池）より浄水施設（浄水場）まで送る施設です。導水方式には、水源と浄水場の水位関係によって、自然流下方式とポンプ加圧方式があります。

❸ 浄水施設

浄水施設は、原水の質および量に応じて、水道基準に適合させるために浄化を行う施設で、（凝集）沈殿池、ろ過池、消毒設備（塩素注入室）などがあります。

❹ 送水施設

送水施設は、浄水場から配水施設（配水池）まで浄水を送る施設で、浄水を送るのに必要なポンプ、送水管などの設備があります。送水方式は自然流下が望ましいです。

❺ 配水施設

配水施設は、浄水を配水池から給水区域（公道下）の配水管まで供給し、需要者に所要の水量を配布するための施設です。

❻ 給水装置

配水管から分岐した給水管と、これに直結する給水栓などの給水器具のことです。配水管に直結していない受水槽以下の設備は水道法の対象となる給水装置ではありませんが、その構造、材質などについて建築基準法に定められています。

KEYWORD

凝集剤・消毒剤

- 凝集剤には、水道用硫酸アルミニウムやPAC（水道用ポリ塩化アルミニウム）が使用されている。
- 消毒剤には、液化塩素、次亜塩素酸ナトリウム、次亜塩素酸カルシウムが使用されている。

配水管の埋設深度と施工

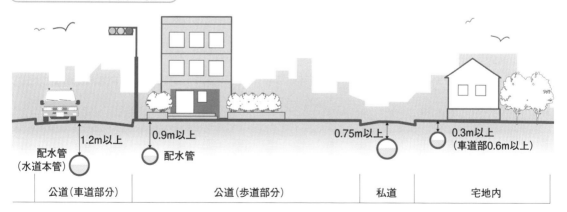

| 公道（車道部分） | 公道（歩道部分） | 私道 | 宅地内 |

配水管（水道本管）1.2m以上 ／ 配水管 0.9m以上 ／ 0.75m以上 ／ 0.3m以上（車道部0.6m以上）

配水管の施工は、道路内に配管する場合、ほかの埋設物との間隔は 30 cm 以上としています。敷地内に配管する場合は、できるだけ直線配管とします。分水栓によって給水管を取り出す場合は、ほかの給水装置の取付け口から 30 cm 以上離す必要があります。

■下水道

　下水道は、下水（生活排水や工業廃水または雨水をいう）を排除するために設けられる排水管、排水渠、その他の排水施設、これらに接続して下水を処理するために設けられる処理施設など、その他施設の総体をいいます。

下水道の種類

　下水道の種類には、公共下水道、流域下水道、都市下水路などがあります。
● 公共下水道
地方公共団体が管理する下水道で、終末処理場を有するもの、または流域下水道に接続するものです。
● 流域下水道
河川や湖沼の流域内にある、2つ以上の市町村の行政区域を越えて下水を排除するものです。
● 都市下水路
市街地の雨水を排除する目的でつくられるものですが、終末処理場を持たないため、水質の規制があります。

下水の排除方式

分流式 汚水と雨水とを別々の管路系統で排除させます。

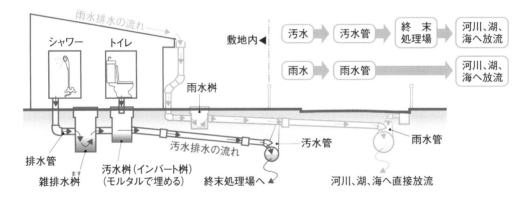

合流式 汚水と雨水とを同一の管路系統で排除させます。

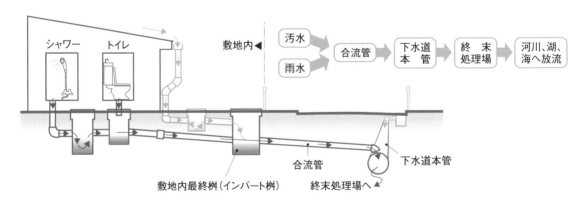

下水管の流速と最小管径

　汚水管渠は、流速0.6～3.0 m/sとし、最小管径を200 mmとしています。雨水管渠と合流管渠は、流速0.8～3.0 m/sとし、最小管径は250 mmとしています。

　流速は、一般的に下水中の沈殿しやすい物質が沈殿しないだけの流速にします。また、下流にいくほど漸増させ、勾配は、下流にいくに従い緩やかにします。

下水管渠の接合

　一般的に、次の方法が用いられています。

水面接合

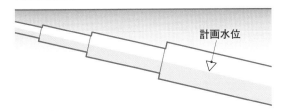

　水理学上もっとも理想的な方法で、おおむね計画水位となるように接合させます。

管頂接合

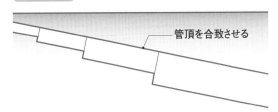

　地表勾配が大きく、工事費への影響が多い場合に用います。

管底接合

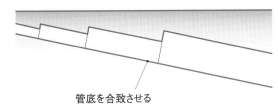

　地表勾配が小さく、放流河川などの流末水位に制限を受ける場合に用います。

段差接合

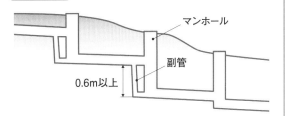

　地表面の勾配が急な敷地において、下水道管渠の勾配を適切に保つために用います。

2本の管渠を合流させる場合

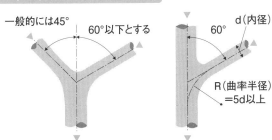

汚水本管への取付け位置

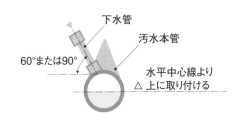

KEYWORD

管の接合　管渠の径が変化する場合の接合方法は、原則として水面接合または管頂接合とする。

2 給水設備

上水道の施設を経て、各住宅やビルなどの必要とする箇所にきれいで衛生的な水を供給するための設備を給水設備といいます。建築物の規模や用途などによって給水方式を決定し、スムーズに水が供給されるように給水量を計画して設計・工事を行います。そのためには水道法など各法規を理解し、衛生上必要な措置を施し、給水管理を行う必要があります。

■給水方式

給水方式には、直結方式と受水タンク方式があります。直結方式には、水道直結直圧方式と水道直結増圧方式があります。受水タンク方式には、高置水槽方式、圧力水槽方式、ポンプ直送方式などがあります。

水道直結直圧方式

水道本管から直接に水道管を引き込み、止水栓および量水器を経て各水栓器具類に給水する方式です。一般住宅2階建ての建物にこの方式がとられています。

使用する水栓まで密閉された管路で供給されるため、もっとも衛生的です。ただし、近隣の状態によっては給水圧の変動があります。

最近では、配水管の水圧が 0.3MPa 以上の地域では、3階まで直結直圧で給水することが可能になってきています。

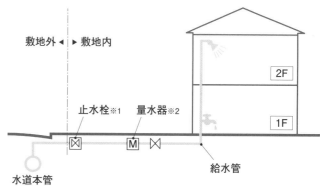

※1 給水管の途中に設置して流水を止めたり、水量を調節したりする弁のこと。
※2 水量を計測するために配管の途中に設置する水道メーターのこと。

水道直結増圧方式

水道本管から、受水槽を通さず直結加圧形ポンプユニット（増圧ポンプの口径が 75 mm 以下）を利用して直接中高層階へ給水する方式です。対象となる建物は、事務所ビル、共同住宅、店舗などで階高が 10 階程度までとしています。危険物を取り扱う事業所や病院、ホテルなど、常時水が必要とされ断水による影響が大きい施設は対象外となります。

水道直結直圧方式と同じように、水が新鮮でもっとも衛生的です。ただし、水道工事や災害時には断水のおそれがあります。

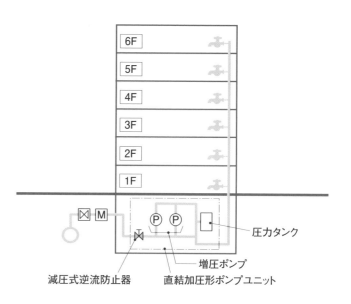

高置水槽方式

水道本管から引き込まれた給水管を通って、いったん受水槽に水を貯め、揚水ポンプで建物の屋上部にある高置水槽へと水を汲み上げ、そこから重力で各水栓器具類に給水します。高層建物にはこの方式がとられます。

給水圧がほかの方式に比べもっとも安定しています。ただし、水質汚染の可能性が大きくなります。

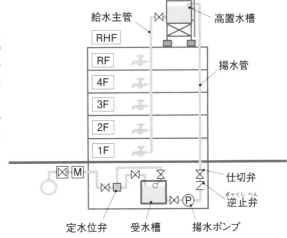

圧力水槽方式

水道本管から引き込まれた給水管を通って、いったん受水槽に水を貯めて圧力水槽を持ったポンプにより、各水栓器具類に加圧給水するものです。中層建物や高置水槽が置けない場合（日照権問題など）に、よくこの方式がとられています。

高置水槽は不要ですが、給水圧の変動が各方式に比べ大きくなります。

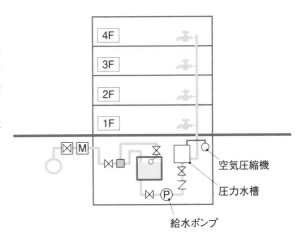

ポンプ直送方式

水道本管から引き込まれた給水をいったん受水槽に貯め、数台のポンプによって各水栓器具類に給水するものです。この方式には、定速方式、変速方式および定速・変速併用方式があります。定速方式は，数台の定速ポンプを並列に設け、そのうち1台を常に運転し使用水量に応じて変動する吐出し管の流量または圧力を検知し、残りのポンプを必要に応じて発停させます。変速方式は、変速電動機により駆動させるポンプを使用して定速方式と同じように流量または圧力の変化に応じてポンプの回転数を変化（インバータ制御）させ、給水量を制御して圧力を一定にしています。

この方式は、ポンプの運転台数や回転数を制御し、安定した給水ができますが、複雑な制御が行われるため、故障時などの対策が必要になります。また、設備費がもっとも高価になります。

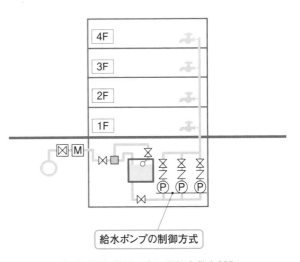

給水ポンプの制御方式

定速：回転数は一定で運転台数を制御
変速：運転台数は一定で回転数を制御
定速＋変速：運転台数と回転数を制御

■給水量

建物の種類や規模などによって、水を使う量が違ってきます。建物に必要な給水量を計算し、設備を計画する必要があります。

住宅と事務所ビル、学校、ホテル、店舗（てんぽ）の1人当たりの1日平均給水量を示します。

建物種類	1日当たりの平均給水量（L/人）など	使用時間（h/日）	注記	有効面積当たりの人員（人/m²）など	備考
戸建て住宅	200〜400	10	居住者1人当たり	0.16	
集合住宅	200〜350	15	居住者1人当たり	0.16	
独身寮	400〜600	10	居住者1人当たり		
官公庁事務所	60〜100	9	在勤者1人当たり	0.2	男子50L/人、女子100L/人、社員食堂・テナントなどは別途加算
ホテル全体	500〜6000L/床	12			設備内容などにより詳細に検討する
ホテル客室	350〜450L/床	12			
保養所	500〜800L/床	10			
喫茶店	20〜35L/客 55〜130L/店舗m²	10	店舗面積には厨房（ちゅうぼう）面積を含む		厨房で使用される水量のみ。便所洗浄水などは別途加算
飲食店	55〜130L/客 110〜350L/店舗m²	10			定性的には、軽食・そば・和食・洋食・中華の順に多い
小・中・普通高等学校	70〜100	9	（生徒＋職員）1人当たり		教師・従業員分を含む。プール用水は別途加算
大学講義棟	2〜4L/m²	9	延べ面積1m²当たり		実験・研究用水は別途加算
劇場・映画館	0.2〜0.3 25〜40L/m²	14	入場者1人当たり 延べ面積1m²当たり		従業員分・空調用水を含む
図書館	25	6	閲覧者1人当たり	0.4	常勤者分は別途加算

（注）●単位給水量は設計対象給水量であり、年間1日平均給水量ではない。
　　　●備考欄に特記のない限り、空調用水、冷凍機冷却水、実験・研究用水、プロセス用水、プール・サウナ用水などは別途加算する。

（『空気調和・衛生工学便覧』第14版4給排水衛生設備編　空気調和・衛生工学会編より抜粋）

■給水圧力と管内流速

給水は、給水圧力によって大きく左右されることがあります。
給水圧力は、一般的に0.4〜0.5MPa（400〜500kPa）以下とし、これ以上の圧力であると減圧弁を取り付けるようにします。内流速は、0.6〜2.0m/s以下（平均1.5m/s）にするのが望ましいです。給水圧力および流速が大きいと、給水器具や食器類が破損しやすくなります。また、ウォータハンマの原因になりやすいです。

◆ 最低必要圧力

器具		必要圧力〔kPa〕
一般水栓		30
洗浄弁（FV）		70
シャワー		70
瞬間湯沸器（しゅんかんゆわかしき）	小	40
	中	50
	大	80

? ウォータハンマ

水による衝撃作用。配管内の流速が速くなり、流水音を発生したり、配管内の流れを急閉したり、停電によりポンプが停止したりするときに、衝撃音が発生し、振動や騒音を起こすことをいう。

KEYWORD

ウォータハンマ の原因	● 配管延長が長く、その経路が不適当な場合。 ● 急閉閉鎖形の弁や水栓（すいせん）が使用されている場合。 ● 配管内の圧力が高い場合や流速が速い場合。 ● 配管内に不適当な逆流や空気だまりが発生する場合。
ウォータハンマ 防止対策	● 流速を 2m/s 以下とする。 ● 発生の原因となる弁などの近くにエアチャンバ（水撃防止器具：管内の圧力変動を吸収するもの）を設ける。 ● 高置タンクに給水する揚水管（ようすいかん）の横引き配管は、できるだけ下階層で配管を展開する。

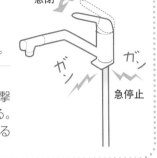

急閉

ガン ガン

急停止

■ 水槽類（すいそう）の法的基準

貯水槽（受水槽、飲料水槽）とその配管などの構造に関して、建設省告示第 1597 号（改正国土交通省告示第 243 号）などに定められています。

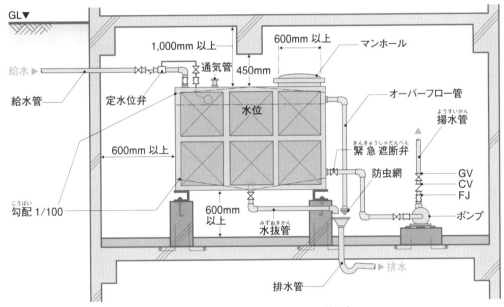

① 外部から給水槽または貯水槽（以下「給水槽など」という）の天井（てんじょう）、底または周壁の保守点検を容易かつ安全に行うことができるように設けること。
　● 貯水槽の下部、周囲は 600 mm 以上、上部は 1000mm 以上の保守点検のためのスペースを確保する。
　● 貯水槽の天井には、1/100 以上の勾配をつける。
② 給水槽などの天井、底または周壁は、建築物の他の部分と兼用しないこと。容量が大きい場合には、迂回壁（うかいへき）を設ける。
③ 内部には、飲料水の配管設備以外の配管設備を設けないこと。
④ 内部の保守点検を容易かつ安全に行うことができる位置に、ほこりなどが入らないように有効に立ち上げたマンホール（直径 60 cm 以上の円が内接することができるものに限る）を設けること、ただし、給水タンクなどの天井がふたを兼ねる場合においては、この限りでない。
⑤ ④のほか、水抜き管を設けるなど内部の保守点検を容易に行うことができる構造とすること。
⑥ ほこりなどが入らない構造のオーバーフロー管を設けること。
⑦ ほこり、その他、衛生上有害なものが入らない構造の通気のための装置を設けること。

迂回壁

間仕切り壁のこと。タンクの清掃のときに給水を中断しなくてすむ。

水質基準

水道により供給される水は、次に掲げる要件を備えるものでなければなりません（水道法第4条）。
① 病原生物に汚染され、または病原生物に汚染されたことを疑わせるような生物もしくは物質を含むものでないこと。
② シアン、水銀その他の有毒物質を含まないこと。
③ 銅、鉄、フッ素、フェノールその他の物質をその許容量を超えて含まないこと。
④ 異常な酸性またはアルカリ性を呈しないこと。
⑤ 異常な臭味がないこと。ただし、消毒による臭味を除く。
⑥ 外観は、ほとんど無色透明であること。

◆ 水道水の水質基準

項目	基準値
一般細菌	1mL の検水で形成される集落数が100 以下であること。
大腸菌	検出されないこと。
鉛およびその化合物	鉛の量に関して 0.01mg/L 以下であること。
シアン化物イオンおよび塩化シアン	シアンの量に関して 0.01mg/L 以下であること
総トリハロメタン	0.1mg/L 以下であること。
ホルムアルデヒド	0.08mg/L 以下であること。
銅およびその化合物	銅の量に関して 1.0mg/L 以下であること。
pH 値	5.8 以上 8.6 以下であること。
味	異常でないこと。
臭気	異常でないこと。
色度	5 度以下であること。
濁度	2 度以下であること。

水質基準の中で大腸菌だけが「検出されないこと」となっています。

水質基準に関する省令より抜粋

給水管理

衛生上必要な措置

給水栓における水が、遊離残留塩素を 0.1mg/L（結合残留塩素の場合は、0.4mg/L）以上保持するように塩素消毒を行います。ただし、病原生物に汚染されるおそれがある場合などは、0.2mg/L（結合残留塩素の場合は、1.5mg/L）以上とします（水道法施行規則第 17 条第 3 項）。

水の比重が1の場合に、1mg/L ＝ 1ppm ＝ 100 万分の 1（part per million）である。

残留塩素

残留塩素とは、水中の微生物を殺菌消毒したり、有機物を酸化分解した後も水中に残留している塩素のことです。遊離残留塩素（次亜塩素酸（$HClO$）、次亜塩素酸イオン（ClO^-））と結合残留塩素（クロラミン（NH_2Cl、$NHCl_2$、NCl_3））があります。

消毒効果は、遊離残留塩素のほうが結合残留塩素より強いです。

残留塩素の簡易測定方法には、オルトトリジン（OT）法とジエチルーpーフェニレンジアミン（DPD）法があります。検査頻度は7日以内に1回定期に行うこと（ビル管理法施行規則第4条）とされています。

水質検査について（水道法第20条）

① 水道事業者は、厚生労働省令の定めるところにより、定期および臨時の水質検査を行わなければならない。
② 水道事業者は、前項の規定により水質検査を行ったときは、これに関する記録を作成し，水質検査を行った日から起算して5年間、これを保存しなければならない。
③ 水道事業者は、第1項の規定による水質検査を行うため、必要な検査施設を設けなければならない。

■ 貯水槽およびポンプの管理

貯水槽などの点検・補修

① 管の損傷、さび、腐食および水漏れの有無を点検し、必要に応じ、補修などを行う。
② マンホールふたの施錠状態を確認する。
③ 高置水槽には、揚水ポンプ発停用および槽内の満水・減水警報用の電極棒が設けられており、槽内の水位の上下によって、揚水ポンプが発停する。その作動状況の確認点検をする。
④ 定期的に水抜管やオーバーフロー管の排水口空間、水抜き管、オーバーフロー管、通気管などに取り付けられた防虫網を点検し、必要に応じ、補修などを行う。
⑤ 定水位弁およびボールタップの作動状況を確認・点検をする。

貯水槽の清掃

● 水槽の清掃は、1年以内ごとに1回定期的に行うこと。
● 水槽の点検は、1か月に1回程度定期に行う。
● 管洗浄の終了後、給水を開始しようとするときは、給水栓における水について定められた基準に従い、水質検査および残留塩素の測定を行う。
● 貯水槽内沈殿物質や浮遊物質、壁面などに付着している物質を除去し、洗浄に用いた水は完全に排除する。また、貯水槽の清掃終了後は、次亜塩素酸ナトリウム溶液またはこれと同等以上の消毒能力を有する塩素剤によって、2回以上貯水槽内の消毒を行う。
● 貯水槽清掃終了後の水質検査基準として、給水栓における水に含まれる遊離残留塩素の含有率は、百万分の0.2以上とする。
● 残留塩素の測定には、DPD（ジエチル・パラ・フェニレンジアミン）を発色試薬とした測定法により行う。
● 管洗浄の終了後、給水を開始しようとするときは、色度、濁度、臭気、味、残留塩素の含有率を検査する。
● 消毒後の水洗いおよび水張りは、消毒終了後少なくとも30分以上経過してから行う。
● 貯水槽の清掃の作業に従事する者は、6か月ごとに健康診断を受ける必要がある。
● 防せい剤を使用する場合には、定められた品質規格に適合するものを使用する。なお、配管の布設替えが行われるまでの応急処置とする。
● 高置水槽または圧力水槽の掃除は、受水槽の掃除が終わってから行う。
● FRP製の水槽を使用する場合には、水槽照度率が0.1%以下である製品を使用する。

❓ 水槽照度率

水槽外の照度〔lm/m²〕に対する水槽内の照度〔lm/m²〕の比を百分率〔%〕で表したもの。水槽内の照度率を0.1%以下としないと藻が発生してしまう。

給水ポンプの点検

給水ポンプの保守管理として、運転時の吸込み側および吐出し側の圧力や、電流値などを運転日誌に記録します。

なお、ポンプユニットは、メーカーによる１年に１～２回の定期点検を行います。

◆ 給水ポンプの点検項目と点検頻度

点検項目	点検頻度	点検項目	点検頻度
吐出し側の圧力	毎日	電動機の絶縁抵抗	月1回
吸込み側の圧力	毎日	各部の温度測定	月1回
軸受部と軸受温度	毎日	ポンプと電動機の芯狂い	6か月に1回
電流値と電圧	毎日	清掃	6か月に1回
騒音・振動	毎日	分解・点検	3～5年に1回

■給水設備の用語

給水設備に関する重要な用語を以下に説明します。

給水器具

衛生器具のうち、特に水および湯を供給するために設けられる給水栓、洗浄弁およびボールタップなどの器具をいいます。

クロスコネクション

飲料水系統の配管とその他の系統（雑排水管、汚水管、雨水管、ガス管など）の配管を接続することをいいます。クロスコネクションは水の汚染につながるので禁止されています。

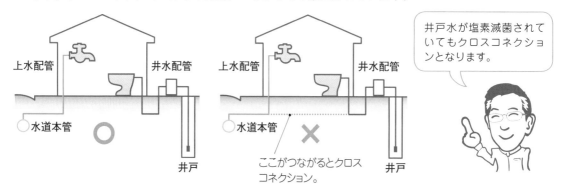

井戸水が塩素滅菌されていてもクロスコネクションとなります。

バキュームブレーカ

給水系統へ逆流することを防止するものです。圧力式と大気圧力式があり、大便器に付いているものは大気圧式といいます。

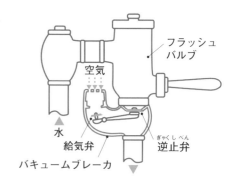

逆サイホン作用

　断水や過剰流量のとき、給水管内が負圧になることがあり、いったん吐水された水が逆流し給水管内に混入する作用をいいます。洗浄弁付き大便器などは、必ずバキュームブレーカを取り付けます。

あふれ縁

　衛生器具におけるあふれ縁は、洗面器などの水のあふれる部分をいいます。水槽類のあふれ縁は、オーバーフロー口の位置をいいます。

吐水口空間

　給水栓または給水管の吐水口端とあふれ縁との垂直距離をいいます。必ず吐水口空間をとらないと、逆流して水の汚染につながります。

◆ 衛生器具の吐水口空間とあふれ縁　　　◆ 水槽の吐水口空間とあふれ縁

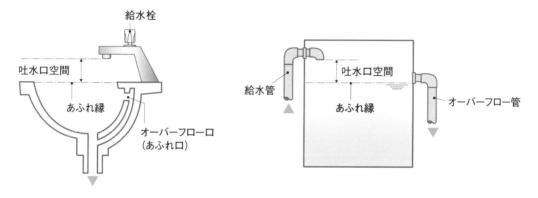

キャビテーション

　ポンプ内の液体が流動している部分の静圧が、液温に相当する蒸気圧力以下になると、そこに液の局部的な蒸発とともに気泡を発生する現象をいいます。ポンプなどによってキャビテーションの発生が起こると、性能が低下し、金属音や振動の発生、侵食の原因となります。

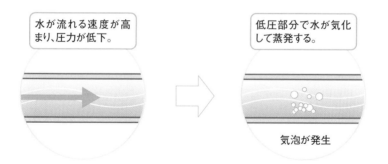

水が流れる速度が高まり、圧力が低下。

低圧部分で水が気化して蒸発する。

気泡が発生

サージング

　ポンプを運転しているとき、息をつくような運転状態になって、ポンプ出入口の圧力計や連成計の針が振れ、吐出し量が変化してしまう状態をいいます。

3 給湯設備

給湯設備は、水道水を加熱機器などで加熱し、飲料や調理、洗浄、入浴などに適温にして供給する設備です。加熱するには、住宅では一般的に瞬間湯沸し器が使用され、大きい建物ではボイラなどの加熱装置が使用されています。給湯設備も給水設備と同じように建築物の規模や用途によって、給湯方式を決定し、給湯量の計画を行い、加熱機器や給湯循環ポンプなどを決定していきます。

■ 給湯方式

給湯方式には、局所式と中央式があります。

局所式

湯を必要とする場所に湯沸し器を設置し、個別に給湯する方式です。必要な温度のお湯を簡単に供給できます。給湯箇所が少ない場合は、設備費が安くなりますが、各所に点在するので維持管理費が高くなる場合があります。

中央式

機械室、ボイラ室などにボイラ、湯沸し器を設置し、それぞれ湯を必要な場所に給湯する方式です。

■ 加熱方式

加熱方式には、瞬間式と貯湯式があります。

瞬間式

瞬間湯沸し器を用い、水道水を直接湯沸し器に通過させて瞬間的に温め、湯をつくる方法をいいます。小規模な建物（住宅など）に多く用いられています。

貯湯式

ボイラなどで加熱した湯を、いったん貯湯槽（ストレージタンク）に蓄え、常に湯を温め、使用するときにその湯を給湯する方法をいいます。大規模な建物（ホテルなど一斉に湯を使用する建物）に多く用いられています。

◆ 貯湯式の加熱方式

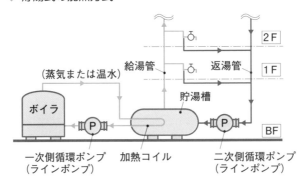

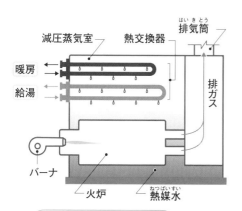

■加熱機器

水を加熱するには、ガスや電力などの燃料によって、ボイラや瞬間湯沸し器、電気温水器、太陽熱温水器などを使用します。これらの熱源機器を総称して加熱機器といいます。

瞬間湯沸し器

瞬間湯沸し器には、元止め式と先止め式があります。

元止め式

瞬間湯沸し器に付いているスイッチにより、湯を出したり止めたりする方式で、流しの上部に取り付けてある小さな（一般的に4号、5号、6号といわれる湯沸し器）瞬間湯沸し器は、すべてこの元止め式です。

先止め式

一般的に屋外に設置してある瞬間湯沸し器（13号、16号、20号、24号程度の湯沸し器）を配管により各所の水栓へと給湯し、それぞれの給湯栓（水栓）の開閉によって出したり止めたりする方式をいいます。

KEYWORD

号数　瞬間湯沸し器の号数は、水温を1分間に25℃上昇させるときの流量〔L/min〕の値をいう。1号は、1.75kWで、1分間当たり1Lの湯量をつくることができる。

ボイラ

瞬間湯沸し器には、給湯ボイラにはいろいろな種類がありますが、一般的には小型温水ボイラ（簡易ボイラ）が使用されています。最高使用水頭は10m以下で、最近では、真空式温水発生機（無圧式温水発生機）がよく使用されています。

真空式温水発生機

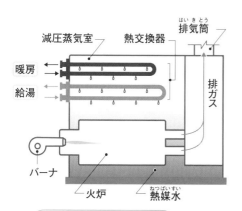

無圧式温水発生機

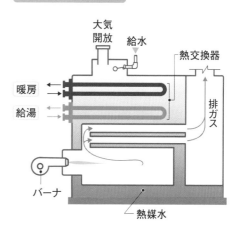

真空式温水発生機は「ボイラー及び圧力容器安全規則」の適用は受けません。

■給湯温度

必要なお湯の温度は、使用箇所によって異なりますが、一般的に 60℃ 程度の湯を水と混合して適当な温度とします。

◆ 用途別使用温度

用途	使用温度〔℃〕	用途	使用温度〔℃〕
飲料用	50 ～ 55	洗面・手洗い用	40 ～ 42
浴用（成人）	42 ～ 45	厨房用（一般）	45
（小児）	40 ～ 42	（皿洗い機洗浄用）	60
（治療用）	35	（皿洗い機すすぎ用）	70 ～ 80
シャワー	43	プール	21 ～ 27

レジオネラ属菌は 20 ～ 45℃で繁殖するため、レジオネラ症の発生を防ぐには、中央式給湯設備の給湯温度は、55℃ 以下にしないようにします（レジオネラ属菌については 55 ページ参照）。

■給湯循環ポンプと安全装置

中央式給湯方式の循環ポンプは、一般に、末端の 給湯栓を開いた場合にすぐに熱い湯が出るようにするために設けます（湯を循環させることにより配管内の湯温低下を防ぐため）。安全装置は、加熱により水の膨張 が装置内の圧力を異常に上昇させないために設ける装置です。

- 給湯循環ポンプの循環水量は、循環配管系からの放散熱量を、給湯温度と返湯温度との差で割ることにより求められる（給湯管と返湯管との温度差は 5℃ 程度である）。
- 揚程（水を押し上げる高さ）は、ポンプの循環水量をもとに、一般に給湯管と返湯管の長さの合計がもっとも大きくなる配管系統の摩擦損失（抵抗）を計算して求める。
- 一般に循環ポンプは返湯管側（貯湯槽の入口側）に設ける。
- 返湯管の管径は給湯管径のおおむね 1/2 を目安とする。
- 膨張タンクはボイラや配管内の膨張した水を吸収するもので、開放型と密閉型がある。
- 開放型膨張タンクの膨張管には、止水弁は設けてはならない。

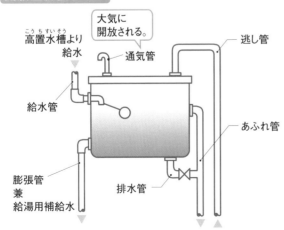

開放型膨張タンク

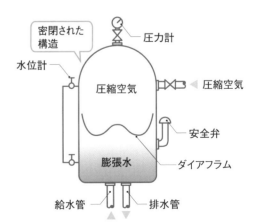

密閉型膨張タンク

4 排水・通気設備

人間が建物や敷地の中で使用した水を排出したり、雨が降ったら排除したりする設備を排水設備といいます。排水には、汚水（トイレからの排水）、雑排水（台所排水や手洗排水）、雨水、特殊排水（化学系排水などの一般の排水系統へ直接放流できない排水、工業廃液、放射能を含んだ排水など）などがあります。また、その流れをよくするために通気が必要です。その設備を通気設備といいます。

■排水方式

排水方式には、合流式と分流式があります。

合流式

建物内の合流式は、汚水と雑排水（洗面・台所・風呂）が一つの配管により排水されます。

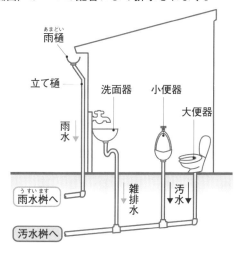

分流式

建物内の分流式は、汚水と雑排水が別々の配管によって排水されます。

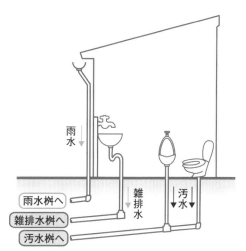

第6章 給排水衛生設備

方式	建物内排水系統	敷地内排水系統	下水道
合流式	汚水＋雑排水	汚水＋雑排水 雨水	汚水＋雑排水＋雨水
分流式	汚水	汚水	汚水＋雑排水
	雑排水	雑排水	
		雨水	雨水

建物内、敷地内、下水道により、排水の合流・分流の仕方が異なります。

■排水配管

排水の配管には下記の決まりごとがあります。
① 建物内の排水横枝管の一般的勾配（こうばい）が SHASE（空気調和・衛生工学会規格）で右のように決められている。
② ねじ込み式排水管継手（つぎて）（ドレネージ継手：排水管の方向変換をするとき適正な継手）を使用する。
③ 雨水排水立て管と汚水排水立て管を兼用してはならない。
④ 1階部分の排水と2階以上の排水は別系統とし、単独に屋外の排水桝に接続する。

◆ 排水横枝管の勾配

管径〔mm〕	勾配
65 以下	1/50
75～100	1/100
125	1/150
150 以上	1/200

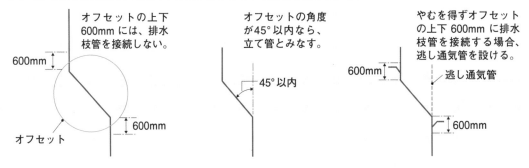

一般継手

管

エルボ

ここにゴミが引っかかりやすい。

ドレネージ継手

継ぎ目が滑らかなのでゴミが引っかかりにくい。

⑤ 排水管の管径を決めるにあたり、排水立て管、排水横管いずれも、排水の下流方向の管径は小さくしてはならない。

⑥ 排水立て管に垂直に対して45°を超えるオフセットを設ける場合は、オフセットの上下600mm以内に排水枝管を接続してはならない。

？ オフセット

配管経路を下図のように平行移動する目的で、エルボやベンド継手で構成されている移行部分をいう。45°以内の角度のときは、立て管とみなし、管径は同径とする。

オフセットの上下600mmには、排水枝管を接続しない。

600mm

600mm

オフセット

オフセットの角度が45°以内なら、立て管とみなす。

45°以内

やむを得ずオフセットの上下600mmに排水枝管を接続する場合、逃し通気管を設ける。

600mm

逃し通気管

600mm

⑦ 適切な位置に点検・清掃のための掃除口を設ける。

⑧ 飲料用水、消毒物（蒸留水装置、滅菌器、消毒器などの機器）などを貯蔵したり取り扱う機器や洗濯機などからの排水は、直接一般系統の排水管に連結せずに、間接排水とする。

⑨ 各種の飲料用貯水槽などの排水口空間の最小寸法は、150mmとする。

⑩ 寒冷地に埋設する排水管は、凍結深度以下に埋設する。

■トラップ

トラップは排水管の途中に水を溜めて、排水管などから臭気が上がってくるのを防ぐ器具で、臭気を防ぐ、ネズミや害虫の外からの侵入を防ぐ、といった役目があります。

トラップの構造

阻集器を兼ねるトラップ以外のトラップの封水深は、50mm以上100mm以下とします。

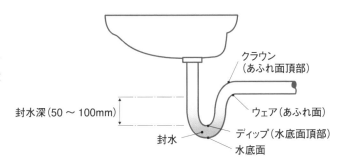

クラウン（あふれ面頂部）

ウェア（あふれ面）

封水深（50～100mm）

ディップ（水底面頂部）

封水

水底面

トラップの種類

トラップの種類には、Sトラップ、Pトラップ、Uトラップ、ワントラップ（ベルトラップ）、ドラムトラップがあります。その他、阻集器（グリーストラップ、ガソリントラップ）などがあります。

サイホン型トラップ

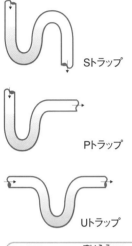

Sトラップ

Pトラップ

Uトラップ

非サイホン型トラップ

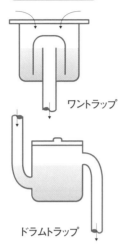

ワントラップ

ドラムトラップ

阻集器（グリーストラップ）

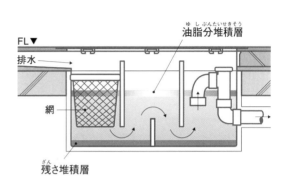

FL▼

排水

油脂分堆積層

網

残さ堆積層

トラップの水封が破られる原因

水封（トラップ内で水で封じられている部分）が、なんらかの原因によって破られてしまうことがあります。その原因として次のような作用が働いています。

自己サイホン作用

洗面器に多く、特にSトラップに接続した場合（Pトラップより水封が破られやすい）、洗面器を満水にして流したときに起きる現象をいいます。

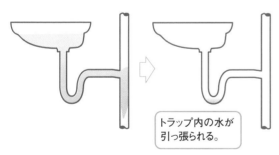

トラップ内の水が引っ張られる。

吸い込み作用（誘導サイホン作用）

排水立て管が満水状態で流れたとき、トラップの器具側は負圧となり、立て管側へと引っ張られてサイホン作用を起こすことがあります（中間階）。

跳ね出し作用（跳び出し作用）

排水立て管が満水状態（多量）で流れたとき、空気圧力が高くなり、室内側に跳ね出すことがあります（最下階によく見られる）。

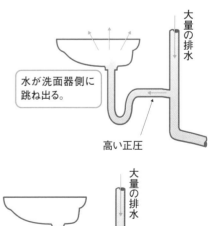

大量の排水

水が洗面器側に跳ね出る。

高い正圧

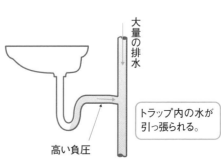

大量の排水

トラップ内の水が引っ張られる。

高い負圧

蒸発作用

器具を長い間、使用していないと、溜まっている排水が蒸発して水封が破られることがあります（ワントラップに多く見られる）。

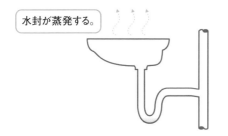

水封が蒸発する。

毛管現象作用

トラップ部に毛髪や繊維などが引っかかっていると、毛管作用で水封が破られることがあります。

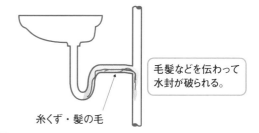

毛髪などを伝わって水封が破られる。

糸くず・髪の毛

トラップの水封が破られるのを防止するには

① 各個通気管（120 ページ参照）を設ける。
② 器具底面の勾配（こうばい）の緩（ゆる）い器具を使用する。
③ 長い期間使用しない床排水口には、プラグ（栓（せん））をする。
④ 器具トラップに毛髪などが引っ掛かっている場合は、掃除をして除去する。
⑤ 脚断面積比（流出脚断面積 / 流入脚断面積）比の大きいトラップを使用する。

 脚断面積比（流出脚断面積 / 流入脚断面積）

脚断面積比とは、流出脚断面積を流入脚断面積で除したものをいう。脚断面積比の大きいトラップを使用するということは、破封（水封が破られる）しにくいことになる。

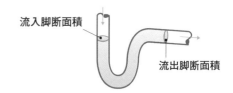

流入脚断面積

流出脚断面積

KEYWORD

二重トラップの禁止　2 個以上のトラップが同一排水管系統上にあると、トラップ間の空気が密閉状態となるので、水が流れなくなってしまうことがある。

■排水管の掃除口

排水管は詰まることがよくあるので、掃除口を付けていつでも掃除できるようにしましょう。掃除口の大きさは、管径が 100mm 以下の場合は配管と同一管径とし、管径が 100 mm を超える場合には 100 mm より小さくしてはなりません。

排水管の掃除口の設置位置

① 排水横主管および排水横枝管の起点
② 延長が長い排水横管の途中
③ 排水管が 45° を超える角度で方向を変える箇所
④ 排水横主管と敷地排水管の接続箇所に近いところ

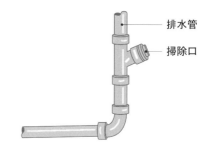

排水管

掃除口

排水桝 (はいすいます)

　排水管の掃除、点検のため、屋外の敷地内に排水桝を設けます。排水桝には汚水桝、雨水桝、雑排水桝などがあります。一般に、桝は内径または内法 15cm 以上とし、雨水桝、浸透桝（水害の軽減や地球温暖化の防止などのための目的で、雨水を地面へと浸透させることのできる桝）は、内径または内法が 30cm 以上の円形または角形のものとします。

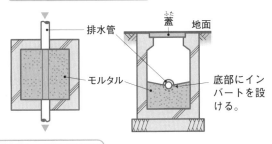

汚水桝（インバート桝）

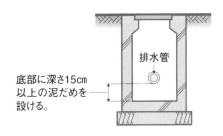

雨水桝、雑排水桝

排水桝の設置箇所

① 敷地排水管の直管で、管内径の 120 倍を超えない範囲内
　➡ たとえば、雨水管の管径が 100mm であったら、12m に 1 個の桝を設置する。
② 敷地排水管の起点
③ 排水管の合流箇所および敷地排水管の方向変換箇所
④ 勾配 (こうばい) が著しく変化する箇所
⑤ その他、清掃・点検上必要な箇所

排水槽および排水ポンプ (はいすいそう)

　地階よりさらに下にある排水ピット（地下ピット：給排水設備の配管などのメンテナンス用に設けられた空間）を排水槽とした場合、排水槽から地上敷地内の排水桝まで排水を送る排水ポンプについて、以下の規準に従う必要があります。

排水槽

● 汚水や雑排水を貯留するものなどで、排水槽の底部は、吸込みピット（排水ピット）を設け、排水の滞留や汚泥ができるだけ生じないように、ピットに向かって勾配をつける（1/15 〜 1/10 の勾配）。
● 排水槽には点検・清掃のため、内径 60 cm 以上のマンホールを設ける。
● 排水槽の通気管は、単独通気配管とし、最小 50mm 以上とする。
● 排水槽は、通気管以外の部分から臭気 (も) が漏れない構造とする。

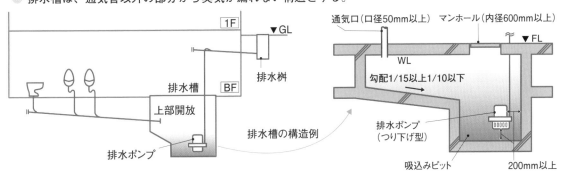

◆ 排水槽の主な障害の原因とその防止対策

障害の原因	防止対策
通気設備の不良	適切な通気管径を選定し、外部に単独に開放する。
水槽上部室の換気の不良	送風機などの不良箇所を修理または交換する。
電極棒の付着物による誤作動	フロートスイッチに切り換える。
槽内汚物の腐敗の進行	マンホールふたをパッキン付き密閉型とする。

排水水中ポンプ

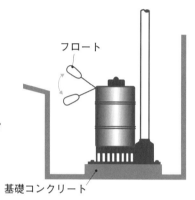

フロート

基礎コンクリート

● マンホールは、ポンプの直上に設置する。
● 床置き型のポンプは、十分な支持を行う。
● 排水の流入部を避けた位置に設置する。
● 周囲の壁などから 200mm 以上離して設置する。

[排水槽および排水ポンプの維持管理]
● 排水槽の清掃後、漏水の有無（水位の低下）を確認した後に、ポンプの絶縁抵抗の測定、アース線の接続を確認してから運転し、ポンプの逆回転・過電流の有無をチェックする。
● 排水槽の清掃を 6 か月以内ごとに 1 回行う。

■通気設備

通気管の役目

　通気管は、排水管内の流れをスムーズにさせるために設けます。また、排水管内の圧力変動を緩和するため、トラップの封水を保護し、排水管内に空気が流れるので、清潔になるという機能もあります。

　通気方式には、伸頂通気方式、各個通気方式、ループ通気方式などがあります。

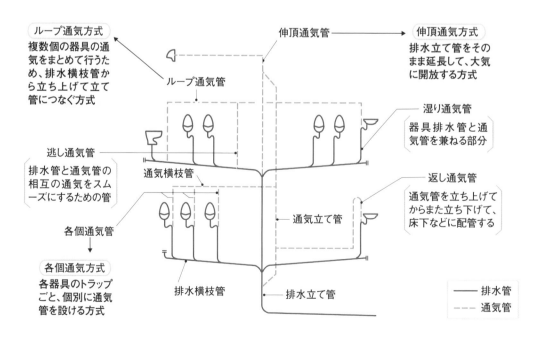

[ループ通気方式の接続方法]

　その系統の末端の器具の立て管寄りに通気管を取り出し、その階における最高位の器具のあふれ縁より150mm 以上立ち上げ、通気立て管に接続させます。

◆ 禁止されている接続方法　◆ 正しい接続方法　◆ 条件付きで認められる接続方法

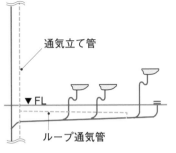

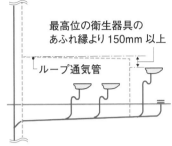

最高位の衛生器具の
あふれ縁より 150mm 以上

ループ通気管

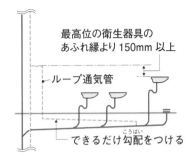

最高位の衛生器具の
あふれ縁より 150mm 以上

ループ通気管

できるだけ勾配をつける

その他の通気管

● 結合通気管（逃し通気管）

　排水立て管より分岐し通気立て管に接続するものをいい、最上階から数えてブランチ間隔数 10 以内ごとに設ける。高層建築物にこの方式が取り入れられる。

● 湿り通気管

　2 個以上のトラップを保護するため、器具排水管と通気管を兼ねる部分をいう。

● 返し通気管

　器具の通気管を一度立ち上げてから、また立ち下げて排水横枝管などに接続する通気管をいう。

❓ ブランチ間隔

　排水立て管に接続する排水横枝管の垂直距離の間隔のことで、2.5 m を超える場合を 1 ブランチ間隔という。右図では、3 ブランチ間隔になる。

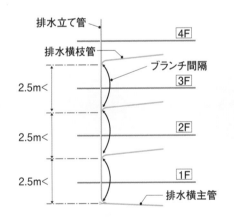

通気配管の留意点と禁止事項

[通気管の取出しについて]

❶ 排水横管からの通気の取出し

　垂直ないしは 45° 以内の角度で取り出します。

❷ 通気立て管の下部の取出し

　通気立て管と同一の管径で、最低位の排水横枝管より低い位置で排水立て管に接続するかまたは排水横主管に接続します。

❸ 通気立て管の上部の取出し

　通気立て管の上部は、通気管をそのままの管径で延長し大気に開放させるか、最高位の衛生器具のあふれ縁から 150mm 以上立ち上げて伸頂通気管に接続させます。

◆ 排水横管から通気管を取り出すとき　◆ 通気立て管から通気管を取り出すとき

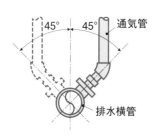

垂直もしくは 45°以内の角度
で接続する。

通気立て管の下部

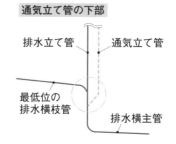

最低位の排水横枝管より低い位
置で接続する。

通気立て管の上部

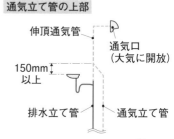

最高位の衛生器具のあふれ縁（ぶち）から
150mm 以上立ち上げて接続する。

【その他、配管について】
① 床下通気配管は禁止。また、通気管どうしを床下で接続してはならない。
② 雨水立て管に通気立て管を接続してはならない。
③ 浄化槽（じょうかそう）、汚水ピット、雑排水ピットなどの通気管は単独通気配管とする。
④ 換気ダクトとの接続禁止。
⑤ 管内の水滴が自然流下で排水管へ流れるように勾配（こうばい）を設ける。

■排水・通気用語

　排水・通気設備に関する重要な用語を以下に説明します。
❶ 間接排水
　排水系統をいったん大気中で切り分け、排水空間を設けて一般の排水系統へ直結している水受け容器または排水器具の中へ排水することをいいます。
❷ 排水口空間
　排水系統に直結している器具もしくは水受け容器のあふれ縁、または排水を受ける床面と間接排水管端との間の垂直距離をいいます。
❸ 特殊排水
　一般の排水系統または下水道へ直接放流できない有害・有毒・危険・その他望ましくない性質を有する排水をいいます。
❹ 排水器具
　衛生器具のうち、水受け容器の排水口と排水管とを接続する金具類・トラップ・床排水口などをいいます。
❺ 封水強度（ふうすい）
　排水管内に正圧または負圧が生じたときのトラップの封水保持能力をいいます。

【その他、給排水の管理に関する用語】

用語	説明
インバータ制御	周波数を変えることにより、ポンプなどの回転数を制御する
活性汚泥	好気性微生物の集合体
バルキング	活性汚泥が沈降しにくくなる現象
着色障害	給水配管材料の腐食による生成物が水に溶解し生じる障害
スカム	排水槽で、槽の表面に浮上した固形物が集まったもの
バイオフィルム	微生物により形成された粘液性物質
ゲージ圧力	大気圧を基準とする圧力
水槽照度率	水槽内照度と水槽外照度との比
スケール障害	水の硬度成分が析出し、配管内などに付着することにより生じる障害
トリハロメタン	有機物質と消毒用塩素が反応して、生成される物質
みなし浄化槽	水洗便所からの汚水のみを処理する浄化槽

5 衛生器具設備

衛生器具とは、トイレや浴室などで水や湯を供給したり、汚水や汚物を排出したりする設備のなかで、人が直接、接する装置や器具をいいます。具体的には、大便器、小便器、手洗い器、洗面器、洗浄用タンク、流し、洗髪器、温水洗浄便座、水飲み器など、およびその付属金具をいいます。

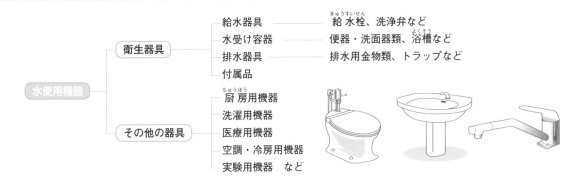

- 水使用機器
  - 衛生器具
    - 給水器具 ── 給水栓、洗浄弁など
    - 水受け容器 ── 便器・洗面器類、浴槽など
    - 排水器具 ── 排水用金物類、トラップなど
    - 付属品
  - その他の器具
    - 厨房用機器
    - 洗濯用機器
    - 医療用機器
    - 空調・冷房用機器
    - 実験用機器　など

■大便器

大便器の種類

大便器の形式は、次のようなものがあります。

洗い出し式（和風大便器）

便ばちに一時汚物をためておいて、洗浄するとき水の勢いによってトラップ側に排出する方式です。他の便器より水たまり部分が浅いので跳返りはありませんが、汚物が使用中に堆積するので臭気が発散しやすくなります。

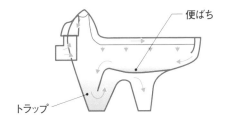

便ばち

トラップ

洗い落し式（和風大便器・洋風大便器）

汚物をいったん留水中に落下させてから洗浄するもので、洗い出し式より臭気は少ないですが、留水面が狭いので汚物が付着しやすくなります。また、落下速度が速くはね返りがあります。

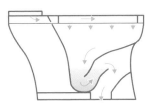

サイホン式（洋風大便器）

洗い落し式によく似ていますが、排水路を屈曲させ、洗浄のときに排水路部を満水にして、サイホン作用を起こさせるようにしたものです。留水面が広く深いので汚物が付着しにくく、また跳返りがあまりありません。

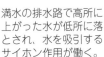
満水の排水路で高所に上がった水が低所に落とされ、水を吸引するサイホン作用が働く。

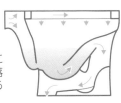

123

サイホンゼット式 （洋風大便器）

噴水穴から勢いよく水を噴き出させ、サイホン作用を強制的に起こさせて、排出能力を強力にしたものです。サイホン式より留水面が広く深くとれているので、付着はもちろん、臭気の発散もほとんどなく、優れた便器です。

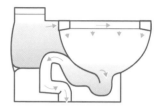

噴水穴
（ゼット穴）

サイホンボルテックス式 （洋風大便器）

便器内の水を吸引するサイホン作用に、回転運動を与える渦巻作用を加えて、吸引・排出能力が強力であり、また洗浄音も静かな大便器です。

その他、ブローアウト式（サイホンゼット式に似ているがサイホン作用を利用せず、水の勢いのみで排出させる方式）や、トルネード式（一箇所の噴水溝から水流を作る方式で、便器の縁やロータンクがなく、掃除が容易で場所をとらない）ものがあります。

大便器の洗浄方式

洗浄方式には、一般的にロータンク方式とフラッシュバルブ方式があります。

ロータンク方式

大便器の後ろの上にタンクを設け、一定量の水を溜め、排便後この水で洗い流す方式です。この方式は、一般住宅、ホテルの個室用、マンションの私室用として多く使用されています。タンクへの給水圧力が小さく（30kPa以上）、洗浄音も小さくなります。

ロータンク

フラッシュバルブ （洗浄弁） 方式

大便器の洗浄に用いる弁を給水管に取り付け、弁の操作によって一定の水を流し（弁は自動的に閉止する）汚物を洗い流す方式です。手動式、足踏み式、押しボタン式、自動感知式などの種類があります。この方式は、事務所、学校、工場、公共施設など使用頻度の高い場所に多く使用されています。連続使用が可能で、洗浄弁の設置に場所をとらないので、便所内を広く使用できますが、給水圧力が大きく（70kPa以上）、洗浄音も大きくなります。

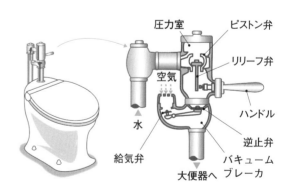

圧力室　　ピストン弁
リリーフ弁
空気
ハンドル
水
逆止弁
給気弁
バキューム
大便器へ　ブレーカ

ハンドルを押すとリリーフ弁が開き、圧力室の水が流れ出し、ピストン弁が開き、洗浄する。

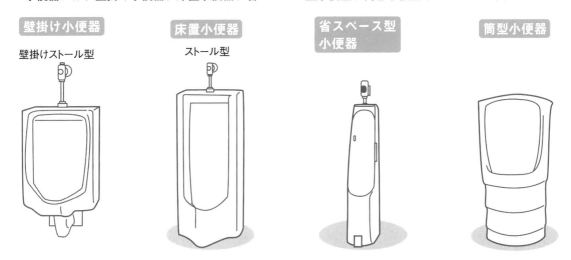

■小便器の種類と特徴

小便器には、壁掛け小便器、床置小便器、省スペース型小便器、筒形小便器などがあります。

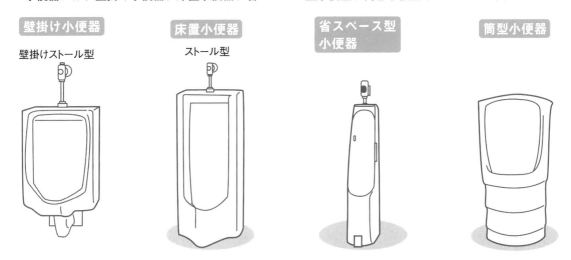

| 壁掛け小便器 | 床置小便器 | 省スペース型小便器 | 筒型小便器 |

壁掛けストール型　　ストール型

洗浄方式は、大便器のフラッシュバルブ方式と同じ小便器フラッシュバルブ方式と自動洗浄方式があります。自動洗浄方式は、自動サイホン式で定時に流れ出します。定時に流すためには、水道水がタンクに満水になれば小便器に流れ、流れ終わるとタンクに水道水が流れ込み、小便器には流れないようになっています。さらに水道水管に電磁弁を設け、タイマによって弁を作動させる方式や、利用者を検知する光センサを利用して電磁弁が作動する方式も一般的に使用されています。

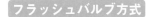

フラッシュバルブ方式

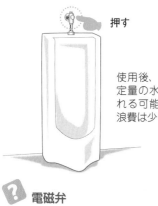

押す

使用後、ボタンを押すと一定量の水が流れる。流し忘れる可能性があるが、水の浪費は少ない。

自動洗浄方式

赤外線感知装置

便器の前に人が立つと感知し、人が立ち去ると電動バルブが開き、一定量の水が流れ、自動洗浄する。

❓ 電磁弁

電磁石と弁を組み合わせたもので、水などを止めたり、流したり、水の流れを制御させる弁。

■洗浄弁の吐水量

大便器洗浄弁の吐水量は、給水圧力100kPaの場合、15Lの水を10秒間で吐き出させるのが標準です。節水型大便器洗浄弁は、吐水量6.5L以下のものをいい、一般的に5～6L程度です。ハンドルを押し続けても、標準吐水量しか吐水しない機能となっています。

小便器洗浄弁の吐水量は、1回当たり6～5Lの水を10秒間で吐き出させるのが標準です。節水型小便器洗浄弁は、4L以下に減じたものをいいます。

■その他の衛生器具

洗面器の種類

洗面器の種類には、カウンターはめ込み洗面器やペデスタル（台座）付洗面器、トラップカバー付洗面器、一般洗面器（前丸、角形、バック付、袖付、すみ付）などがあります。また、洗髪機能が付いた洗面器もあります。

ペデスタル付洗面器

台座で洗面器を支える。トラップや管が見えず、すっきりとした外観になる。

混合水栓の種類
<small>こんごうすいせん</small>

使用者が水とお湯を混ぜて適温として使用する混合水栓には、ツーバルブ型、ミキシングバルブ型、シングルレバー型、サーモスタット型などがあります。

ツーバルブ型は、お湯と水の2つのハンドルで温度と量を調節するものです。ミキシングバルブ型は、温度を調節するハンドルと量を調節するハンドルの2つのハンドルで操作します。シングルレバー型は、温度の調節はハンドルを左右に動かし、量の調節は上下に動かして操作し、指1本で出したり止めたりすることができます。サーモスタット型は、温度調節ハンドルの目盛りを希望する温度に合わせるだけで、量を調節するハンドルを回せば自動的に適温のお湯が出るようになっています。

| ツーバルブ型 | ミキシングバルブ型 | シングルレバー型 | サーモスタット型 |

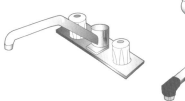   

■衛生器具の管理

衛生器具の故障とその原因

衛生器具の故障	原因
大便器の洗浄力が弱い。	洗浄弁の水量・水勢の調整不良。
大便器洗浄弁の吐水時間が長い。	洗浄弁の一次側の調整ねじが閉まっている。
ロータンクの水が便器に流れ出て止まらない。	ボールタップのシートパッキンが摩耗している。
小便器の排水の流れが悪い。	排水管内にスケールが付着し、管径が縮小している。
ツーバルブの湯水混合栓で適温がなかなか得られない。	水圧と油圧の差が大きすぎる。

衛生器具の手入れ・清掃

- 陶器のあか、脂などの汚れは、柔らかい布かスポンジに中性洗剤をつけて洗う。
- 金具は定期的に水分をふき取った後、ミシン油、自動車のワックスなどを含ませた柔らかい布でく。
- 陶器製大便器の底にこびりついた汚れは、塩酸系の洗剤で落とす。
- 人工大理石の汚れは、柔らかい布かスポンジに中性洗剤をつけて洗う。
- ほうろう、プラスチックおよびステンレス鋼製の衛生器具は、弱アルカリ性洗剤をつけて洗う。

雑用水設備

雑用水とは、下水や雨水などを浄化処理し、人の飲用以外の用途に再利用する水のことをいいます。下水・産業廃水などの再生水や雨水、井戸水、工業用水など、水道水と比較して低水質の水を、水洗トイレ用水、冷却・冷房用水、清掃用水、散水、噴水・人工池などの修景用水などに使用します。

雑用水の水質基準

平成15年のビル管理法の改正により、特定建築物で雑用水を使用する際、人の健康に係る被害が生ずることを防止するために、衛生上必要な措置が定められました。その内容を以下の表にまとめます。

項目	基準	検査の頻度	
		散水、修景、清掃の用に供する雑用水	水洗便所の用に供する雑用水
pH値	5.8以上8.6以下		
臭気	異常でないこと		
外観	ほとんど無色透明であること	7日以内ごとに1回	7日以内ごとに1回
遊離残留塩素	0.1mg/L以上であること（結合残留塩素の場合は0.4mg/L以上）		
大腸菌群	検出されないこと	2か月以内ごとに1回	2か月ごとに1回
濁度	2度以下であること		該当せず

このうち残留塩素に関しては、供給する水が病原生物に汚染されるようなおそれがある場合などにおいては、給水栓における水に含まれる遊離残留塩素の含有率は、0.2ppm（結合残留塩素の場合は、1.5ppm）以上とします。

散水、修景、清掃の用に供する雑用水には、し尿を含む水を原水として使用できません。

❓ 修景

都市計画などで、自然の美しさをそこなわれることなく整備した風景。

雑用水処理設備

一般的な排水・雨水再利用の処理フローを以下に示します。

排水再利用施設

● 生物処理（一般処理）

スクリーン → 流量調整槽 → 生物処理槽 → 沈殿槽 → ろ過装置 → 消毒槽 → 排水槽

汚濁物質を吸着・酸化分解し、フロック化して排水と分離しやすくさせる。

浮遊物質と排水と分離させる。

● 生物処理（高度処理）

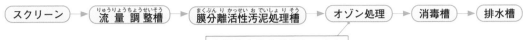

スクリーン → 流量調整槽 → 膜分離活性汚泥処理槽 → オゾン処理 → 消毒槽 → 排水槽

有機物を酸化分解し、あわせて殺菌、脱色、脱臭も行う。

● 物理化学処理

スクリーン → 流量調整槽 → 膜分離装置 → 活性炭吸着装置 → 消毒槽 → 排水槽

浮遊物、コロイド粒子、高分子の有機物などを排水と分離させる。

処理水中の溶解性有機物を除去し、脱色、脱臭する。

雨水再利用施設

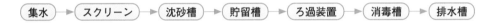

集水 → スクリーン → 沈砂槽 → 貯留槽 → ろ過装置 → 消毒槽 → 排水槽

■施工および維持管理上の注意点

① 排水再利用水などの配管は、上水給水管とクロスコネクションを生じないよう十分な施工管理を行い、竣工時に着色水を使用し、検査を行う。

② 排水再利用水などの系統の配管であることが容易に判別できるように、塗装や文字で表示する。

③ 水栓には排水再利用水などであることを明示するステッカーなどを貼り、誤飲などの事故を生じないように十分な注意が必要。

④ 排水再利用水などを使用する水洗便所には、手洗い付き洗浄用タンクは使用してはならない。

⑤ 排水再利用水などの系統の配管内には、スライムが付着しやすく水中の残留塩素を消費してしまうおそれがあるため、配管および機器の維持管理を適切に行う。

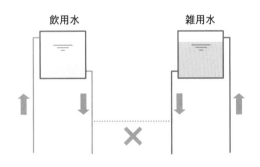

飲用水配管とクロスコネクションしないよう施工管理する。

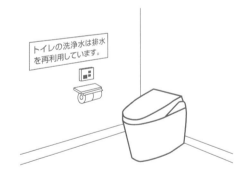

水洗便所には、排水再利用の旨、表示し、手洗い付き洗浄タンクは使用しない。また、温水洗浄便座の使用は禁止されている。

❓ スライム

ドロドロ、ぬるぬる、ねばねばした液状の物（粘液）などをいう。

7 浄化槽設備

日本での下水道の普及率（下水道利用人口／総人口）は、約79％程度です。その他の21％程度は、浄化槽で汚水を処理してからでないと川や海に放流してならないので、浄化槽を設置しなければなりません。下記の浄化槽の変遷にも述べていますが、単独処理浄化槽は新設が禁止され合併浄化槽への転換が進められています。ここでは合併浄化槽について説明します。

浄化槽の変遷

現在、浄化槽は、し尿と雑排水を合わせて処理する合併浄化槽を指し、旧構造基準のもと設置されたし尿のみを処理する単独処理浄化槽は、みなし浄化槽と呼んで区別しています。単独処理浄化槽は、平成12年の浄化槽法の改正により新設が禁止され、平成17年の改正では構造基準より削除されました。

また、平成17年の法改正では公共用水域などの水質保全の観点から、浄化槽からの放流水の水質基準を定めることとなり、その基準はBOD20mg/L以下、BOD除去率90％以上となりました。ただし、法改正以前に設置されている浄化槽については当該基準は適用されません。

浄化槽の設定

浄化槽は、特定行政庁（都道府県知事や建築主事を置く市長村長）が区分する設置区域ごとに、処理対象人員と処理能力などの性能が示されていて（建築基準法施行令第32条）、構造基準は昭和55年建設省告示第1292号で規定されています。

処理対象人員は、処理対象人員算定基準（JIS A 3302：2000）により、1人当たり200L/（人・日）、BOD負荷量40g/（人・日）を基準とし、それぞれの建築物ごとの算定単位を用いた算定式で求められています。算定単位は主に、①定員、②延べ面積、③便器の数を基準にしています。

■浄化槽の処理方式

浄化槽で用いられる生物処理方式は、生物膜法と活性汚泥法に大別され、それぞれ以下のように分類されています。

生物膜法

汚水を接触材表面の生物膜と接触させることにより浄化するものです。
● 好気性処理 ・・・ 接触ばっ気方式、回転板接触方式、散水ろ床方式
● 嫌気性処理 ・・・ 嫌気ろ床接触ばっ気方式

活性汚泥法

汚水をばっ気槽内に浮遊している活性汚泥（好気性微生物）に接触させて浄化するものです。標準活性汚泥方式、長時間ばっ気方式などがあります。

KEYWORD

好気性微生物	酸素がある場所に生息し、汚泥や汚物を食べてきれいにしてくれる微生物。
嫌気性微生物	酸素がない（メタンガスが発生する）場所で生息し、汚泥や汚物を食べてきれいにしてくれる微生物。

■ 浄 化 槽の構造基準

建築基準法施行令第 32 条に基づき、昭和 55 年建設省告示第 1292 号で規定された一般的な浄化槽のフローチャートを示します。

● 分離接触ばっ気方式（5 ～ 30 人）

● 嫌気ろ床接触ばっ気方式（31 ～ 50 人）

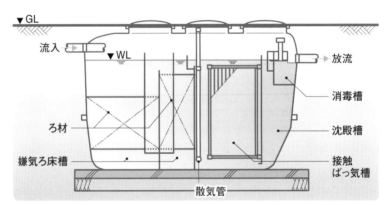

小型合併処理浄化槽

■浄化槽の保守点検

浄化槽が適正な状態で作動しているか、定期的に点検する必要があります。保守点検では、機器の故障や汚泥の状況などを確認し、修理や調整を行い、水質検査、害虫駆除、消毒液の補充などを行います。浄化槽の処理方式、処理対象人数 (人槽) により、点検の回数が定まっています。

◆ 合併処理浄化槽の点検期間

処理方式	浄化槽の種類	点検期間
分離接触ばっ気方式、嫌気ろ床接触ばっ気方式、脱窒ろ床接触ばっ気方式	① 処理対象人員が 20 人以下の浄化槽	4 か月に 1 回以上
	② 処理対象人員が 21 人以上 50 人以下の浄化槽	3 か月に 1 回以上
活性汚泥方式	―	1 週間に 1 回以上
回転板接触方式、接触ばっ気方式、散水ろ床方式	① 砂ろ過装置、活性炭吸着装置、凝集槽を有する浄化槽	1 週間に 1 回以上
	② スクリーンおよび流量調整タンクまたは流量調整槽を有する浄化槽（①を除く）	2 週間に 1 回以上
	③ ①、②の浄化槽以外の浄化槽	3 か月に 1 回以上

8 消火設備

日本の総出火件数は、年々少なくなってきましたが、いまだ年間4万件位あります。火災による被害を防ぐために、一定の面積以上の大きな建物や特定の用途の建物には、消火用設備等の設置が義務付けられています。本項では、屋内消火栓やスプリンクラー設備などの水を使って消火を行う消火設備について説明します。

■消火設備の消火原理

消防用設備等については、44、175～177ページでも説明しています。ここでは消防用設備等のうち、消火設備の消火原理について説明します。

● 屋内消火栓設備・屋外消火栓設備・スプリンクラー設備
水を一斉に放出し、熱を吸収し、冷却効果により消火するものです。
● 水噴霧消火設備
水を霧状に散布し、燃焼面を覆い酸素を断つ窒息効果と、熱を吸収する冷却効果によって消火するものです。油火災（自動車修理工場、駐車場）などに使用されています。
● 泡消火設備
燃焼物を泡の層で覆い空気を遮断し、窒息と冷却効果によって消火するものです。水噴霧消火設備と同じように、油火災などに使用されています。
● 二酸化炭素消火設備（不活性ガス消火設備）
二酸化炭素を空気中に放出し酸素の容積比を低下させて窒息効果により消火するものです。ガス体のため動力が不要で、しかも室内のすみずみまで浸透し消火します。受変電室など水を嫌う場所での消火に使用されています。
以下に、水を使用する消火設備について説明します。

■屋内消火栓設備

屋内消火栓設備の構成

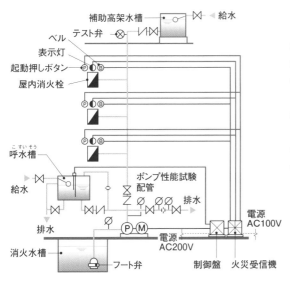

屋内消火栓設備による消火は、以下のステップで行われます。
① 火災を発見した人が起動ボタンを押す。
② 自動的に表示灯が点灯し、ベルが鳴る。
③ ②と同時に水槽上部の加圧給水ポンプ（消火ポンプ）が起動する。
④ ②、③と連動して、管理人室などに警報が行き、消防署に連絡が行く。
⑤ 消防署の隊員が到着し、消火する。
⑥ 消防隊員が到着するまで次ページのように操作を行う。ただし、火が回ってきたら、すぐにその場から離れる。

屋内消火栓の種類は、2 人で操作する 1 号消火栓と、1 人で操作する易操作性 1 号消火栓および 2 号消火栓、広範囲型 2 号消火栓に区分されています。

◆各消火栓の比較

区分 項目	1 号消火栓	易操作性 1 号消火栓	2 号消火栓	広範囲型 2 号消火栓
防火対象物の区分	①工場または作業場、②倉庫、③ ①②の地階、無窓階、4 階以上の階、④指定可燃物を貯蔵し、または取扱うもの、⑤ ①～④以外の防火対象物		左欄①～④以外の防火対象物	
設置間隔	25m 以下		15m 以下	25m 以下
放水圧力	0.17 ～ 0.7MPa		0.25 ～ 0.7MPa	0.17 ～ 0.7MPa
放水量	130L/ 分以上		60L/ 分以上	80L/ 分以上
水源水量	消火栓設置個数（最大 2）× 2.6m³		消火栓設置個数（最大 2）× 1.2m³	消火栓設置個数（最大 2）× 1.6m³

屋内消火栓設備の操作

1 号消火栓

2 名以上で操作を行います。起動ボタンを押したあと、消火栓箱の扉を開け、1 人はホースを取り出して火元に向かい、もう 1 人はバルブを操作して放水します。

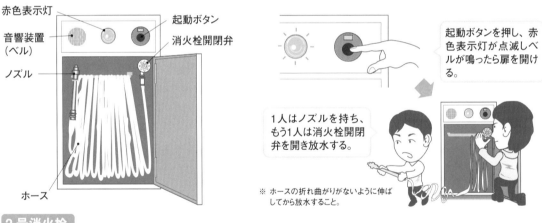

赤色表示灯
音響装置（ベル）
ノズル
消火栓開閉弁
起動ボタン
ホース

起動ボタンを押し、赤色表示灯が点滅しベルが鳴ったら扉を開ける。

1 人はノズルを持ち、もう 1 人は消火栓開閉弁を開き放水する。

※ ホースの折れ曲がりがないように伸ばしてから放水すること。

2 号消火栓

1 名で操作することができます。起動ボタンを押したあと、消火栓箱の扉を開け、ノズルを取り出して消火栓開閉弁を開き、ノズル開閉弁を開いて火元に向かって放水します。

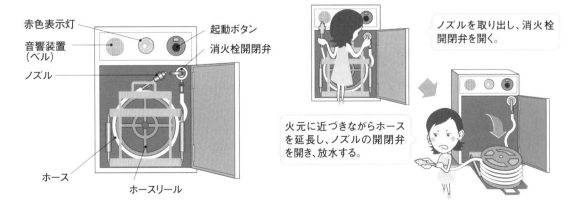

赤色表示灯
音響装置（ベル）
ノズル
消火栓開閉弁
起動ボタン
ホース
ホースリール

ノズルを取り出し、消火栓開閉弁を開く。

火元に近づきながらホースを延長し、ノズルの開閉弁を開き、放水する。

屋内消火栓箱の設置についての規定

1号消火栓は消火対象物の階ごとに、その階の各部分から一つのホース接続口までの水平距離が25m以下となるように設置します。2号消火栓においては15m以下とします。

箱の表面には、消火栓と表示し、上部には、取り付ける面と15°以上の角度となる方向に沿って10m離れた場所から容易に識別できる赤色の灯火（ランプ）を取り付けます。消火栓の開閉弁は、床面から1.5m以下の高さに取り付けます。

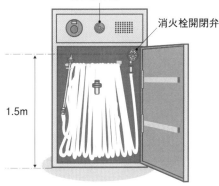

赤色表示灯

消火栓開閉弁

1.5m

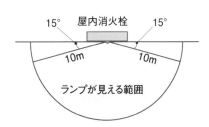

ランプが見えなければならない距離と角度

15°　屋内消火栓　15°

10m　10m

ランプが見える範囲

■スプリンクラー設備

スプリンクラー設備は、火災を小規模のうちに消火する散水式の自動消火設備で、特に初期消火には有効な設備です。

スプリンクラー設備の種類

スプリンクラー設備の種類には、ヘッド（水の放出口）によって、開放型と閉鎖型があります。開放型は、劇場の舞台部など火の回りが速い部屋などに用いられており、一般的には閉鎖型がよく使用されていて、湿式と乾式とに分けられます。湿式のスプリンクラー設備は、加圧送水装置からヘッドまでの配管を加圧充水している設備です。乾式のスプリンクラー設備は、配管の途中に弁を設けて弁のポンプ側には加圧水を、弁のヘッド側には圧縮空気を充填してある設備です。

スプリンクラーヘッドの種類

スプリンクラーヘッドとは、配管の先端に取り付け水を放出する部分をいい、開放型と閉鎖型があります。また水の噴射する位置により、以下の型式があります。

スプリンクラーヘッドの放水圧力は0.1～1.0MPaで、放水量は80L/minです。

下向き型

一般的によく使われている閉鎖型（下向き型）スプリンクラーヘッドです。

下向き型

上向き型

水平方向型（側壁型）

ガードと被水防止板付き

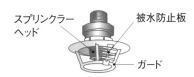

スプリンクラーヘッド

被水防止板

ガード

第6章　給排水衛生設備

■連結送水管

連結送水管は、消防法で「消火活動上必要な施設」に分類される設備で、公設消防隊の動力消防ポンプの加圧された水を送水口から送り、建物内部に送水するもので、消防隊員によって消火活動が行われます。

● 放水口は、一般の建築物では3階以上の階ごとに、地下街では地階ごとに設置します。

● 放水用器具（ホース・ノズル）付き放水口は地上11階以上の階ごとに設置します。

● 一般の建築物における放水口は、一つの放水口を中心に半径50mの円で対象床面全部が包含されるように配置します。

● 連結送水管の主管の内径は、100mm以上とします。

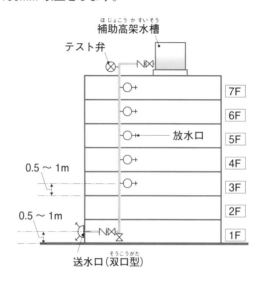

■連結散水設備

「消火活動上必要な施設」の一種で、消防隊が地階の消火を行うための設備です。消防ポンプ車の加圧された水を送水口から送り、地階に設置した散水ヘッドから放水します。

連結散水設備の一の送水区域に接続する散水ヘッドの数は、開放型のヘッドにあっては10以下、閉鎖型のヘッドにあっては20以下となるようにします。

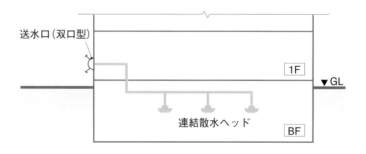

KEYWORD

連結送水管の
送水口

送水口は双口型とする。サイアミーズコネクション（消防隊専用栓）といわれる。

---

9 ガス設備

ガスエネルギーは、都市ガスとLPガスに大別され、地域によってこの2種類のガスが使い分けられています。これらのガスをお風呂や台所で使えるように供給するガス設備は、我々の生活に欠かせない設備です。

■都市ガス

都市ガスの原料は液化天然ガス（LNG：Liquefied Natural Gas）です。LNGは、メタンを主成分とした天然ガスを冷却して液化したものです。

都市ガス供給の仕組み

海外から輸入したLNGを工場にて貯蔵し、気化させたのち、圧力を調整して導管を通じて使用者に供給します。

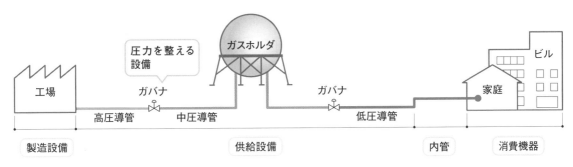

ガス事業法で規定されているガス供給方式は、右表のように区分されています。工場で生産されたガスは高圧で送り出され、導管の途中に設けられたガバナ（整圧器）により徐々に圧力を下げて供給されます。中圧で大容量のガスを供給する場合は、中圧導管から供給する方法がとられます。

供給方式	供給圧力	供給する建物
低圧	0.1MPa 未満	一般家庭、小規模のビルなど
中圧	0.1MPa 以上 1.0MPa 未満	ビルなど
高圧	1.0MPa 以上	発電所や大規模の工場など

都市ガスの種別

都市ガスの種別には13種類あり、その種類は、ウォッベ指数と燃焼速度で決まります。東京ガスは13Aの都市ガスを供給しています。13Aとは、以下の意味があります。

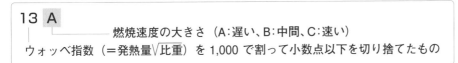

13 A
燃焼速度の大きさ（A：遅い、B：中間、C：速い）
ウォッベ指数（＝発熱量$\sqrt{比重}$）を1,000で割って小数点以下を切り捨てたもの

■LPガス

　液化石油ガス（LPG：Liquefied Petroleum Gas）は、LPガスといい、プロパンガス、ブタンガスの総称です。LPガスは、圧力を加えて液化したものがガスボンベに充填されていて、常温・常圧で気体になります。都市ガスに比べ、LPガスは空気より重いため滞留しやすいです。

ボンベの設置位置

　LPガス容器（LPガスボンベ）には、10kg未満、10kg、20kg、50kg型があります。設置については、販売者側が責任を負うことになり、液化石油ガス施行規則（液化石油ガスの保安の確保及び取引の適正化に関する法律施行規則）第16条に、販売方法や設置基準などが定められています。

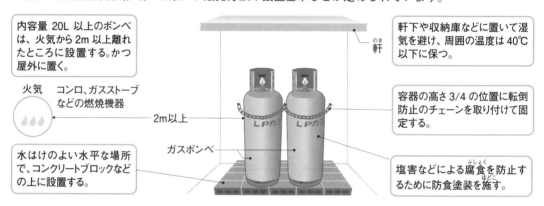

内容量20L以上のボンベは、火気から2m以上離れたところに設置する。かつ屋外に置く。

火気　コンロ、ガスストーブなどの燃焼機器

2m以上

ガスボンベ

水はけのよい水平な場所で、コンクリートブロックなどの上に設置する。

軒（のき）

軒下や収納庫などに置いて湿気を避け、周囲の温度は40℃以下に保つ。

容器の高さ3/4の位置に転倒防止のチェーンを取り付けて固定する。

塩害などによる腐食（ふしょく）を防止するために防食塗装を施す。

■ガス燃焼機器

　ガスの燃焼には、燃料としてのガス、空気、着火源が必要です。ガスを燃焼させ、燃焼を維持し、使用するガス燃焼機器（ガス機器）は、空気の取入れ方と排ガスの排出方法により、以下の種類があります。

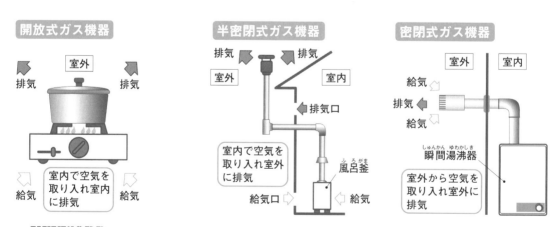

開放式ガス機器／室外／排気／排気／室内で空気を取り入れ室内に排気／給気／給気

半密閉式ガス機器／排気／排気／室外／室内／排気口／室内で空気を取り入れ室外に排気／風呂釜（ふろがま）／給気口／給気

密閉式ガス機器／室外／室内／給気／排気／給気／瞬間湯沸器（しゅんかんゆわかしき）／室外から空気を取り入れ室外に排気

KEYWORD

ガス漏れ（も）警報機　都市ガスは、ガス機器から水平距離8m以内で天井面（てんじょうめん）から30cm以内の位置に設置する。LPガスは、ガス機器から水平距離4m以内で床面から30cm以内の位置に設置する。

10 給排水衛生設備の保守管理

ビルの管理を行うには、給排水衛生設備の保守管理が適切に行えるかが重要になります。特に給水、給湯設備保守管理のうち、貯水槽の維持管理や、排水設備管理のうち浄化槽の維持管理が必要になってきます。

■給排水衛生設備全般の保守管理

❶ 整理および保管をしておくもの
- 設備の概要、機器の構造、機能、管理の方法についての書類や図面
- 設備や機器の整備状況、運転状況ならびに水質検査結果の記録

❷ 設備・機器に故障があった場合
- 直ちに応急措置を行い、必要に応じて専門の業者に修理などを依頼すること。

❸ 管洗浄を行う場合
- 洗浄に用いた水、砂などを完全に排除し、関係法令の規定に基づき適切に処理すること。

■貯水槽・ポンプの管理

❶ 貯水槽などの点検・補修
- 管の損傷、さび、腐食および水漏れの有無を点検し、必要に応じ、補修などを行う。
- マンホールふたの施錠状態を確認する。
- 高置水槽には、揚水ポンプ発停用および槽内の満水・減水警報用の電極棒が設けられており、槽内の水位の上下によって、揚水ポンプが発停するその作動状況の確認点検をする。
- 定期的に水抜管およびオーバーフロー管の排水口空間ならびに水抜き管、オーバーフロー管、通気管などに取り付けられた防虫網を点検し、必要に応じ、補修などを行う。
- 定水位弁およびボールタップの作動状況を確認・点検をする。

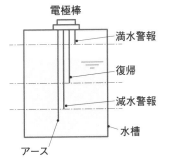
高置水槽の電極棒

満水警報　水位が上がると警報が鳴る。

復帰　復帰の電極まで水がたまると警報が解除される。

減水警報　水位が下回ると警報が鳴る。

❷ 貯水槽の清掃
- 水槽の清掃は、1年以内ごとに1回定期的に行う。
- 管洗浄の終了後、給水を開始しようとするときは、給水栓における水について定められた基準に従い、水質検査および残留塩素の測定を行う。
- 貯水槽内沈殿物質や浮遊物質、壁面などに付着している物質を除去し、洗浄に用いた水は完全に排除する。また、貯水槽の清掃終了後は、次亜塩素酸ナトリウム溶液またはこれと同等以上の消毒能力を有する塩素剤によって、2回以上貯水槽内の消毒を行う。
- 防せい剤を使用する場合には、定められた品質規格に適合するものを使用する。
- 高置水槽または圧力水槽の掃除は、受水槽の掃除が終わってから行う。

❸ 給水ポンプの点検

点検項目	点検頻度	点検項目	点検頻度
吐出し側の圧力	毎日	電動機の絶縁抵抗	月1回
吸込み側の圧力	毎日	各部の温度測定	月1回
軸受部と軸受温度	毎日	ポンプと電動機の芯狂い	6か月に1回
電流値と電圧	毎日	清掃	6か月に1回
騒音・振動	毎日	分解・点検	3〜5年に1回

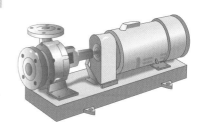

■給湯設備の保守管理

● 中央式給湯設備では、常時給湯温度を60℃程度に維持する。
● 給湯ボイラは、1年以内ごとに1回労働基準監督者の性能検査を受ける。
● 小型圧力容器は、労働安全衛生法により1年以内ごとに定期自主検査を行うようにする。
● 逃し弁は、1か月に1回、レバーハンドルを操作して作動を確認する。

■排水設備の保守管理

● 排水管内の清掃は、フレキシブルワイヤを通す方法か高圧洗浄法による方法による。
● 雨水配管の清掃は、ルーフドレン回りのごみの除去、雨水桝の土砂の除去などを定期的に行う。
● トラップの封水深が適切に保たれていること、およびトラップ内の悪臭の発生、スケールの有無を点検し、機能が阻害されていないことを確認する。
● 掃除口は、定期的に外して点検し、グリースなどを塗って、必要なときにすぐにはずせるようにする。
● 通気配管では、通気網、通気弁などを定期的に点検する。

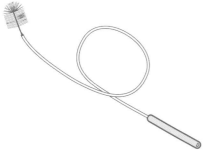

フレキシブルワイヤ

ルーフドレン

■排水槽・阻集器の管理

❶ 排水槽の掃除

　排水槽の掃除の際には、排水槽内にはメタンガスなどが充満していることがあるので、火気に注意するとともに、換気を十分行い安全を確認してから槽内に立ち入ること。また、排水槽の掃除に用いる照明器具は防爆型で、作業に十分な照度が確保できるものとします。排水槽の流入管、排水ポンプなどについては、付着した物質を除去します。

❷ 阻集器の掃除

　阻集器にあっては、油脂分、汚泥などを除去するとともに、掃除後は仕切り板などを正しく装着し、機能の維持を図ります。グリース阻集器の厨芥除去は、毎日行うようにします。

第7章

電気設備

建築物は「建築基準法」に従って建設されています。電気設備についても「電気事業法」があり、この法律に基づいた「電気設備に関する技術基準を定める省令（通称「電気設備技術基準」）、「電気用品安全法」、および「電気工事士法」などと、総務省が定める「消防法」、「電気通信事業法」などの省令に従って、すべての電気設備の性能の確保と安全な使用を目指して施工・整備されています。

電気設備の構成

ビルの電気設備は、その建物の使用目的（用途）と規模に合ったもので、信頼性、安全性、利便性、かつ省エネルギーであることが第一条件となります。ビルの電気設備をその電圧で分類すると、強電（モータや電灯コンセントなどに使われている）と、弱電（自動火災報知設備や非常放送設備などに使われている）の2種類に分けられます。

■ 電気設備の分類

　ビル内の電気設備は、構内電気設備と呼ばれ、電力供給会社から送られた電力を必要な電圧で引き込み、施設に適した電気方式で使用します。構内電気設備は、送られた低圧電気を建物内でそのまま使う一般用電気工作物と、高圧以上の電気を建物内で利用する電圧に変換して使う事業用電気工作物といわれるものに分類されます。

一般用電気工作物

　住宅など小規模の建築物では、契約電力が50kW未満で、低圧交流電気（600V以下）を使用します。電気方式は、電灯コンセント設備として100Vの利用ができる単相2線式、または100Vおよび200Vの利用ができる単相3線式が採用されます。

　住宅以外の建物（小規模の商店や工場など）では、モーターなど動力設備用として三相3線式200V用を電力供給会社から引き込んでそのまま使用できます。

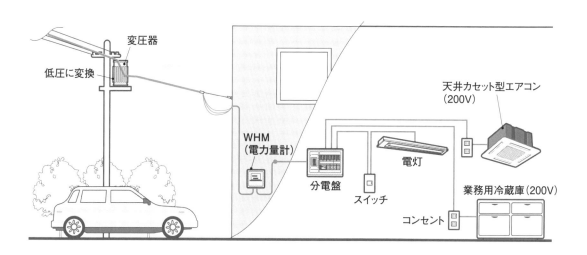

KEYWORD

◆ 電圧の区分

電圧	直流	交流
低圧	750V 以下	交流 600V 以下
高圧	750V 超 7,000V 以下	交流 600V 超 7,000V 以下
特別高圧	7,000V 超	

◆ 契約電力の区分

電圧	契約電力	用途の例
低圧	50kW 未満	住宅、店舗
高圧	50kW 以上 2,000kW 未満	小中規模ビル・工場
特別高圧	2,000kW 以上	大規模ビル・工場、病院、大型店舗

単相2線式100V

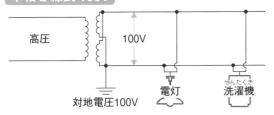

電灯、コンセント、一般的な家庭用電気機器など100V
のみ使用できる。

単相3線式100V/200V

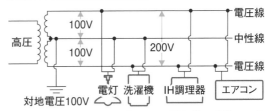

IH調理器やエアコンなど200Vの電気機器も使用でき
る。

三相3線式200V

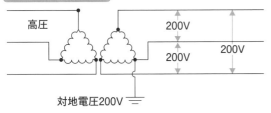

単相200Vと三相200Vを取り出せる。工場などの動力
の利用に適している。

住宅の場合は安全上の配慮か
ら原則、「住宅の屋内電路の対
地電圧は、150V 以下であるこ
と」と省令で規定されているの
で、住宅では動力用の三相3線
200Vの利用はできません。

> 電灯のスイッチは、片切りといって、電圧線側を入り・切りします。中性線側を切ると電灯には、常に電圧線から電気が加わった状態なので、電灯器具の寿命に影響します。また、コンセントの差込口は、左右の大きさが違い、右側が少し小さくなっています。右側は、電圧線側となっています。左側の少し大きいほうは、中性線側となっています。この電圧線側と中性線側の違いは、オーディオなど微妙な音を追求する方々には重要なこととなります。

事業用電気工作物

　交流600V超の電圧を引き込んでいる施設を、事業用電気工作物といい、電気事業の用に供する電気工作物（発電会社や電力会社などの電気を作る、送る、配るなどを行っている施設）と、自家用電気工作物（工場、事務所ビル、病院、大型店舗などでこれらを総称して需要家という）に大別されます。

　自家用電気工作物は、その契約電力が50kW 以上 2,000kW 未満では、高圧交流電気（600V 超過7,000V 以下）で電力供給会社から引き込んで、建物内で使用する電圧に変換（降圧）する設備（これらをまとめて受変電設備という）が必要となります。契約電力が2,000kW 以上となる施設では、特別高圧電気(7,000V 超過）で引き込んで受変電設備を設けます。

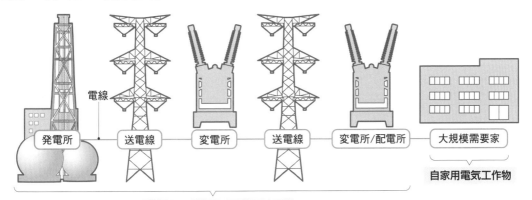

電気事業の用に供する電気工作物

第7章 電気設備

141

直流と交流

直流は、DC（Direct Current）といわれ、乾電池などがその代表。
交流は、AC（Alternating Current）といわれ、日常生活で使われている電気で、一定周期で（＋）と（－）
を繰り返している。この一定周期を周波数といい、東日本では50Hz、西日本では60Hzとなっている。

■電気エネルギーの供給

構内電気設備の電灯用電力と動力用電力の電気エネルギーは、それぞれ幹線設備によりその必要場所に配られます。

構内電気設備は、電力を運ぶ幹線（電灯幹線および動力幹線）、および情報、信号を運ぶ幹（弱電系統幹線）が動脈のように、それぞれ中央部からローカルエリアの分電盤まで配線され、分電盤以降それぞれの末端まで（分岐回路）が系統的に結ばれ、電気エネルギーを末端まで届けます。

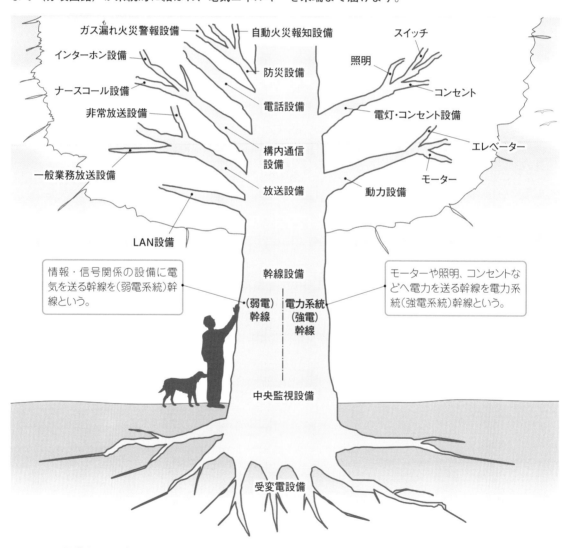

これらの設備すべてが建物に施設されているわけではなく、建物の用途や規模によって設置する設備を検討する。

2 電源設備

電力供給会社から引き込まれた電力（電気エネルギー）は、生活、生産、製造などに使用するために他のエネルギーに変換されます。有効に、かつ、最大限電力を活用するために、一般用電気工作物、および自家用電気工作物の需要家は、電源設備を設けます。

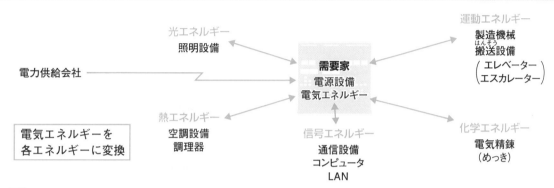

■低圧受電・高圧受電

一般用電気工作物は、電力供給会社が設置する変圧器で交流低圧電気（AC 600V 以下）に降圧した電気を受電しています。自家用電気工作物は、電力供給会社の高圧配電線の交流高圧電気（通常 AC 6.6kV）、または特別高圧電気（AC 22kV、33kV、あるいは 66kV）を受電しています。

低圧受電

小規模住宅では、電力供給会社の柱上変圧器から、交流単相2線式100V を、中規模以上の住宅では、交流単相3線式100V と 200V を引き込んで、そのまま電灯用分電盤で必要箇所に分岐します。

集合住宅では、建物内の変電室から全住宅に交流単相3線式の電力を供給します。集合住宅のエレベーター、ポンプなどの共用部分の動力用の三相3線式200V の電力と、共用部分の電灯設備などの容量とを合わせた総容量が 50kW 以上になるときは、共用部は自家用電気工作物となります。

近年、分譲型集合住宅では、建物全体を自家用電気工作物として高圧電気で受電し、構内に変電設備を設けて低圧電気に降圧し、各住戸に電力を供給します。

集合住宅の増加や、無電柱化が進み、地上に変圧器を内蔵したパットマウント方式による、低圧地中引込方式も採用されています。

パットマウント
変電設備

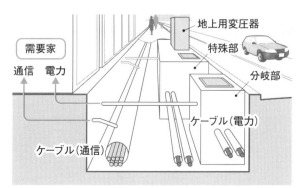

低圧地中
引込方式

高圧受電

自家用電気工作物では、高圧電気または特別高圧電気で建物に引き込んでいます。基本的に架空引込みですが、都心部では高圧配線または特別高圧配線を地中埋設した地中引込みとなっています。

架空引込みは、構内引込柱上に需要家が開閉器を設けますが、地中引込みの場合は、電力供給会社が地中引込みをした敷地境界部分にキャビネットボックスという開閉器設置用の箱を取り付け、内部に需要家が開閉器を設備します。

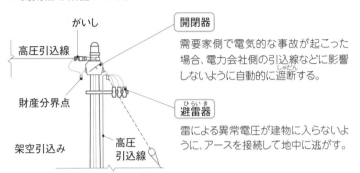

がいし

高圧引込線

財産分界点

架空引込み

高圧引込線

開閉器

需要家側で電気的な事故が起こった場合、電力会社側の引込線などに影響しないように自動的に遮断する。

避雷器(ひらいき)

雷による異常電圧が建物に入らないように、アースを接続して地中に逃がす。

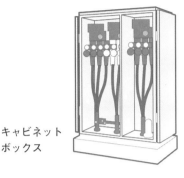

キャビネットボックス

■ 受変電設備

受電設備と変電設備を合わせて受変電設備といいます。住宅などの一般電気工作物では、引き込まれた（受電した）低圧電気をそのまま建物構内で使えるので、変電設備は不要です。自家用受変電設備では、受電した高圧電気または特別高圧電気を、構内で使う電灯用と動力用に変電設備で変換（変電）し、必要場所に配ります。

受電設備

電力供給会社側の外線と、需要家側の引込み線の接続する部分を、それぞれの財産を分ける財産分界点といいます。さらに引込み部に取り付けた開閉器の一次側接続部がそれぞれの責任を分ける責任分界点となっています。

財産・責任分界点を経て、電力料金を計測する電力供給会社の取引用計器（VCT）と電力量計（WHM）を電力供給会社が設置し、取引用計器以降に需要家側の受電用遮断器を設置します。受電用遮断器は、需要家構内の電気工作物で起きた電気事故を遮断して、電力供給会社への事故の影響を波及させない役割（保護協調という）を持っています。

変電設備

変圧器で変圧された低圧電気を用途別、使用場所別に幹線回路を分けるための開閉器を取り付けた低圧配電盤を設置します。この低圧配電盤には、変圧器二次側の電圧と電流を計測する低圧電圧計、電流計や電力計なども配置・取付けします。

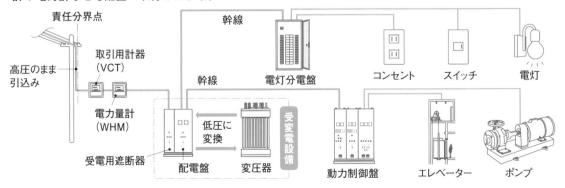

責任分界点

幹線

高圧のまま引込み

取引用計器（VCT）

幹線

電灯分電盤

コンセント

スイッチ

電灯

電力量計（WHM）

低圧に変換

受変電設備

受電用遮断器

配電盤

変圧器

動力制御盤

エレベーター

ポンプ

■分電盤

電灯分電盤を、単に分電盤といいます。分電盤は、電気を必要とする場所や用途別に電気を分ける目的で設ける設備です。

● 一般用電気工作物

一般用電気工作物では、契約用ブレーカー（電力供給会社が取り付ける）、漏電遮断器(ろうでんしゃだんき)、分岐(ぶんき)ブレーカーを設けます。

● 自家用電気工作物

自家用電気工作物では、階ごと、または、エリアごとに分電盤を設置しています。この分電盤が受け持つ範囲をまかなう容量のメインブレーカー、分岐用ブレーカーを設けます。さらに屋外や水気のあるエリアの分岐回路には漏電遮断器を配置します。

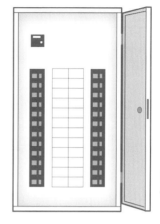

自家用電気工作物
の分電盤

■自家用発電設備

自家用発電設備は、保安用、電力使用時のピークカット、熱エネルギーをつくるときの電気エネルギーを得るシステムとして準備します。消防法に定める消防用設備等へ非常時の電力確保のための非常電源、また、建築基準法に定める非常照明、排煙機への予備電源として設備されます。

？ ピークカット

高圧または特別高圧で受電している工場などでは、30分最大需要電量計(じゅよう)（デマンド計）により、電力の使用量を計測しています。この30分間の使用量の平均が電力会社との契約電力を超えると、翌月からの基本料金が増加するので、この30分間のピークを負荷を削減（カット）してエネルギーコストの削減を図っています。

● 一般用電気工作物

一般用電気工作物で使われる自家用発電設備は、600V以下で発電するもので、発電機の種類によってその出力が右のように制限されています。

● 出力10kW未満の太陽電池発電設備
● 出力20kW未満の水力発電設備
● 出力10kW未満の内燃力火力発電設備、燃料電池発電設備、スターリングエンジン発電設備
　ただし、構内以外の場所にある電気工作物と電気的に接続されていないもの

● 自家用電気工作物

自家用電気工作物で使われる自家用発電設備には、内燃機関の原動機（ディーゼルエンジン、ガスエンジン、ガスタービンなど）に連結して、エンジンの回転エネルギーで発電機を駆動させて電気エネルギーを生み出す方法や、エンジンの回転エネルギーを使わない燃料電池（電気分解の逆作用により電気エネルギーを生み出す）、太陽光発電設備などがあります。

電力を多く必要とする24時間操業の工場などでは、製造過程で発生した熱エネルギーを大容量の自家用発電設備のエネルギー源として利用し、製造用の買電力をカットして、受変電設備の省エネルギー化を図るとともに、余剰(よじょう)電量の逆潮流(ぎゃくちょうりゅう)により利益の確保につなげています（熱エネルギーを発電用のエネルギー源とする方法を、汽力(きりょく)発電方式という）。

第7章　電気設備

燃料電池の基本原理

水（H₂O）に電気を加えると水素（H₂）と酸素（O₂）に分解されるが、水素と酸素の結合時には電気が発生する。この化学反応を利用したのが燃料電池の基本原理である。

蓄電池設備

　電池はバッテリーともいわれ、直流の電気を取り出せます。住宅などの一般用電気工作物で使用しているものは、乾電池とかボタン電池といわれるリチウムイオン電池です。自家用電気工作物で使用しているものは、非常用電源として防災用発電設備の起動用電源や、非常用エレベーター電源などの動力源として準備されている防災用直流電源設備です。

電池の種類

　電池は、化学エネルギーを電気エネルギーに変換して電源とする装置です。放電すると電池内の物質が消耗して電気エネルギーを取り出せなくなるものを一次電池といい、乾電池、水銀電池などがあります。一方、放電しても外部から電気エネルギーを与えて（充電して）繰り返して電気エネルギーを取り出すことができる電池を二次電池といいます。この二次電池のことを蓄電池といい、鉛蓄電池、アルカリ蓄電池があります。二次電池の設備を蓄電池設備や電力貯蔵設備などといいます。

建物での蓄電池の使い方

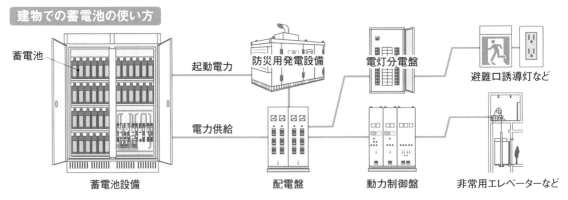

大規模な建物において非常時は、速やかな避難が最優先されるので、一箇所に集めた蓄電池設備から防災用発電設備を起動させるなどして、非常用照明、誘導灯、非常用コンセントなど、または避難のために必要な動力にも電力供給する必要がある。

■交流無停電電源装置

コンピュータにより制御されている現代では、その電源の品質が問題となります。瞬間的な電圧降下（瞬時電圧降下と定義され、瞬低ともいい、0.07 秒〜 0.2 秒程度の短時間）によるトラブルの発生を防ぐために、高品質の電源を供給できる交流無停電電源装置（UPS：Uninterruptible Power Supply）が求められます。

交流無停電電源装置からの給電方式

UPS は、電気エネルギーを蓄えておく蓄電池装置として蓄電池と充電装置、直流電源を交流電源に変換する装置（整流器、インバータなど）、絶縁変圧器、フィルター、および切換スイッチなどから構成されています。

UPS からの給電方式は、常時蓄電池からインバータ回路を使って電気エネルギーを給電する方法（常時インバータ給電方式）と、常時電力供給会社からの交流電源を使い、この交流電源が所定の範囲からはずれたときにインバータが始動して、蓄電池からの電気エネルギーを給電する方法（常時商用給電方式）があります。

常時インバータ給電方式

通常運転では、負荷電力は整流器とインバータとの組合せにより連続運転し、交流入力電源の電圧が UPS の許容範囲からはずれたときに、UPS ユニットは蓄電池の蓄電エネルギーに切り替わり、交流電源入力が回復するまで、または蓄電池の給電時間内で、蓄電池とインバータの組合せで負荷電力を供給する。

常時商用給電方式

通常運転では、UPS スイッチを通して交流入力電源で連続運転し、交流入力電源の電圧または周波数が UPS の許容範囲からはずれたときに、インバータが始動して UPS は蓄電池の蓄電エネルギーに切り替わり、交流電源入力が回復するまで、または蓄電池の給電時間内で、蓄電池とインバータの組合せで負荷電力を供給する。

無停電電源装置の大型化

大容量の情報通信機器、研究実験装置などを備えた施設では、供給電源の電圧安定化と周波数安定化を必要とするため、定電圧定周波電源装置（CVCF：Constant Voltage Constant Frequency）を需要家側が準備しています。

CVCF は、回転部を持った回転型と、回転部のない静止型があり、近年は、静止型の需要が多いようです。CVCF の駆動用電気エネルギーは、電力供給会社の交流電源を、停電時には蓄電池設備あるいは自家用発電機からの電気エネルギーに切り換えて使います。

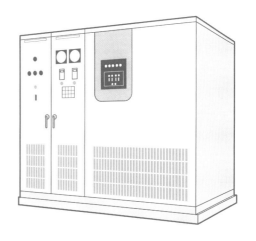

3 幹線・分岐回路設備

受変電設備で必要な電圧にした電力（電気エネルギー源）を使用エリアの分電盤に送る動脈を幹線といいます。必要なエリアごとに単独で専用の幹線を施設することは、省エネルギー的にも、また、経済的にも適正ではありません。エリアで必要とする電力を集合させて、そのエリアごとに枝分かれさせる配線を、その幹線の分岐幹線といいます。

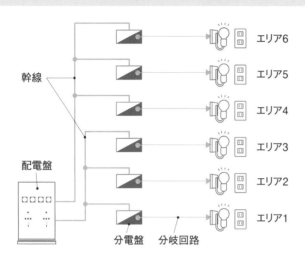

幹線とは、変電設備の配電盤から分電盤までの配線をいいます。分岐回路とは、分電盤以降、負荷（電気機器）に至る回路をいいます。

建物内の配線

　幹線の配線は、横に延ばす（水平展開）部分と縦に延ばす（縦展開）部分があります。水平展開の部分は、横引きともいわれ、床下や天井裏のルートで施設されます。縦展開の部分は、電気シャフト（EPS）といわれる専用のルートで施設されます。

幹線の配線

　幹線の配線方法は、電線管による配管配線、ケーブルによる配線、およびバスダクトによる配線の3つの方法があります。

● 電線管による配管配線

　電線管による配管配線は、鋼製電線管（金属管）、または、合成樹脂製電線管（硬質塩化ビニル電線管：EP）を配管し、電線管内にビニル絶縁電線を引き入れて配線する方法です。幹線を分岐する部分には、電線を接続するためにプルボックス（P-Box）と呼ばれる金属製ボックスを設けます。プルボックスは、内部が点検できるような構造となっています。

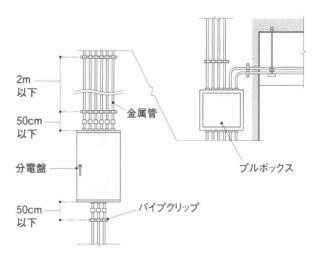

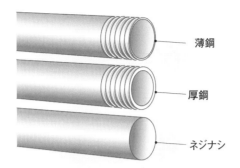

鋼製電線管（金属管）

薄鋼
厚鋼
ネジナシ

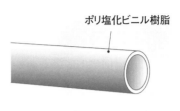

合成樹脂製電線管
（硬質塩化ビニル電線管：VE）

ポリ塩化ビニル樹脂

このような配管工事では、鋼製電線管およびプルボックスには、安全確保のため接地工事を施すことが規定されています。

防火区画を貫通する鋼製電線管による配管配線の場合は、防火区画貫通処理（延焼防止対策）として、金属管周囲にコンクリートなどによる埋戻しを行います。合成樹脂製電線管による防火区画を貫通する場合は、「防火区画の両端1m以内の配管を不燃材とすること」が建築基準法で規定されています。

● ケーブルによる配線

ケーブル配線には、ビニル外装ケーブルをはしご状のケーブルラックに緊縛して敷設する方法と、ケーブルの頂部を電気シャフトの造営材（構造材）などに支持して垂直に吊り下げて施設する方法があります。

幹線を分岐する部分には、電線管による配管配線の場合と同様、プルボックスを使います。ケーブルを吊り下げて敷設する場合は、ケーブルを事前に所定の長さ、吊り下げ部分、および幹線を分岐する部分を含めて系統ごとに工場製作しておき、現場でケーブル敷設の施工を行います。

ケーブル配線の場合は、防火区画部のケーブル周囲を延焼防止材などにより防火区画貫通処理（延焼防止対策）を施すことが必要です。

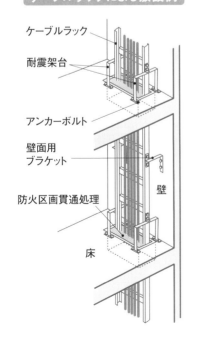

ケーブルラックによる敷設例

ケーブルラック
耐震架台
アンカーボルト
壁面用ブラケット
防火区画貫通処理
壁
床

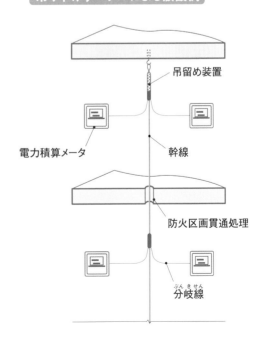

吊り下げケーブルによる敷設例

吊留め装置
電力積算メータ
幹線
防火区画貫通処理
分岐線

第7章　電気設備

● バスダクトによる配線

　大規模の建築物で、大容量の電力移送の幹線には、バスダクトといわれる資材が用いられます。導体に銅帯、または、アルミニウム帯を使い、導体の周囲に絶縁空間を確保した外装（ハウジング）を施したバスダクトを、事前に製作図に従い、直線部分、曲がりの部分（エルボ）、幹線分岐をする部分（プラグインジョイント）、防火区画貫通部も含めて、系統ごとにすべて工場製作しておき、現場で組み立て施工します。幹線を分岐する部分のプラグインジョイントに分岐バスダクトを設置し、開閉器をセットしたプラグインバスダクトと分電盤を接続します。バスダクトによる配線敷設の場合は、防火区画部のバスダクトは防火区画貫通処理（延焼防止対策）を施した部材を配置します。

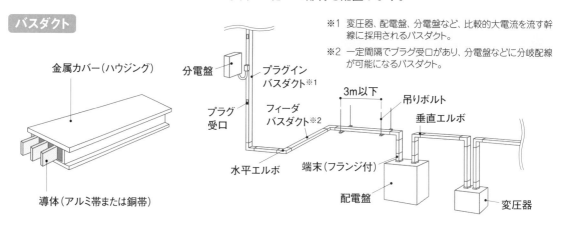

バスダクト

金属カバー（ハウジング）
導体（アルミ帯または銅帯）

分電盤
プラグインバスダクト※1
プラグ受口
フィーダバスダクト※2
水平エルボ
端末（フランジ付）
配電盤
3m以下
吊りボルト
垂直エルボ
変圧器

※1 変圧器、配電盤、分電盤など、比較的大電流を流す幹線に採用されるバスダクト。
※2 一定間隔でプラグ受口があり、分電盤などに分岐配線が可能になるバスダクト。

分岐回路の配線

　分電盤以降、負荷側への配線方法は、電線管による配管配線、ケーブルによる配線の2つの方法があります。

● 電線管による配線

　分岐回路の電線管による配管配線は、鋼製電線管（金属管）、または合成樹脂製電線管（硬質塩化ビニル電線管：VP、合成樹脂可とう電線管：CD管、およびPF管）を配管し、電線管内にビニル絶縁電線またはビニル絶縁ビニルシースケーブルを引き入れて配線する方法です。電線を接続するためにジョイントボックス（J-Box）と呼ばれるボックスを設けます。ジョイントボックスは、内部が点検できるような構造となっています。このような配管工事では、鋼製電線管および金属製ボックスには、安全確保のため原則接地工事を施すことが規定されています。

合成樹脂製可とう電線管

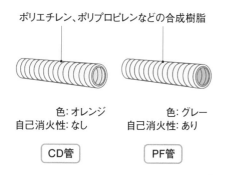

ポリエチレン、ポリプロピレンなどの合成樹脂

色：オレンジ
自己消火性：なし
CD管

色：グレー
自己消火性：あり
PF管

　CD管は自己消火性がないので、露出や二重天井内の使用は禁止されており、コンクリートに打ち込んでのみ使用が可能です。

可とう電線管

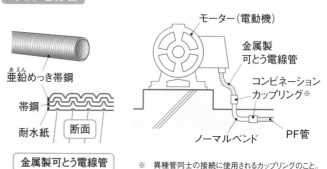

亜鉛めっき帯鋼
帯鋼
耐水紙
断面
金属製可とう電線管

モーター（電動機）
金属製可とう電線管
コンビネーションカップリング※
ノーマルベンド
PF管

※ 異種管同士の接続に使用されるカップリングのこと。

　金属製可とう電線管は、動力モーターなど振動する負荷に配管配線する場合に使います。

● ケーブルによる配線

　分岐回路のケーブルによる配線方法は、コンクリート床やコンクリート壁内では合成樹脂可とう電線管などの配管内にケーブルを引き入れて配線します。露出配線や二重天井内隠ぺい配線では、ケーブルをそのまま配線します。軽量鉄骨下地壁（LGS壁）内では、合成樹脂可とう電線管のPF管での配管配線や、軽量鉄骨部にケーブル養生のためブッシングを取り付けて配線します。また木製下地壁（木軸壁）内ではケーブル保護として、釘の打抜き防止用に木軸貫通部に金属管などを使用して配線する方法があります。

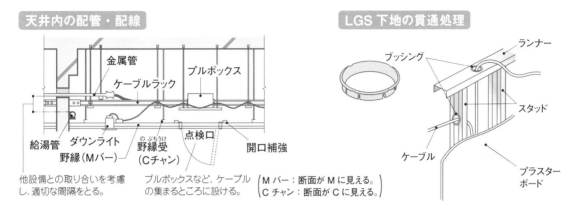

天井内の配管・配線

金属管　プルボックス　ケーブルラック　給湯管　ダウンライト　野縁（Mバー）　野縁受（Cチャン）　点検口　開口補強

他設備との取り合いを考慮し、適切な間隔をとる。
プルボックスなど、ケーブルの集まるところに設ける。
（Mバー：断面がMに見える。Cチャン：断面がCに見える。）

LGS下地の貫通処理

ランナー　ブッシング　スタッド　ケーブル　プラスターボード

電線・ケーブルの種類

　一般建築物の屋内配線に用いられる配線の導体として、電線やケーブルの芯線に伝導率が優れている軟銅線が用いられ、その周囲に絶縁体の被覆を施しています。電線は単心のみですが、ケーブルは単心や多心があります。建物内でアルミニウム導体は幹線配線のバスダクトの導体として使われています。

「芯」と「心」

電気を通す芯線が1本の電線（1本の導線）のことを単心といい、芯線が複数のことを多心という。通常、芯線では"芯"の字を使い、単心、多心では"心"の字を使う。

配線用電線

　屋内配線に用いられる電線には、導体（軟銅線）に絶縁体のポリ塩化ビニルの被覆を施した、600Vビニル絶縁電線（IV）があり、電線管などの保護管の中に通線して屋内で使用します。導線が単線（1本）のものと、大きな電流を流す場合は複数の軟銅線をより合わせたより線があります。

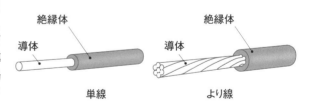

絶縁体　導体　単線　　絶縁体　導体　より線

配線用ケーブル

　ケーブルは、その被覆の材料によって呼び方、使用方法などが細かく分かれています。

　ケーブルでよく使われているものは、導体（軟銅線）にポリ塩化ビニルの被覆を施したものにさらにシース（外装）に塩化ビニルを使用した600Vビニル絶縁ビニルシースケーブル（VV）、より線に絶縁体の架橋ポリエチレンの被覆を施したものにさらにシース（外装）に塩化ビニルを使用した600V架橋ポリエチレン絶縁ビニルシースケーブル（CV）などがあります。

　これらのケーブルは屋内や屋外での露出、地中管路での使用が可能です。

600V ビニル絶縁ビニルシースケーブル(VV)

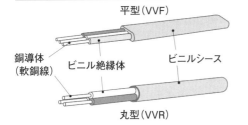

平型(VVF)

銅導体
(軟銅線)　ビニル絶縁体　　ビニルシース

丸型(VVR)

架橋ポリエチレン絶縁ビニルシースケーブル(CV)

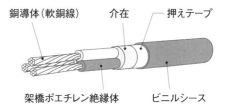

銅導体(軟銅線)　　　介在　　　押えテープ

架橋ポエチレン絶縁体　　ビニルシース

キャブタイヤケーブル(CT、VCT)

銅導体(軟銅線)

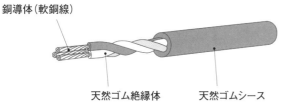

天然ゴム絶縁体　　　天然ゴムシース

移動して使用する電気設備や機械設備のための移動用配線に用いられるものとして、紙テープを巻いたより線に絶縁体の天然ゴムの被覆を施したものにさらにシースに天然ゴム、またはシースに塩化ビニルを使ったキャブタイヤケーブル（CT、VCT）などがあります。

> 電気器具やテーブルタップなどに使われているコードといわれるものがありますが、ケーブルとは違いコードは固定して使うことは禁止されています。

熱環境に強い電線・ケーブル

- 電線
  - ・600V 二種ビニル絶縁電線（HIV）
  - ・600V 架橋ポリエチレン絶縁電線（IE/F）
- ケーブル
  - ・600V ポリエチレン絶縁耐燃性ポリエチレンシースケーブル（EE/F）
  - ・架橋ポリエチレン絶縁耐燃性ポリエチレンシースケーブル（E/F）

　耐火性能を持った電線・ケーブルの耐火電線は、機械、器具内配線に使われるほか、建物の配線などに使われています。耐火ケーブルは、火災の熱によって 30 分間で 840℃まで加熱された後でも、所定の絶縁性能を維持するもので、消火ポンプ、排煙設備などの防災設備の防災電源として用います。ケーブルラックなどの露出配線のみの場合には FP ケーブルを、露出配線および電線管に引き入れて配線する場合は FPC ケーブルを使っています（FP ケーブルは露出配線のみ使用が認められています）。

低圧で屋外で使う電線・ケーブル

- ・屋外低圧引込用ビニル絶縁電線（DV）・・・低圧架空引込用
- ・SV ケーブル・・・低圧引込線取付点から電力量計用（WHM）までの配線
- ・屋外用ビニル絶縁電線（OW）　・・・低圧屋外配線用

高圧以上に使う電線・ケーブル

- ・高圧機器内配線用 EP（エチレンプロピレン）ゴム絶縁電線（KIP）・・・受変電設備用
- ・高圧引下用架橋ポリエチレン絶縁電線（PDC）・・・受変電設備用
- ・架橋ポリエチレン絶縁ビニルシースケーブル（6kV CV、77kV CV、275kV CV、500kV CV ケーブル）
  　など・・・建物への引き込み用

4 動力設備

大きな電気エネルギーを必要とする電動機（モーター）などの動力機器は、変電設備で三相200V、または415Vに降圧された電気を必要とします。動力機器が設置されているエリアの動力電盤に動力幹線として送られた電気を動力機器に配り、運動エネルギー、回転エネルギーに変換して日常の生産・製造などの活動に使っている範囲を動力設備といいます。

■動力設備の電気方式

　動力設備の電源は、電圧が高くなればその分、電流は少なく配線は細くできるので、大規模の建物では三相4線式240V/415V方式を採用します。省エネルギー対策として、契約電力の抑制、さらに使用する電線の量も抑えて、イニシャルコストおよびランニングコストなどコストパフォーマンスなどにメリットがありますが、使用する機器類は、汎用品が使えないというデメリットも生じます。

三相3線式 200V

工場などの動力の利用に適している。単相200Vと三相200Vを取り出せる。

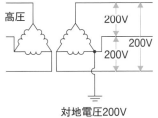

三相4線式 240V/415V

星形の結線から中性線を引き出した4線による配電で、大規模なビルや工場などで使われる。

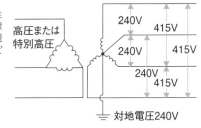

動力機器とは

動力機器といわれるものは、三相電力で動かすもので、具体的な例として以下のようなものがあります。

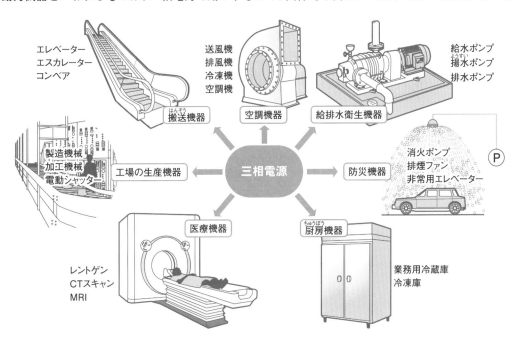

第7章 電気設備

153

■電動設備の構成

　省エネルギー、メンテナンスや利便性、安全性などを考慮して、動力機器をグループ化して機械室などのエリアに配置し、機器の近くに動力盤を設置します。この動力盤に変電室の配電盤から動力幹線といわれる動脈で電力配線を敷設し、この動力盤から各電動機器に電気エネルギーを送る配線を行います。

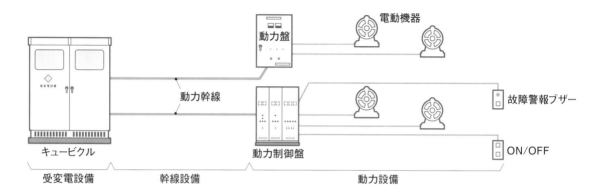

電動機の種類

　電動機（モーター）は、交流電動機と直流電動機に大きく分けられます。
　交流電動機は、交流電源で駆動する電動機で、以下の3つの種類に分けられます。

❶ 誘導電動機
　構造が簡単、安価で堅ろう、保守点検が容易な最もポピュラーで、ポンプなど建物内に最も多く用いられています。

❷ 同期電動機
　構造は交流発電機と同じ、力率が良好、大容量低速用に適していて、大規模な電動機用として、また、揚水発電所の発電機として利用されています。

❸ 整流子電動機
　効率が良く、広範囲の速度調整が可能保守点検が困難で高価ですが、大出力送風機など特殊用途向けの電動機です。

　直流電動機は、直流電源で駆動する電動機で、速度制御に優れているので電気鉄道用電動機、エレベーターやクレーンなどの大型の電動機として、またCD・DVDやパソコンのハードディスクの回転用として、さらに携帯電話の振動用などに採用されています。

電動機と力率

　力率は、交流にだけ存在する特有の概念です。電動機には、一般的に定格負荷において力率 0.7 ～ 0.9 程度の力率があり、電動機容量が大きいほどその力率は高くなります。

　電源から供給される電力（見かけ上の電力）で、電圧と電流を単純に掛け合わせたものを皮相電力といいます。また、実際に負荷により消費される電力（仕事をする電力）を有効電力といい、皮相電力に対する有効電力の割合を力率といいます。

◆ 力率のベクトル図

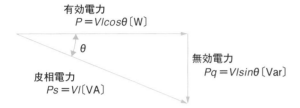

有効電力
$P = VI\cos\theta$〔W〕

無効電力
$Pq = VI\sin\theta$〔Var〕

皮相電力
$Ps = VI$〔VA〕

有効電力 P は、負荷により消費される電力
　（仕事をする電力）
皮相電力 Ps は、電源から供給される電力
　（見かけ上の電力）
無効電力 Pq は、負荷により消費されない電力
　（仕事をしない電力）
力率は、有効電力÷皮相電力（$P \div Ps$）で求められ、
$\cos\theta$ で表される。

力率と電気料金

　ヒータのような抵抗負荷は、すべて有効電力なので、力率は 1（100％）となります。力率は、電気料金に関係します。力率が 85％を上回ると、1％上がるごとに割引が適用され、逆の場合は、割り増し料金が加算されるので、各需要家は、この力率を改善して電気料金の割引を拡大させてコストパフォーマンスの向上に努めています。低圧受電の動力設備を施設する需要家は、電動機運転時に負荷ごとに低圧のコンデンサを設けて、力率の改善を図ります。高圧、または特別高圧受電の場合は、高圧側（一次側）に総動力設備に見合った容量のコンデンサを準備し、負荷の運転状況に合わせてコンデンサ容量の調整を行っています。

動力盤・制御盤

　工場などの工作用電動機器には、作業者が手元で運転の入・切をする場合、配線用遮断器といわれる開閉器を組み込んだ動力盤を設備します。一方、事務所ビルなどの空調設備や給排水設備などの機器はスケジュール運転や自動運転などのプログラムを組み込んで、管理（監視）する制御盤（動力制御盤）を設備します。

第7章　電気設備

動力盤

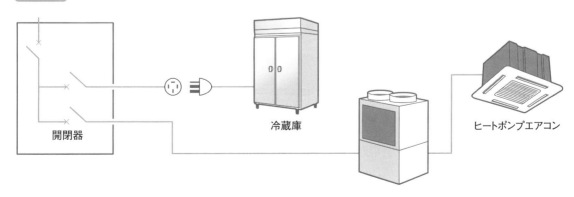

開閉器　冷蔵庫　ヒートポンプエアコン

動力制御盤

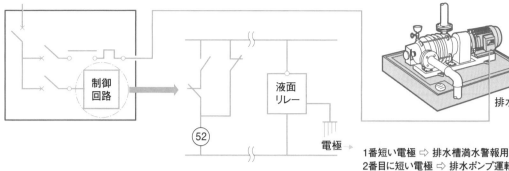

1番短い電極 ⇨ 排水槽満水警報用
2番目に短い電極 ⇨ 排水ポンプ運転停止用
3番目に短い電極 ⇨ 排水ポンプ運転用
1番長い電極 ⇨ 共通電極

電動機の保護

　屋内に施設する電動機には、電動機が損傷するおそれがある過電流を生じた場合に自動的にこれを阻止し、またはこれを警報する装置を設けることと規定されていて、電動機には保護装置が必要です。電動機の用途、容量、運転特性、および運転状況などの条件で、電動機保護装置の構成を選びます。

一般的な電動機保護装置の構成

❶ 電動機保護兼用配線用遮断器（モーターブレーカー）
❷ 電動機保護兼用配線用遮断器と電磁接触器（マグネットスイッチ）
❸ 配線用遮断器と電磁開閉器（電磁接触器＋熱動継電器（サーマルリレー））

　電動機の過負荷運転時には、電動機配線用遮断器が働き電動機を保護をします。電動機の熱特性領域を超えた（過負荷）ときにはサーマルリレーが働きマグネットスイッチを遮断して電動機の保護をします。これらの保護装置は電動機、および回路の保護と、他の負荷回路への影響も排除します。

◆ 三相電動機の運転・停止を行う回路図

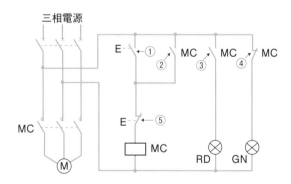

　三相電動機を始動するとき、①の押し釦スイッチを押すことで、リレー MC が励磁され②の自己保持用メーク接点 MC が閉となり、三相電動機の運転が継続される。このとき③のメーク接点 MC も閉となり運転ランプ RD が点灯すると同時に、④のブレーク接点 MC が開いて停止ランプ GN を消灯する。
　停止するときは、⑤の押し釦スイッチを押すことでリレー MC が無励磁になり、電動機の電磁接触器 MC が OFF となり、電動機を停止させ、④のブレーク接点 MC が閉じて停止ランプ GN を点灯すると同時に、③のメーク接点が開いて運転ランプ RD が消灯する。

動力制御盤の制御

　動力制御盤が行う各種プログラムには、主に以下のようなものがあります。
❶ 自動運転：タイマーやレベルスイッチなどにより人間の操作なしで機器を運転する。
❷ 連動運転：給気用ファンと排気用ファンなどを１組として一緒に運転する。
❸ 交互運転：給水ポンプなど２台のポンプを交互に運転する。
❹ 遠方運転：離れたところから操作して機器を運転する。
❺ 保護装置：電動機の過負荷運転時などに電気を遮断する働きをする。
❻ 警報装置：運転状態や故障時の表示、警報ブザーなどを表示する。

三相誘導電動機の始動方法

電動機を始動させる際、大きな電流（始動電流）が流れるため、不具合が生じることがあります。それを防ぐため、電動機に応じて始動方法が検討されます。ここでは、代表的な三相誘導電動機の始動方法として、一般的に採用されている、全電圧始動、Y－⊿始動、およびインバータ始動について説明します。

❶ 全電圧始動（直入れ始動）

定格電圧をはじめから加えて始動する方法で、一般的に 3.7kW 以下の電動機に採用されています。

❷ Y－⊿始動

全電圧始動をすると、始動電流が定格電流の 5 ～ 8 倍流れ、電圧降下により始動できなくなるので、電動機には U－V－W のほかに X－Y－Z の 6 つの端子を準備し、動力制御盤内に Y－⊿始動器を準備します。始動時だけ Y 結線で、ほぼ定格速度になったとき巻線を⊿結線にして運転します。始動電流および始動トルクは、全電圧始動時の 1/3 となります。5.5kW ～ 110kW の電動機に採用されています。

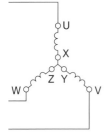
スター
始動時には電動機の固定コイルを星の形にして、電流を直入れ始動の 1/3 とする。

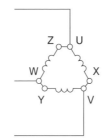
デルタ
モーターが加速し、ほぼ全速度まで達したら、三角形の結線に切り替え、通常運転とする。

U－X V－Y W－Z
3 つのコイルの電流の大きさを変えている。

❸ インバータ始動

電力供給会社の交流電源を、可変電圧・可変周波数の交流電源に変換して、始動する方式です。始動時には小電流なので、直入れ始動が可能となり、対象となる電動機容量の範囲が大きくなっています。

電動機の周波数による運転速度（回転数）の違い

かご形誘導電動機は、周波数によって運転速度が違います。回転数を N、周波数を f、電動機の極数を P とすると、$N = 120 \cdot f/P$ で表します（運転速度は周波数に比例し、極数に反比例します）。日本では東西で電気の周波数が異なり、東日本地域は 50Hz、西日本地域は 60Hz となっています。極数が同じ 4P の電動機の運転速度は、東日本地域では $N = 120 \cdot 50/4 = 1,500$〔min⁻¹〕、西日本地域では $N = 120 \cdot 60/4 = 1,800$〔min⁻¹〕となり、西日本地域のほうが運転速度は速くなります。

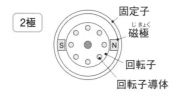
電動機の極数
2極 固定子 磁極 回転子 回転子導体

4極

運転速度の制御

インバータ制御（可変電圧可変周波数制御：Variable Voltage Variable Frequency）は、この特性（電圧と回転数を変えることで性能を変える）を利用した運転速度制御法です。

周波数を変えるため交流電源をいったん直流に変換して、さらにその直流を電圧と周波数が変えられる交流に変換して、運転することで電動機をその都度変えることなく、求める性能に合わせることができます（給水ポンプなどがこの制御法を採用しています）。

インバータ制御の特徴とメリット

① 始動電流が小さい。 ⇒ 電源設備容量が小さくてすむ。
② 電源周波数に左右されず、最大能力が得られる。 ⇒ 最適速度が電源に左右されない。
③ 連続的に速度変換ができる。 ⇒ 常に最適速度が選択できる。
④ 汎用電動機にも使える。 ⇒ 既設の電動機にも使える。
⑤ 電動機が小型化、高速化ができる。 ⇒ 他の可変速装置で得られなかったことができる。
⑥ かご形電動機で、保守が簡単。 ⇒ 電動機の保守が簡単。

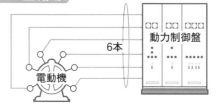

電動機の固定子のコイルが人から⊿の形になるよう、制御盤で自動的に切り替える。

インバータ制御の導入で、周波数を変えることで電動機の回転数をコントロールできる。省エネにつながることから、変流量の制御を行う場合の採用が増えている。

■中央監視設備

　中央監視設備は、建物の居住者、利用者に快適で安全な環境を提供して、維持管理するために、ビル管理業務では必要不可欠な設備です。電気、空調、衛生、防災、防犯などの建築設備の異常や故障などの警報監視、および運転操作、運転状況などの操作および制御、さらに電力量などの計測を行う機能を持ち、建物の中央部に設けます。

空調設備や給排水衛生設備、消防・防災設備などの動力機器を遠隔で監視・制御する。

　中央監視盤は、監視点数の規模により、壁掛け型など小さいものから、自立盤型、デスクトップ型、コンソール型などで、監視操作、信号処理、記録、非常用電源など各装置を持たせて、LED を用いたグラフィックパネルあるいは液晶ディスプレイ表示とキーボード操作による機器の監視制御を行う大型のものがあります。

中央管理室と防災センター

　中央管理室は、非常用エレベーターや排煙設備、空気調和設備の制御などの監視を行う施設で、建築基準法により以下の建築物への設置が規定されています。
① 非常用エレベーターを設置している建物
② 床面積が 1,000m^2 を超える地下街
③ それらに供する機械換気設備、および排煙設備を設置している建物

　防災センターは、消防用設備等の監視、操作を行う室で、以下の建築物で、中央管理室、守衛室やその他これに類する場所に設置することが消防法により規定されています。

❶ 高層階を有する建築物
❷ 大規模な建築物
❸ その他防火対象物で次の（イ）、（ロ）のいずれかに該当する場合
　（イ）延べ面積が 50,000m² 以上の防火対象物
　（ロ）地階を除く階数が 15 階以上で、かつ、延べ面積が 20,000m² 以上の防火対象物
❹ 床面積が 1,000m² を超える地下街
❺ 次の（イ）、（ロ）、（ハ）のいずれかに該当する場合
　（イ）地階を除く階数が 11 階以上で、かつ、延べ面積が 10,000m² 以上の防火対象
　（ロ）地階を除く階数が 5 階以上で、かつ、延べ面積が 20,000m² 以上の特定防火対象物
　（ハ）地階の床面積の合計が 5,000m² 以上の防火対象物

　大規模建築物では、中央管理室と防災センターを併用して、これらをまとめて中央監視室に中央監視設備として施設しています。

監視設備の分類

　建物の規模や管理方針により、簡易的なものでは監視対象とする建築設備および消防用設備等の重要設備の異常や故障警報の表示などの監視を行う警報盤があります。また、建物の電力、照明、防災、防犯、給排水、空調などの各設備をネットワーク化し、システムとして操作・制御・監視・計測・管理など一元化して、数万の監視点数の表示、警報、操作、および記録、保存などパーソナルコンピュータを使い、自動化することでビルの各設備を効率的に運用管理することができる“見える化”されたビル管理システムがあります。

電力監視の方策

　大規模のビルや工場などでは、電力供給会社とデマンド契約（最大需要電力：30 分間の電力使用量から平均使用量を算出して、過去の 11 か月の使用量の最大デマンド値として設定し、その数値を月々の基本料金とする方式）をしています。経費削減の面からもデマンド超過をしないようデマンド監視装置を設け、契約電力の超過が見込まれる場合、電力機器の停止などデマンド制御（ピークカット）をして、電力コストの増大を抑制しています。

 デマンド制御（ピークカット）

　　デマンド超過予測時にあらかじめ制御する負荷を登録し、負荷の自動停止や、設定温度の変更、送
　　風運転への切り換えなど空気調和設備の電力消費を抑制する方式が採用されている。

■ビル管理システム

　ビル管理システムは、情報通信技術（IT）で運用され、ビルオートメーションシステム（BAS）をメインにしてビルマネジメントシステム（BMS）、エネルギーマネジメントシステム（EMS）、ファシリティマネジメントシステム（FMS）などを包括します。これらのシステムがネットワークで機能的に結ばれて構成されたシステムをビルエネルギーマネジメントシステム（BEMS）といいます。

第7章　電気設備

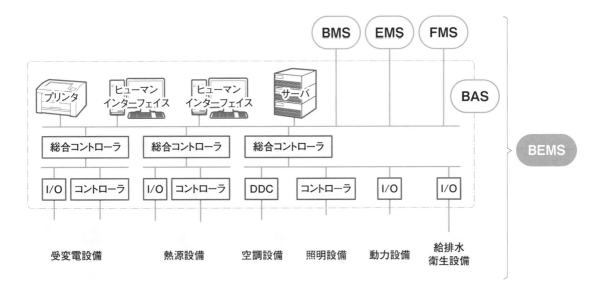

ビルオートメーションシステム（Building Automation System）

　ビルの用途や需要に合わせてビル内の設備機器を管理対象として、運転し、監視し、なおかつ、保守管理に役立つ情報を提供するシステムです。主な機能として、運転管理と制御、安全管理、環境管理、保全管理、およびデータ管理などがあります。

ビルマネジメントシステム（Building Management System）

　ビル内施設の効果的な運用管理を図るための機能を備えたシステムで、使用エネルギーの解析結果をデータベース化して BAS と組み合せて機能的な運用支援を行います。主な機能として、集中検針と課金管理、設備機器の台数管理、機器稼働履歴管理、故障管理、保守スケジュール管理、エネルギー管理、および図面管理などがあります。

エネルギーマネジメントシステム（Energy Management System）《ISO 50001》

　ビル内設備機器の運転状態を監視することで、エネルギーの使用状況、さらに室内の環境状態の管理などを行います。主な機能として、エネルギー管理、設備機器運用管理、および室内環境管理などがあります。

ファシリティマネジメントシステム（Facility Management System）

　ビル内で使用する設備機器類の運用状況、ライフサイクル、設備投資、運用費の圧縮、および投資効率の増大化などの検討管理などを行います。主な機能として、資産管理、ライフサイクル管理、および図面管理などがあります。

ビルエネルギーマネジメントシステム（Building and Energy Management System）

　ビル内・外の環境およびエネルギーを管理するためのシステムで、監視・制御・管理システムで、BAS、BMS、EMS および FMS を包括して、ビル内環境の快適性を最小限のエネルギーで維持管理し、エネルギーコストを抑制するための支援を行います。主な機能として、省エネルギー制御とエネルギー最適化制御、エネルギー管理、および性能検証などがあります。

5 電灯・コンセット設備

照明設備は、単相交流電源を用いた電灯・コンセット設備のうちの一つです。照明設備は、屋内照明設備、誘導灯設備、非常照明設備、および屋外照明設備に大別され、電圧は単相 100V または 200V が適用されています。コンセット設備は、パソコンや家電製品などに一般的に使われている 100V 用と、200V エアコン用、さらに三相 200V の動力機器などに対応するものがあります。

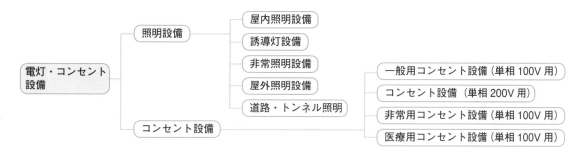

明かりを人工的に確保しているものが照明設備です。もっとも身近でポピュラーな電気設備が、この照明設備ではないでしょうか。日中の屋外では太陽光による光エネルギーで十分明るさが確保されますが、屋内で太陽光が十分届かない場所などでは、明かりが必要となります。日常の生活環境から、仕事場での環境すべてに不可欠の設備です。トーマス・エジソンが白熱電球を実用化したことが、今日の便利な生活に寄与しているといっても過言ではないと思います。

■ 照明設備のいろいろ

● 屋内照明設備

文字通り屋内に施設されている設備で、その種類は、住宅用、事務用、製造現場の工場用、体育館などスポーツ施設用、舞台、劇場、スタジオや映画館など特殊施設用、物流倉庫や冷凍・冷蔵施設用など、さまざまな用途に適合します。

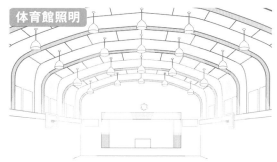

● 誘導灯設備

消防法令により、災害時に建物内の人々を屋外に安全に避難誘導することを目的に、設置・維持が定められている設備です。防火対象物の区分ごとに設置基準が定められ、その種類は、避難口誘導灯、通路誘導灯、および、客席誘導灯に分かれています。

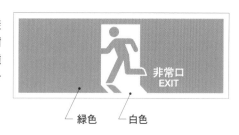

● 非常照明設備

建築基準法により、不特定多数の人々が存在する居室、避難のための通路、廊下（ろうか）などに設置・維持が定められている設備です。災害時に停電した建物から避難する際、パニックによる混乱を抑制するための照明設備で、非常時の電源の確保、器具の性能などが定められています。

非常照明の
適合マーク

● 屋外照明設備

建物の外壁取り付け灯、構内外灯、足元を明るくするフットライト、および街路灯などの設備などに分かれています。

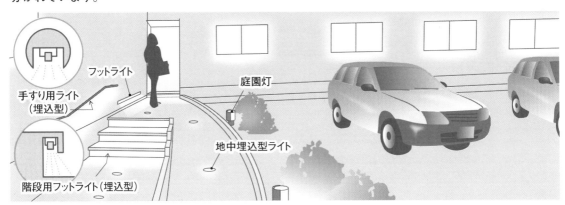

手すり用ライト（埋込型）
フットライト
庭園灯
地中埋込型ライト
階段用フットライト（埋込型）

● 道路・トンネル照明

道路照明は、自動車などの車両の運転者が安全に運行できるように、道路面の明るさが一様で、障害物などの認識に支障とならないこと、さらに適切な誘導性があることが必要です。

トンネル照明は、トンネルの入口部、トンネル内、およびトンネル出口部での明るさなどによる見えにくさを解消し、安全運転が続けられることが必要です。

高速道路のサービスエリア内などでは、広範囲を有効な明るさを確保することも望まれています。

トンネル照明の明るさ（一方通行の場合）

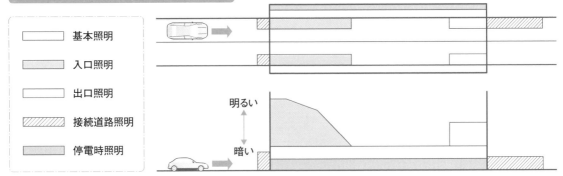

基本照明
入口照明
出口照明
接続道路照明
停電時照明

明るい
暗い

■ ランプの種類

ランプの種類は、その光源により大別され、白熱灯、放電灯、LED などがあります。白熱灯の中でも白熱電球は、効率および寿命が劣るため現在では国内での生産が打ち切られています。ランプの効率、寿命、価格などから用途にマッチする光源の性質（光の見え方）により照明器具とランプの組み合わせで、選定し採用されます。

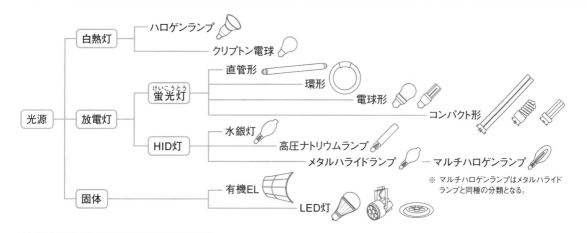

ランプ（光源）の種類と特性

　一般用照明としての光源は、ランプの光束、色温度、演色性、ランプ効率、ランプ寿命、消費電力などを重視して、また、特殊用照明としての光源は、点灯特性、配光、波長、および装飾性などを重視してその採用を検討し、決定します。

　主なランプの一般的特性は、次のようになっています。

光源の種類	定格電力〔W〕	全光束〔lm〕	色温度〔K〕	平均演色評価数〔Ra〕	ランプ効率〔lm/W〕	ランプ寿命〔h〕	用途
一般電球（白熱灯）	60	810	2,800	100	14	1,000	住宅、店舗
ハロゲン電球	85	1,600	2,900	88	19	1,500	店舗、スポットライト
Hf 蛍光ランプ	45	4,500	5,000	88	100	12,000	事務所、工場、学校
水銀灯	400	20,500	5,800	23	51	12,000	公園、道路、外灯
メタルハライドランプ	400	32,000	5,000	65	80	9,000	工場、店舗
高圧ナトリウムランプ	400	23,000	2,500	85	58	9,000	道路、工場
低圧ナトリウムランプ	180	31,500	1,740	-44	175	9,000	トンネル、道路
LED ランプ	1.5	45	9,800	72	30	40,000	住宅、店舗、病院

❓ 照明の用語

● 光束（記号：F、単位：ルーメン〔lm〕）

　面を通過するエネルギーの量を、人間の目の感覚で測ったもので、人が光と感じる量のこと。

● 照度（記号：E、単位：ルックス〔lx〕）

　光で照らされている面の明るさの程度。

● 色温度（記号：K、単位：ケルビン〔K〕）

　照明の明るさには、白色がかったもの、暖かみを感じるものなどがあり、雰囲気が違う。この光源の色合いを色温度という。一般的に白色がかった白色系（短波長）の色温度は高く清涼感を、暖かみを感じる暖色系（長波長）の色温度は低くなり暖かい感覚が得られる。

● 平均演色評価数（Ra：average of Rendering index）

　ある光で物を照らしたときの色の見え方に及ぼす効果を演色性という。自然光に近い光（基準光源）を 100 として、それからの色のずれを数値化したものを平均演色評価数（Ra）という。

● ランプの効率（単位：〔lm/W〕）

　ランプの出す全光束〔lm〕と、その光源の消費電力〔W〕の比を光源の効率という。

照明方式

　施設場所および用途などで、明るさだけではなく、使用条件、照明効率、周囲の環境、雰囲気、および照明効果などを満足させる照明方式を選択します。その方式は、照明器具の意匠(しょう)によるもの、照明器具の配置によるもの、および照明器具の配光によるものなど大きく3つに分類されます。

● 照明器具の意匠による分類

単灯方式	多灯方式	連続列方式	面方式

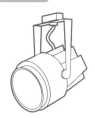 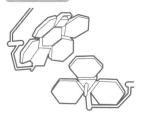  

光を発する部分が点のように見える方式（美術品などをスポット的に照らす場合に採用される。）

光を発する部分の複数を1台の照明器具にまとめた方式（手術室の無影灯（手術灯）として採用される。）

光を発する部分が連続した線状に見える方式（ショーケースなどに採用される。）

天井面、壁面など光を発する部分が平面状に見える方式（建築化照明として採用される。）

● 照明器具の配置による分類

全般照明方式（アンビエント照明）

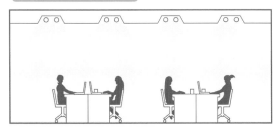

部屋全体をほぼ同じ明るさにする照明方式（オフィス、学校、工場などで採用される。）

局部照明方式（タスク照明）

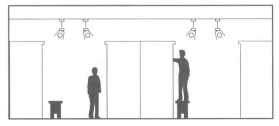

必要な部分だけを個別に照らす照明方式（美術館、黒板などの壁面を照らす場合に採用される。）

局部的全般照明方式

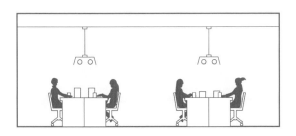

作業対象場所に周囲より多くの照明器具を配置して、作業場所の照度を高くして作業効率を高める照明方式

全般局部併用照明方式（タスク・アンビエント照明）

全般照明と局部照明の両方式を組み合わせた方式で、作業場所だけ必要な照度を確保し、それ以外は照度を抑えた照明方式（研究所、精密工場などで採用される。）

● 照明器具の配光による分類

直接 照明方式	下方向に光を照らし、特に高い照度が求められる場合に採用される（陰影が濃い。学校、工場などで採用。）
半直接 照明方式	光を発する部分の一部をシェードなどで覆い、直接照明の光を和らげて明るさを確保する方式（陰影が薄い。オフィス、店舗などで採用。）
全般拡散 照明方式	光を発する部分から上方向と下方向に同程度に光を照らす方式（空間を均一に照らす。応接室、会議室、店舗などで採用。）
半間接 照明方式	天井や壁面に光を照らし、シェードなどを通して下方向を照らす方式（病室、寝室、喫茶店などで採用。）
間接 照明方式	光源が見えないようにして、反射光で空間を演出する方式（病室、寝室、ロビーなどで採用。）

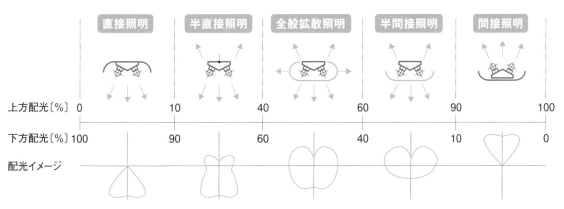

第7章　電気設備

■照度計算

　建物内において光を照らす面の照度を計算で求める方法は、逐点法と光束法による2通りがあります。それぞれの用途によりいずれかの方法で照度計算を行い、求められた照度を確保するため照明器具の台数や配置を決めます。

> 逐点法は非常照明や局部照明の配置を決めるために用いる計算法で、あまりポピュラーではありません。ここでは光束法について説明します。

光束法

　室内に取り付けた多数の照明器具により被照射面の平均照度を求める場合や、決められた照度に対する照明器具の台数を求めるために用いる計算方式です。

　平均照度 E〔lx〕を求める場合、以下の式を使います。

$$E = \frac{F \cdot N \cdot U \cdot M}{A}$$

　ランプの台数Nを求める場合、以下の式を使います。

$$N = \frac{E \cdot A}{F \cdot U \cdot M}$$

　このとき、F はランプ1本当たりの光束（単位は〔lm〕）

　　　　　　N はランプの本数（単位は〔本〕）（必要台数は、2灯用器具の場合は N/2 とする）

　　　　　　U はランプの照明率（各照明器具の照明率表を参照）

　　　　　　M はランプの保守率（各照明器具の保守率表を参照）

　　　　　　A は床面積（単位は〔m²〕）

　照明率は、照明率表の室内の天井・壁・床の反射率と、室指数から読み取ります。反射率は、ランプの光が部屋の天井、壁、床などで反射して作業面に到達する割合を示し、仕上げ材により反射率が異なります。淡色系ペイントは 30 ～ 70%、石材壁は 25 ～ 50%、温色系床材は 10 ～ 20% といわれています。

　室指数は、室の間口、奥行、作業面からランプまでの高さの関係を示し、以下の式で室指数 K を求めます。

$$K = \frac{X \cdot Y}{H \, (X + Y)}$$

　このとき、X は室の間口（単位は〔m〕）、Y は室の奥行（単位は〔m〕）、H は作業面からランプまでの距離（単位は〔m〕）。

　平均照度を求める場合も、照明器具の台数を求める場合も、使用する器具メーカーの照明率表と保守率表が必要となります。照明率表と保守率表は以下のようになっています。

◆ 照明率表

光源・FHP 32W × 4　ランプ光束・2,900lm × 4

天井	70	70	70	70	50	50	50	50	30	30	30	30	10	10	10	10	0
壁	70	50	30	10	70	50	30	10	70	50	30	10	70	50	30	10	0
床	10	10	10	10	10	10	10	10	10	10	10	10	10	10	10	10	0
室指数																	
0.60	.41	.33	.28	.24	.39	.32	.28	.24	.37	.31	.27	.24	.36	.31	.27	.24	.23
0.80	.47	.40	.35	.31	.45	.39	.34	.31	.43	.38	.34	.31	.42	.37	.33	.30	.29
1.00	.52	.45	.40	.37	.50	.44	.40	.36	.48	.43	.39	.36	.46	.42	.38	.36	.34
1.25	.56	.50	.46	.42	.54	.49	.45	.42	.52	.48	.44	.41	.50	.46	.43	.41	.40
1.50	.59	.54	.50	.46	.57	.52	.49	.46	.55	.51	.48	.45	.53	.50	.47	.45	.43
2.00	.63	.59	.56	.53	.61	.58	.55	.52	.59	.56	.53	.51	.57	.55	.52	.50	.49
2.50	.66	.62	.59	.57	.64	.61	.58	.56	.62	.59	.57	.55	.60	.58	.56	.54	.53
3.00	.68	.65	.62	.60	.65	.63	.61	.59	.63	.61	.59	.58	.62	.60	.58	.57	.56
4.00	.70	.67	.65	.63	.67	.66	.64	.62	.65	.64	.62	.61	.64	.62	.61	.60	.59
5.00	.71	.69	.67	.65	.69	.67	.66	.64	.67	.65	.64	.63	.65	.64	.63	.62	.61

室内の反射率

出典：照明器具のマックスレイウェブサイト「照度図・照明率表の見方について」

天井、壁、床の反射率は、それぞれの仕上げで決まります。
70%：プラスター、白タイル、白ペンキ、白ふすま、白壁紙など
50%：白カーテン、木材（白木）、淡色漆喰、淡色ペンキなど
30%：コンクリート、繊維板（素地）、色ペンキ塗、淡色壁紙など
10%：ガラス窓、色カーテン、土壁、赤レンガ、暗色ペンキ塗など

　天井の反射率：50、壁の反射率：30、床の反射率：10、と室指数が 3.00 の場合、表の縦が交差する点の数値 .61（61%）が照明率となります。

◆ 保守率表（屋内）

照明器具の種類		周囲環境	良い	普通	悪い
I₁ 露出形	HID、白熱電球系、電球形蛍光ランプ		0.98	0.95	0.90
	蛍光ランプ		0.90	0.85	0.75
I₂ 下面開放形（下面粗いルーバ）			0.90	0.85	0.75
I₃ 簡易密閉形（下面カバー付）			0.85	0.80	0.75
I₄ 完全密閉形（パッキン付）			0.95	0.90	0.85

環境評価

良い ➡ 塵埃の発生が少なく、常に室内の空気が清浄に保たれている。

普通 ➡ 一般に使用される施設、場所（塵埃、水蒸気、煙などがそれほど多く発生しない場所。住宅一般）

悪い ➡ 水蒸気、塵埃、煙などが大量に発生する場所。

出典：照明器具のマックスレイウェブサイト「照度図・照明率表の見方について」

照度の基準

　建物や部屋の用途によって明るさの基準が JIS 規格により規定されています。照度は、この基準を基に部屋の用途、作業能率などを加味して決められています。

　たとえば、高い照度を必要とする作業では、局部照明を併用するなどの方策を採用します。

◆ 照明基準（事務所部分）

領域、作業、または活動の種類	推奨照度〔lx〕	照度範囲〔lx〕
事務室、役員室、玄関ホール（昼間）、設計室、製図室	750	1,000 ～ 500
診察室、印刷室、電子計算機室、調理室、集中監視室、制御室、守衛室、会議室、集会室、応接室、キーボード操作作業、計算作業	500	750 ～ 300
受付、宿直室、食堂、化粧室、エレベーターホール	300	200 ～ 500
喫茶室、オフィスラウンジ、湯沸室	200	300 ～ 150
書庫、更衣室、便所、洗面所、電気室、機械室、電気・機械室などの配電盤および計器盤		
階段	150	200 ～ 100
休憩室	100	※
倉庫、廊下、エレベーター、玄関ホール（夜間）、玄関（車寄せ）		150 ～ 75
屋内非常階段	50	75 ～ 30

（※：2011 年改正時、記述なし）（JIS Z 9110：2010 より抜粋）

■コンセント設備

　コンセントは、差込みプラグにより電気エネルギーを取り出せる器具で、単相では 100V および 200V が取り出せるものから、業務用動力の三相 200V を取り出せるものがあります。単相のコンセントは 2 極の差込口、あるいはアース極付の形状をしています。動力用のコンセントは 3 極の差込口、あるいは、アース極付で 4 極となっています。

コンセントの形状

　誤って電圧の違うコンセントにプラグを差し込む誤接続を防止するため、コンセントの形状は電圧によって異なります。

　単相 100V 用は、一般の電気製品や OA 機器などに使われ、定格容量が 125V15A と 20A があります。その形状は、差込口が平行（2P）のもの、これらにアース極がついた 3P といわれるものがあります。さらに、ロック機能が付いた抜け止め用のものまであります。

　単相 200V 用は、エアコン、IH 調理器具、業務用冷蔵庫などに使われ、定格容量が 250V で 15A、20A、および 30A のものがあります。その形状は、差込口が一列になっているものや、並行形で大きなものもあります。200V 用にもアース極が付いた 3P のものがあります。

単相100V、200V 用コンセント

図面記号

or

定格容量125V15A
の1口コンセント

2ET

接地端子：
緑の線をつなぐ。

電子レンジや洗濯機などに使われるコンセント

2LK

回してロック（固定）できる、抜け止めコンセント

250V
15/20A
EET

200Vエアコンなどで使われる接地極、接地端子付定格容量250V15/20A兼用コンセント

三相 200V 用は、動力用として、小容量の機器に使われます。定格容量が 250V15A、20A、および 30A のものがあります。その形状は、2 極のハ形に 1 極の縦形の 3 極のものと、電源線の 3 極が門形に縦に接地極を配置した 4 極のものがあります。

三相 200V 用コンセント

 250V 30A
接地極なし

 250V 30A
接地極付

コンセントの極性

コンセントの差込口は、右側が小さく、左側が大きくなっています。右側の小さいほうには電圧（対地電圧 100 V）が送られている側（充電側）で、通称プラス極といいます。一方、左側の大きいほうが接地（対地電圧が０V）されていてプラグ先の機器で使った電気が戻る側で、通称マイナス極といいます。極性の違いは、医療機器、通信機器や音響機器においては不具合が起る可能性があり、さらに、コンセントの交換や点検時に感電事故などの危険があります。コンセントを取り付けた後で、"コンテスター"という試験器で極性を検査・点検します。

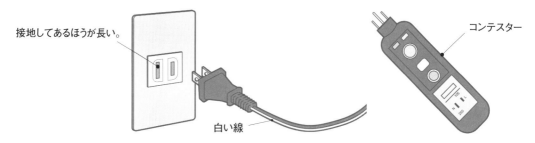
接地してあるほうが長い。 白い線 コンテスター

コンセント回路

一般的に、コンセント専用回路は分電盤の分岐ブレーカの 20A 回路で、4 個から 8 個程度が設置されています。水回り用コンセントや屋外用コンセント回路には、漏電遮断器（ELB）の回路から電源を供給します。OA 機器用回路には、交流無停電電源装置（UPS：147 ページ参照）から電源を供給する例が多くなっています。また、近年エアコン用コンセント回路は専用回路とするよう、メーカ側から要求されています。

一般に使われているもの以外に、特殊なものとして、消防法で規定されている非常コンセントが、また、JIS で規定されている医療用コンセントがあります。どちらも電源、配線、設置方法などが、医療用についてはさらに用途区分によりコンセント本体の色が規定されています。

テーブルタップというコンセント

延長コードにコンセントがついているテーブルタップというものがあります。当然、テーブルタップにも定格があり、タコ足配線などによる定格以上の負荷の接続や、コードを束ねて使用するとコードの発火の危険があるので、このような使用方法は厳禁です。さらに、コンセントの差込口が上向きで使われる場合が多く、差込口にホコリがたまりトラッキング現象による発火事故が起きやすいので、その使用には十分注意が必要です。

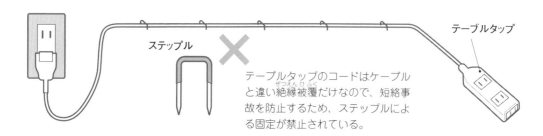
ステップル テーブルタップ
テーブルタップのコードはケーブルと違い絶縁被覆だけなので、短絡事故を防止するため、ステップルによる固定が禁止されている。

6 電話設備

紀元前の駅伝方式から狼煙、太鼓、伝書鳩、手旗信号、1840年代の電信（モールス信号）などを経て、1870年代には電話機が発明され、音声による意志の伝達方法が確立しました。今日の電話設備は、アナログ方式からデジタル方式に、さらに固定電話から携帯電話にまで進歩し、このおかげで我々は遠隔地の友人と意志の疎通が図れ、便利で快適な日常生活が送れるようになっています。

■ 電話回線

電話回線の引込み

電気通信事業者（以下、電話会社という）からの電話回線の引込みは、架空引込み、あるいは地中引込みのいずれの場合も、建物から外部に引込み用の空配管（電話線を通す呼び線を入れておく）を建物内の主配線盤（MDF）まで電話会社の局線を引込むルートを確保した上で、D種接地工事を施しておきます。電話会社の電話局から建物内のMDFまでの配線は、電話会社が工事を行います。

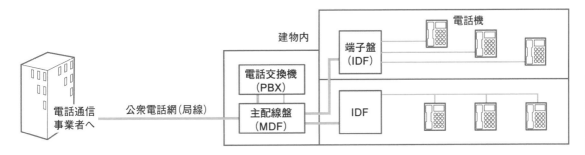

使用者が行う建物内の配線

MDF以降、建物の用途、規模、形態により電話交換機を設置し、建物内に電話線を配線するための端子盤（IDF）を準備し、建物内の電話配線を必要箇所に配線した上で電話機を設置します。

MDF（Main Distributing Frame）
メイン　ディストリビューティング　フレーム

電話通信事業者から引き込まれた大量の電話線をまとめた集線盤。

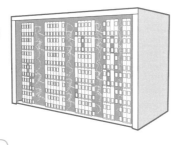

IDF（Intermediate Distributing Frame）
インターミディエイト

各フロアに設置し、MDFとフロア内の電話機を中継する盤。

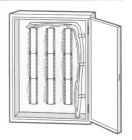

電話回線の種類

電線ケーブル（メタルケーブル）で音声信号を送るアナログ回線、0と1のデジタル信号によりデータを送るデジタル回線（ISDN回線）、近年では、高速で遠距離通信が可能で、さらに電磁誘導障害や雷害の影響を受けない光ファイバーケーブルを使った光回線があります。アナログ回線、デジタル回線ともに引き込んでMDFを設置しますが、光回線の場合は、光ファイバーケーブルの屈曲部や光アクセス装置の設置などの機器スペース、さらに電源を準備する必要があります。

■電話設備のシステム

　電話をかけると電話局につながっている電話線が電話局の交換機を中継して、電話線で相手先の建物内の交換機につながり、その先の電話機が設置されている場所に通信（着信）ができ、音声を届けます。音声（信号）を送る仕組みや方法は、使用者のニーズに合わせていく通りか準備されています。

電話交換機の機能

　電話交換機は、PBX（Private automatic Branch eXchange）といわれ、電話機を伝送路（回線）につなぎ、外線電話を指定された内線番号に転送して外部との電話網を構成し、さらに、内線同士が無料で通話することを可能としています。現在では、機械式のアナログ交換機、電子式のデジタル交換機、さらにはIP-PBXにまで発展、利用されています。電話交換機がないと、図1のような糸電話状態となってしまいます。電話交換機を設備することで、図2のような通信が可能となり、簡素化されます。

図1　1対1の通信回線をすべて用意すると、膨大な数になる。

図2　AがBとの通信を希望すれば、交換機はBの電話線に接続し、Cとの通信を希望すればCの電話線に接続する。

電話交換機

■IP電話設備

　IP電話とは、インターネット網を利用して通話を行う電話サービスのことをいいます。一般加入電話は、電話会社がそのサービスを提供していますが、IP電話は、インターネットの接続を行うプロバイダによってそのサービスが提供されています。IP電話は、音声だけではなくテレビ電話のような動画の通信も行うことができます。

IP電話とアナログ回線の違い

　アナログ回線では、電話線と中継をする電話局の交換機によって相手との通話ができます。IP電話の場合、音声信号を届ける仕組みをIPネットワーク上で実現して、相手に音声信号を届けます。内線の接続は、アナログ回線のように物理的に接続するのではなく、IP電話機やパソコンなどの各端末にIPアドレスを割り当て、社内LAN（Local Area Network）上で内線のネットワークを構築する交換機を用います。

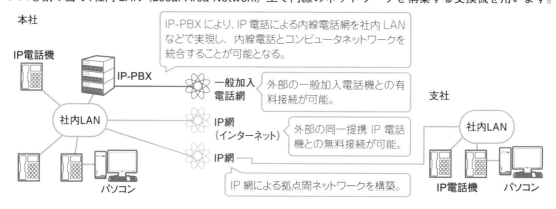

本社　IP電話機　IP-PBX　社内LAN　パソコン

IP-PBXにより、IP電話による内線電話網を社内LANなどで実現し、内線電話とコンピュータネットワークを統合することが可能となる。

一般加入電話網　外部の一般加入電話機との有料接続が可能。

IP網（インターネット）　外部の同一提携IP電話機との無料接続が可能。

IP網　IP網による拠点間ネットワークを構築。

支社　社内LAN　IP電話機　パソコン

IP

IP は Internet Protocol の略で、インターネットに接続している大型コンピュータやパソコンなど
で、データや情報をやりとりすることができる通信規約の一つ。

IP電話のメリットとデメリット

メリット	デメリット
① デジタル信号で多重化しているので、一つの回線で複数の人が使用できる。 ② IP電話の基本料を設けているプロバイダはほとんどないので、基本料金はないに等しい。 ③ 国内全国どこにかけても、3分間7.5～8.5円の一律料金となっている。 ④ 固有の番号を取得できる（050から始まる番号を取得できる）。 ⑤ 既存の電話と併用できる。	① 3桁の一部特定番号（110、119、0120など）にはかけられない。 ② 専用の配線や機器が必要。 ③ 停電時の使用ができない。

一般加入電話機同士

いくつかの電話局の
交換機を経由するた
め、距離が離れるほ
ど料金が高くなる。

IP電話機の場合

IP網（インターネット回線）
のため、距離に関係なく同
一提携間では無料になり、
着信側が一般加入電話機
の場合は最後の市内通話
分の料金のみ発生する。

■ インターホン

インターホン設備は、前項の電話設備の内線電話と違い、局線への接続をしない構内連絡
用であるので、「有線電気通信法」や「有線放送電話に関する法律」には関係しない有線構
内通話設備です。

通話方式による分類

親子式インターホン

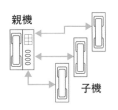

1台の親機に複数の
子機を接続し、親機と
子機の相互間で呼び出
して通話を行うことが
でき、子機同士は親機
を介して行えます。

相互式インターホン

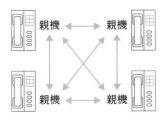

すべての機器の使用法、
構造が同じで、どこからで
も、任意の他機を呼び出し、
通話ができます。また、何
組もの通話が可能で、通話
中の混信がありません。

複合式インターホン

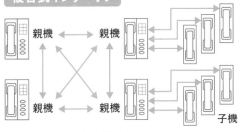

いくつかの親子式の親機を相互式の
ように接続し、親機間は親子式で、親
機同士は相互式で呼び出し通話ができ
る、親子式と相互式の組み合せによる
方式です。

第7章 電気設備

7 通信ネットワーク設備

通信ネットワークは、電話、メール、情報検索、ラインなど情報やデータの送受信を行う機器をソフトウェアを使って結び付け、中継、分岐などによりネットワークを構築しています。この通信ネットワークには、パソコン周辺のパン（PAN）、ローカルエリアネットワーク（LAN）、広域ネットワーク（WAN）などのレベルに分けることができます。

通信距離で分類したネットワーク

❶ PAN（パン：Personal Area Network）
　パソコン周辺の機器を接続したネットワークをいいます（ブルートゥースなど）。
❷ LAN（ラン：Local Area Network）
　ある一つの地域内の機器を接続したネットワークをいいます（社内ランなど）。
❸ WAN（ワン：Wide Area Network）
　広域にわたる機器を接続したネットワークをいいます（インターネットなど）。

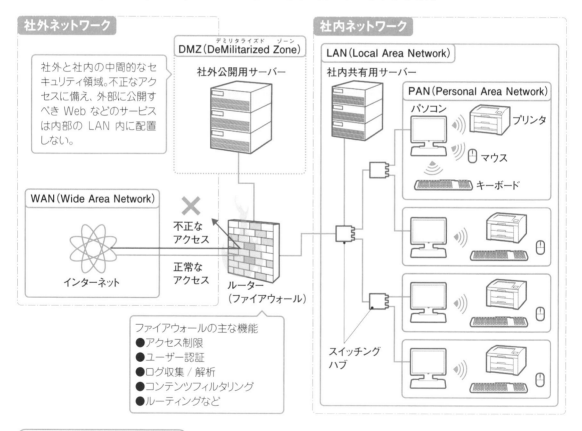

通信ネットワークの回線

　アナログ回線は、信号波形をかなり忠実に伝送するといわれています。一方、通信ネットワークに使用するデジタル回線は、0と1のビット数のデジタルデータで伝送する仕組みになっています。この基本特性は、「ビット数（b）／秒」の単位で表されていて、Kbps、Mbps、Gbps、Tbps など、大容量のデータが伝送できます（K はキロで千、M はメガで百万、G はギガで十億、T はテラで兆を表した容量の単位）。

通信回線に使う電線

2台の端末間で通信を行うとき、一方の端末の送信部と他方の端末の受信部とを通信回線でつなぎます。このとき通信回線に使うケーブルは、銅線のメタリックケーブル、同軸ケーブル、光ファイバーケーブルなどがありますが、メタリックケーブルが一般的です。

メタリックケーブルは、2本のメタル線（銅線）をより合わせて1対として、並行型のケーブルに比べてノイズの影響を受けにくくしています。2芯1対としているもの（ツイストケーブル）から4芯2対のもの（ツイストペアケーブル）まであり、各ペアの周りにノイズを遮断するシールド加工をしたもの（STPケーブル）、シールド架構をしていないもの（UTPケーブル）があります。UTPケーブルの用途に応じたカテゴリを米国電子工業会が以下のように規定しています。

カテゴリ	最大周波数	主な用途など
カテゴリ1	ー	電話線
カテゴリ2	1MHz	低速通信用ケーブル
カテゴリ3	16MHz	イーサネット（10BASE-T）、通話用（4Mbps）
カテゴリ4	20MHz	カテゴリ3までの用途、ATM（25Mbps）
カテゴリ5	100MHz	カテゴリ4までの用途、イーサネット（100BASE-TX）、ATM（156Mbps）
カテゴリ6	250MHz	カテゴリ5までの用途、イーサネット（1000BASE-T/TX）、ATM（622Mbps & 1.2Gbps）
カテゴリ7	600MHz	カテゴリ6までの用途、イーサネット（10GBASE-T）

出典：UTP カテゴリ（EIA（米国電子工業会）規定）より抜粋

■ブロードバンド接続

通信ネットワークを表すキーワードがブロードバンドです。比較的狭い範囲の通信ネットワークを他の通信ネットワークと相互接続して、情報通信の範囲が広げられます。相互接続するときに広い周波数帯域を利用し、より高速で大容量の通信回線を構築する通信方法をブロードバンド接続といいます。

ブロードバンドとナローバンド

ブロードバンドは、通信の容量が大きく、常時接続状態で音声などをデータ化して送信できます。これを利用したものが、IP電話、多チャンネル放送などの総合情報インフラとして提供されています。ブロードバンドのブロード（broad）とは、"広い"ということを表し、バンド（band）とは、"帯域"ということを表していて、光ファイバ、CATV、ADSLなどを利用した現在では主流のインターネット接続で、高速で一度に送信できるデータ量が多くなっています。

ブロードバンドに対して、電波や電気信号、光信号などの周波数帯域が狭い帯域のナローバンドといわれるものがあります。ナローバンドのナロー（narrow）とは、"狭い"ということを表していて、ISDN回線を利用した初期のインターネット接続で、低速で一度に送信できるデータ量が少なくなっています。

■LAN の構築

事務所などに配置されたホストコンピュータをはじめ、各種端末機、パーソナルコンピュータ（パソコン：PC）、多機能電話、ファクシミリなどの機器を接続して、データの送受信を行い、構内の情報通信を高速化し、さらにシステム化した構内情報通信ネットワークシステムをLAN（Local Area Network）といいます。

ネットワークの形状

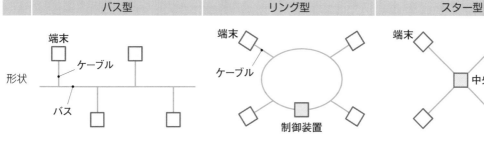

	バス型	リング型	スター型
形状			
特徴	・バスと呼ばれる1本のケーブルに端末を接続する ・小中規模に向いている ・端末の追加や除去が容易 ・信号はバス上を両方向に伝送する	・リング状1本のケーブルに端末を接続する ・高速型で情報交換の基線として採用されている ・通信制御は制御装置が行う ・制御装置の故障はシステムダウンを招く	・中央制御装置を介して端末を接続する ・中央制御装置がすべての通信を集中制御する ・現在では主流となっている ・端末を増やす場合、既存の端末に影響なく増設できる
伝送媒体	・同軸ケーブル	・同軸ケーブル ・ツイストペアケーブル ・光ファイバーケーブル	・スターカプラを使った光ファイバーケーブル

■ フリーアクセスフロア

　LAN の機器を任意の場所にセットしたとき、配線が床上に敷設されていると、歩行に支障を生じたり、配線を傷めてデータの伝送に支障をきたすおそれがあります。これら LNA の配線や機器の電源などの配線用スペース確保するため、コンクリート床の上にフリーアクセスといわれる二重床を設けます。

フリーアクセスフロアの機能

　フリーアクセスフロアには、① 機器類を載せられること、② 耐震性があること、③ 静電防止性能があること、④ 防塵性能があること、⑤ 床下の配線ルートが確保できること、などの機能が求められます。

フリーアクセスフロア内の配線

　電源用ケーブルと通信用弱電ケーブルは、直接接触しないよう敷設する、また、誘導障害回避のため隣合わせで平行に敷設せず直交させる、配線をします。
　また、電源コンセントと通信用プラグを併設した、マルチフロアーコンセントを LAN の機器設置の近辺に設け、利便性を高めています。

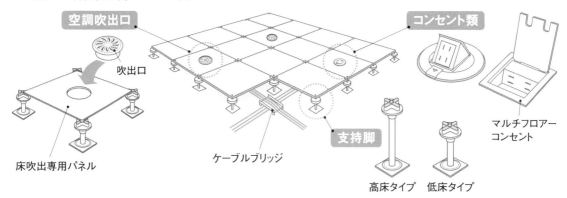

8 防災・防犯

防災設備は、建築基準法に基づき設置基準、技術基準、および維持基準が定められ、消防法では火災の予防、および消火のための整備体系が定められています。防犯設備は法規制にはありませんが、建物、建物内で活動する人々、およびこれらの資産を犯罪や事故などから保護する保安体制（セキュリティ：security）を整えることを目的としています。

■ 防災設備

建築基準法では、火災の延焼防止、防火、建物内で活動する人々の人命保護、避難に関することが規定されています。消防法では、火災の予防、警戒、鎮圧などを行うための消防用設備に関することが規定されています。

建築基準法および消防法に基づく防災設備

◆ 建築基準法

警報設備	ガス漏れ警報設備
非常照明設備	非常用の照明装置
防火・防煙設備	防火戸および防火シャッター 防火ダンパーおよび防煙たれ壁 排煙設備
避難設備	非常用の昇降機（非常用エレベータ） 非常用の進入口灯

◆ 消防法

消防用設備等	消防の用に供する設備	消火設備	消火器具および簡易消火用具、屋内消火栓設備、スプリンクラー設備、水噴霧消火設備、泡消火設備、屋外消火栓設備、不活性ガス消火設備、ハロゲン化物消火設備、粉末消火設備、動力消防ポンプ
		警報設備	自動火災報知設備、ガス漏れ火災警報設備、漏電火災警報設備、消防機関へ通報する火災報知設備、非常警報器具および非常警報設備
		避難設備	避難器具、誘導灯および誘導標識
	消防用水		防火水槽またはこれに代わる貯水池その他の用水
	消火活動上必要な施設		排煙設備、連結散水設備、連結送水管、非常コンセント設備、無線通信補助設備

屋内消火栓設備

防火戸

防火シャッター

通路誘導灯

避難口誘導灯

連結散水設備

防災設備用防災電源の発電機（電圧確立、連続運転時間など）

● 建築基準法における予備電源

常用電源に停電が発生したとき、40秒以内に電圧を確立させ、30秒以上防災設備に電源を供給し、30分以上連続して運転できる容量であること。

第7章 電気設備

● 消防法による非常電源

　常用電源に停電が発生したとき、40秒以内に電圧を確立させ、定格負荷で60分以上連続運転ができること、および燃料油は2時間以上運転できる容量を持ち、それぞれの消防設備に電源を供給できること。

　予備電源（建築基準法）と非常電源（消防法）とは基本的には差異がなく共用しているので、総称して防災電源といいます。

● 電源の種類

法による防災設備の規定

　建築基準法と消防法では、それぞれ建物の用途、規模、構造などによって以下の防災設備とそれに適応できる防災電源と、その電源の最少動作容量（動作時間）が規定されています。

◆ 建築基準法による防災設備と適応予備電源

防災設備 ＼ 予備電源		自家用発電装置	蓄電池設備	自家用発電装置＋蓄電池設備[1]	内燃機関[2]	最少作動時間（以上）
非常用の照明装置	特殊建築物		○	○		
	一般建築物		○	○		
	地下道（地下街）		○	○		
非常用の進入口（赤色灯）		○	○	○		30分
排煙設備		○	○		△[3]	
非常用の排水設備（地下街の地下道）		○	○			
防火戸・防火シャッターなど			○			
防火ダンパーなど・可動防煙壁			○			
非常用のエレベーター		○	○			60分

※1　10分間作動できる容量以上の蓄電池設備と40秒以内に始動する自家用発電装置に限り使用可。
※2　電動機付きのものに限り使用可。
※3　特別避難階段の附室、非常用エレベーターの乗降ロビー以外に限り使用可。

◆ 消防法による防災設備と適応非常電源

防災設備 ＼ 非常電源	自家用発電設備	蓄電池設備	非常電源専用受電設備	最少作動時間（以上）
ガス漏れ火災警報設備	○	○		10分
自動火災報知設備、非常警報設備		○	△	
誘導灯	○	○		20分
屋内消火栓設備、スプリンクラー設備、水噴霧消火設備、泡消火設備、屋外消火栓設備、排煙設備、非常コンセント設備	○	○	△	30分
無線通信補助設備		○	△	
不活性ガス消火設備、ハロゲン化物消火設備、粉末消火設備	○	○		60分
連結送水管	○	○	△	120分

△：1,000m² 未満の特定用途防火対象物と特定用途防火対象物以外に適用。

警報設備

　警報設備は、事故などの異常事態の発生を発見する機能を持った設備と、知らせる機能を持った設備に分けられます。その働きは、発見する設備が異常事態を検知し、知らせる設備が建物内に警報を発信し、人々に知らせます。これらの設備が単独で、または組み合わせにより警報設備を構築しています。

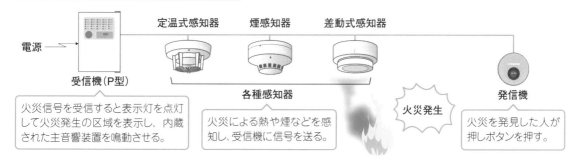

発見する設備の例　自動火災報知設備

電源

受信機（P型）

定温式感知器　煙感知器　差動式感知器

各種感知器

火災発生

発信機

火災信号を受信すると表示灯を点灯して火災発生の区域を表示し、内蔵された主音響装置を鳴動させる。

火災による熱や煙などを感知し、受信機に信号を送る。

火災を発見した人が押しボタンを押す。

知らせる設備の例　消防機関へ通報する火災報知設備

電源

受信機

主音響装置

ジリリリリ

建物の各場所に設けられた音響を鳴らす。

119番通報

地区音響装置

養護老人ホームや乳児院、障害児入所施設などでは、自動火災報知設備と火災通報装置を連動させることが義務付けられ、自動火災報知設備が発動すると、自動的に119番に通報される。

■非常照明設備

　一定以上の規模の建築物には、常時消灯していて、停電時には避難するための通路や居室（きょしつ）に一定時間、一定の照度を確保できる予備電源から電気を供給して、点灯する照明器具を設置することが建築基準法で定められています。この防災設備を非常照明設備といいます。誘導灯は、避難する方向を示すための消防法で定められた設備で、非常照明設備の代替設備としては認められていません。

非常照明器具の型・構造

　非常照明器具の型は、天井埋込型（てんじょううめこみ）、天井直付型の2種類があります。どちらの型でも、予備電源の供給の方法により以下の3つの構造に分けられます。

蓄電池内蔵型非常照明

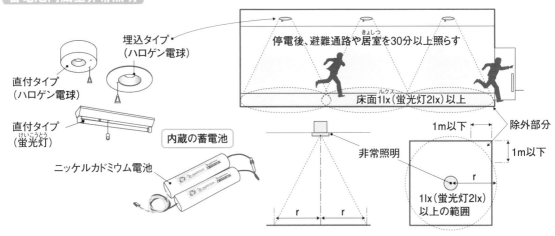

- 埋込タイプ・（ハロゲン電球）
- 直付タイプ（ハロゲン電球）
- 直付タイプ（蛍光灯）
- 内蔵の蓄電池
- ニッケルカドミウム電池

停電後、避難通路や居室を30分以上照らす
床面1lx（蛍光灯2lx）以上
非常照明
1m以下　除外部分
1m以下
1lx（蛍光灯2lx）以上の範囲
r

　内部にニッケルカドミウム電池を内蔵している構造で、通常時には内蔵の蓄電池に商用電源が供給されていて、停電時に自動的に内蔵の蓄電池の電源に切り替わり点灯します。小規模から中規模の建物で採用されていて、個々の器具の点検が必要です。

蓄電池別置型非常照明

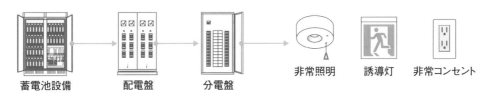

蓄電池設備　配電盤　分電盤　非常照明　誘導灯　非常コンセント

　大容量の別置き蓄電池から電源を供給する構造で、非常照明器具への配線は、耐火規制を受ける配線方法で設置されています。大規模の建物で採用されていて、蓄電池および個々の器具の点検が必要です。一般的に、非常照明以外にも誘導灯や非常コンセントなどにも停電時に電源供給されます。

蓄電池別置自家発電併用型非常照明

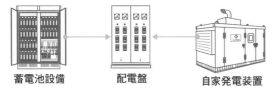

蓄電池設備　配電盤　自家発電装置

　別置き蓄電池の容量を抑えて、最初の点灯ではこの蓄電池から電源を供給し、残り時間を自家用発電装置から電源を供給します。中規模から大規模の建物で採用されていて、蓄電池、自家用発電装置、および個々の器具の点検が必要です。

建築基準法で規制された非常照明装置の性能

① 常温下で床面における水平照度が1lx（蛍光灯を用いる場合は2lx）以上を確保する。
② 地下道の床面においては10lx以上の照度を確保する。
③ 周囲温度140℃の雰囲気の中で30分間点灯を継続する。
④ 常用電源が断たれた場合、予備電源に自動的に切り替え即時点灯し、30分間点灯を継続する。

■防災センター

　防災センターは、消防法により一定規模以上の建物（防火対象物）に設置することが定められている施設で、建物内の防災管理（火災などの監視と消防設備などの制御）を集中的に行う管理施設です。防災センターに従事する要員の人数も定められていて、自衛消防隊の本部の拠点ともなります。

防災センターの設置基準

① 原則として避難階に設置する（または避難階の直上階もしくは直下階）。
② 消防活動が容易にできる場所とする（非常用エレベーターおよび特別避難階段の付近）。
③ 消防隊進入路は、在館者の避難経路と分離し、その壁、柱および床を耐火構造とする。
④ 出入口は、消防車が容易に接近できる位置とする。
⑤ 水の侵入、または浸透するおそれのない位置とする。
⑥ 防災設備などの据付けに要する面積を除き、概ね 40m^2 以上とする。
⑦ 壁、柱および床を耐火構造とし、室内の仕上げは不燃材料とする。
⑧ 換気、暖房および冷房設備は専用とする。
⑨ 消防用設備などの監視および操作に支障のない照度を確保するため、非常用の照明装置を設ける。
⑩ 入口の見やすい箇所には、防災センターである旨を表示した標識を設ける。

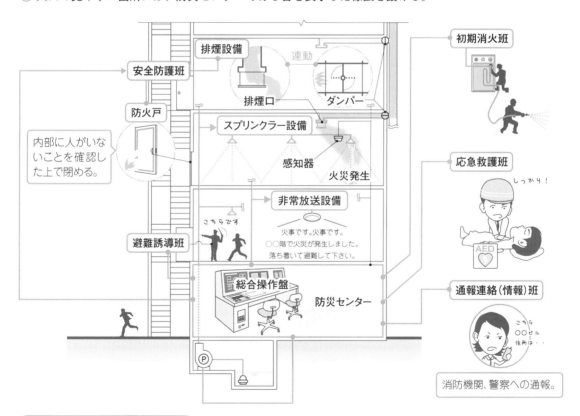

防災センター要員の資格

　消防用設備等の監視や操作などに従事する防災センター要員は、消防法で規定された国家資格が必要です。この資格は、実務講習を含めた自衛消防業務講習（東京都では防災センター要員講習とあわせて受講）を修了し、認定されます。

■防犯システム

　防犯システムは、敷地内、建物、室内などに外部からの不審者を検知し、警報を発して不審者の侵入を防止し、警備会社や警察に通報して施設を犯罪から保護することを目的としたシステムです。防犯システムは法に基づいて設備するものではないので、施設の用途、重要性などにより施設者の判断で自主設置となります。

● 侵入を防止する機器

　電気錠（でんきじょう）、テンキー錠、カードキー錠、生体認証錠、および防犯カメラなど

● 侵入を感知する機器

① 敷地内に侵入する不審者を感知する機器 ⇒ 赤外線センサー
② 建物内に侵入しようとする不審者を感知する機器 ⇒ 人感センサー（パッシブセンサー）、窓や扉の開閉を感知するマグネットセンサー、ガラスが割られたときに感知するガラス破壊センサー、シャッターの開閉を感知するシャッターセンサーなど

● 警報を発して侵入を防止する機器

　感知器で不審者の進入を感知したら、その信号を受けて、サイレン、ベル、回転灯、フラッシュライトなどで異常を周囲に発報します。

　その他警備会社の設備として、自動通報装置を設けて、各種感知器からの異常信号を受けると、警備会社に通報し、警備会社の要員が臨場するサービスを行っています。

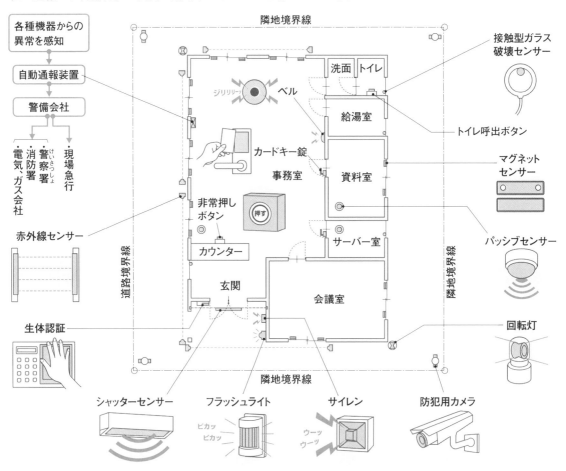

■ 雷（かみなり）保護設備の避雷針（ひらいしん）

建築基準法に、「高さ20mを超える建築物には、有効に避雷設備を設けなければならない」、また、建築基準法施行令には、「高さ20mを超える部分を雷撃から保護するように設けなければならない」と規定され、外部雷保護システムの受雷部として避雷針の設置基準が定められています。避雷針は、建築設備なので確認申請が必要です。

雷保護設備の構成

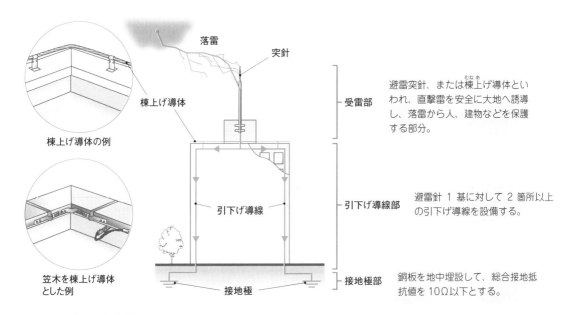

落雷

突針

棟上げ導体の例

棟上げ導体

笠木を棟上げ導体とした例

引下げ導線

接地極

受雷部 — 避雷突針、または棟上（むねあ）げ導体といわれ、直撃雷を安全に大地へ誘導し、落雷から人、建物などを保護する部分。

引下げ導線部 — 避雷針1基に対して2箇所以上の引下げ導線を設備する。

接地極部 — 銅板を地中埋設して、総合接地抵抗値を10Ω以下とする。

内部雷からの保護

建物内の設備とこれらに電源を配電する導体系には、建物への直撃雷とは関係のないところでの雷撃によって、対地間や配線間に大きな電位差が発生したり、電力線や通信線などの引込線から雷サージ（過電圧）が侵入することがあります。これを防止するため、避雷器（SPD）を設けています。

避雷器の原理

避雷器（SPD）は雷の異常電圧（サージ）を大地へ逃がすことで、保護対象機器を保護する。

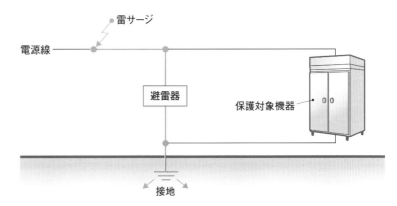

雷サージ

電源線

避雷器

保護対象機器

接地

建築基準法において、JIS A 4201による避雷設備は、1992年度版（旧JIS）と2003年度版（新JIS）の2つのどちらか一方に適合することと規定されています。

搬送設備

エレベーターやエスカレーターは、昇降機といわれています。建築基準法で建物の所有者・管理者または占有者は、建築物や建築設備などを「常時適法な状態に維持するように努めなければならない」と定めています。すなわち、昇降機を常に正常な状態で利用できるよう、法令による検査と管理、維持保全を行うことは所有者・管理者の責任となります。

昇降機の維持管理

建物の所有者または管理者は、昇降機の維持および運行の安全を保全するため、年1回の定期点検と、使用頻度などに応じておおむね1か月以内ごとに建築士または昇降機検査資格者による点検その他必要な整備または補修を行い、その記録を3年以上保存することが、建築基準法で義務付けられています。

■ エレベーター

エレベーターは、人または人および物をカゴに収容して専用の竪穴（エレベーターシャフト）内を階をまたいで垂直に搬送する昇降機です。エレベーターシャフトは、煙突のように吹き抜けとなっているので、昇降路は竪穴区画として難燃材料で区画し、乗場前を遮炎性能および遮煙性能を有する防火設備で区画する必要があります。

エレベーターの定期検査および保守点検

エレベーターは、建築基準法、労働安全衛生法により、所有者または管理者は、定期的に検査を行い安全性の維持に努めるよう義務づけられています。

エレベーターシャフトの最頂部には、火災報知設備の煙感知器を取り付け、6か月に一度機器点検を、1年に一度総合点検を行い、最新の総合点検結果報告書2部を消防機関に提出し、受付返却された副本を維持台帳にて保存することが、消防法で定められています。

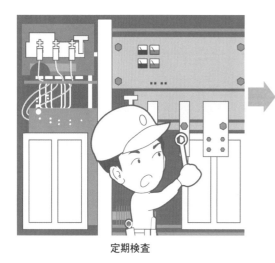

定期検査

定期検査を受けたエレベーターには、定期検査報告済証が発行され、エレベーターのカゴの内部の見やすい場所などに掲示することになっています。

エレベーターシャフトの煙感知器

エレベーターシャフトの最頂部に取り付ける煙感知器は、頂部から 600mm 以内（壁、梁_{はり}から 600mm 以上離すことは適用除外）に取り付けることが定められているため、シャフトの頂部から 600mm 以内に煙感知器の感知部を配置し、シャフトの壁に側面点検ボックスを準備します。点検ボックスの扉を開けると、エレベーターが停止する安全策が設けられています。

エレベーター機械室がエレベーターシャフトの最上部にありロープなどが通る開口部がある場合は、エレベーター機械室の天井部_{てんじょうぶ}に煙感知器を取り付けます。

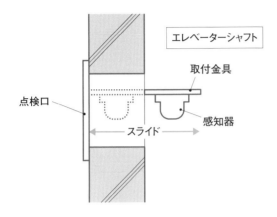

エレベーターシャフト
取付金具
点検口
感知器
スライド

◆ 煙感知器（光電式スポット型煙感知器）の種類と特徴

種別	取り付け高さ	作動時間	煙感知濃度	設置場所
1 種	20m 未満	30 秒以内	5%	エレベーターシャフト、機械室など
2 種	15m 未満	60 秒以内	10%	廊下、階段、通路など
3 種	4m 未満	90 秒以内	15%	防火戸、防火シャッターなど

エレベーターの駆動方式_{くどう}

エレベーターの駆動方式は、建物の用途、設置場所などにより、ロープ式、油圧式、およびその他の駆動方式と大きく 3 つに分類されています。

❶ ロープ式

カゴとつり合うおもりをロープを介してバランスさせて、電動モーターにより巻上機_{まきあげき}で駆動しています。巻上機をエレベーターシャフト上部の機械室に設置した機械室あり式と、エレベーターシャフト内に巻上機を設置した機械室なし式とがあります。どちらのシステム構成も簡単で、低層ビルから高層ビルまで採用されています。

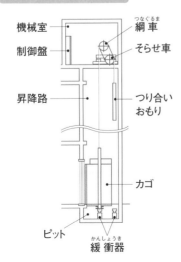

ロープ式（機械室あり）
機械室
綱車_{つなぐるま}
制御盤
そらせ車
昇降路
つり合いおもり
カゴ
ピット
緩衝器_{かんしょうき}

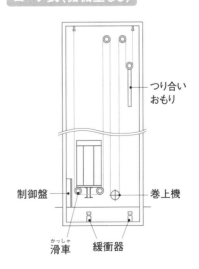

ロープ式（機械室なし）
つり合いおもり
制御盤
巻上機
滑車_{かっしゃ}
緩衝器

第7章 電気設備

❷ 油圧式

電動ポンプで油圧ジャッキを運転し、油圧パワーユニットで油圧を制御してカゴを上下させる方式です。エレベーターシャフトの最下部に油圧シリンダーを設けてカゴを直接上下させる直接式と、油圧シリンダーをジャッキとしてロープや鎖を介して間接的にカゴを上下させる間接式、エレベーターシャフトの最下部に組んだパンタグラフを油圧ジャッキで伸縮させてカゴを上下させるパンタグラフ式があります。油圧式は低層ビルで採用されていますが、利用者の乗降の際に、建物の床とのズレが生じることがあります。

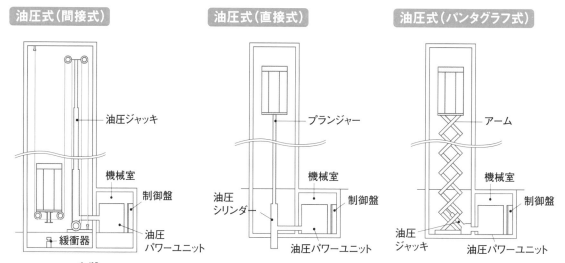

❸ その他の駆動方式

【リニアモーター式】

カゴとつり合いおもりをエレベーターシャフト頂部でつるべ式にロープで連結し、つり合いおもりに駆動用の常電導リニアモーターを内蔵し、このつり合いおもり自体を昇降させ、巻上機が不要となりました。

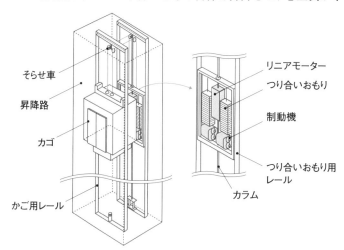

エレベーターの安全対策

① カゴと停止階の扉が連動して開閉し、両方の扉が閉まらないとエレベーターは動きません。
② 停止階の扉は、エレベーターのカゴが正規の位置に止まらないと、開きません。
③ エレベーターの昇降速度は、常に監視され速度超過した場合、ブレーキがかかります。
④ 重量超過（乗り過ぎ）時には、過剰検知装置によりブザーなどによる警報を発します。
⑤ 万一ロープが切れた場合、非常止め装置が働きカゴの降下を自動的に停止させます。
⑥ 昇降路の最上部または床面に衝撃緩衝装置が取り付けられています。

■エスカレーター

　エスカレーターは、一般的に階段状になったステップに人を乗せ、連動して動くベルト手すりとで階をまたいで搬送する昇降機です。エスカレーターの設置部分は、吹き抜けとなるので、竪穴区画としての扱いを受けます。また、建築基準法により、所有者または管理者は、定期的に検査を行い安全性の維持に努めるよう義務づけられています。

❓ 竪穴区画としての扱い

　竪穴区画とは、防火区画の一種で、吹き抜けなどの部分に他の部分から火災の延焼や煙が流れ込んだりしないように、準耐火構造の床・壁・遮断性能付の防火設備で区画することが必須となる。なお、主要構造部が耐火構造の場合は、竪穴区画も耐火構造とする必要がある。

エスカレーターの設置時の法規制

　エスカレーターの設置は、建築基準法による確認申請が必要です。また、エスカレーターの修理改造を行う場合、および所有者、ビル名が変更になった場合は、所轄の行政庁にその変更届を提出することが定められています。
　上下階にまたがるエスカレーターは、吹き抜けとなるので、火災等発生時には上階に煙が広がらないようエスカレーターの周囲に防煙たれ壁で防煙区画を確立します。
　またエスカレーターの周囲は、感知器と連動して防炎シャッターを動作させて防火区画を確立させます。さらに、エスカレーターが折返している最上階の天井部分に火災報知設備の煙感知器を取り付けることが、消防法で定められています。

エスカレーターの種類

　一般的には、ステップの部分（パレット）が階段状に変化して上または下に搬送するもの、あるいはステップの部分、またはベルトにより水平またはスロープを搬送する動く歩道と呼ばれるものとがあります。

上下階へのエスカレーター

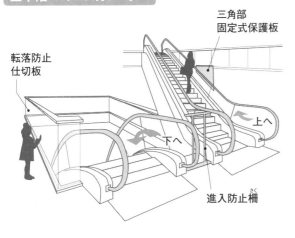

転落防止
仕切板

三角部
固定式保護板

上へ

下へ

進入防止柵

動く歩道

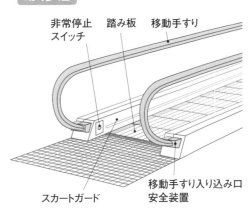

非常停止
スイッチ

踏み板

移動手すり

スカートガード

移動手すり入り込み口
安全装置

エスカレーターの駆動方式

　エスカレーターの駆動方式は、上階に設置した駆動機から階段となるパレットを取り付けたチェーンに動力を伝える方式が一般的です。

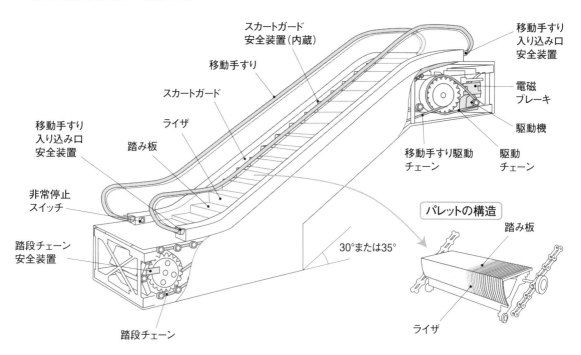

スカートガード
安全装置（内蔵）

移動手すり

スカートガード

ライザ

踏み板

移動手すり
入り込み口
安全装置

非常停止
スイッチ

踏段チェーン
安全装置

踏段チェーン

移動手すり
入り込み口
安全装置

電磁
ブレーキ

駆動機

移動手すり駆動
チェーン

駆動
チェーン

30°または35°

パレットの構造

踏み板

ライザ

エスカレーターの安全対策

① 乗り口に非常停止スイッチが設けられています。
② 動力が停止した場合、停止します。
③ ステップとスカートガードの間にものが挟まった場合、停止します。
④ 移動手すり入り込み口に異物が挿入された場合、停止します。
⑤ 踏み板の黄色い枠内に乗るよう、呼びかけ案内がされています。
⑥ 移動手すりにつかまるよう、呼びかけ案内がされています。
⑦ 靴や、傘の先に注意して利用するよう、呼びかけ案内がされています。

エスカレーターと階段の比較

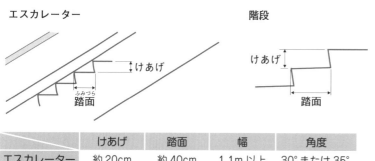

エスカレーター

階段

けあげ

踏面

けあげ

踏面

公共の建築物のエスカレーターのステップと階段の寸法はこのように基準が設けられています。

	けあげ	踏面	幅	角度
エスカレーター	約20cm	約40cm	1.1m 以上	30° または 35°
階段	18cm 以下	26cm 以上	140cm 以上	約35°

第8章

清掃

清掃とは、建築物を安全で清潔に保ち、そこで働くあるいは暮らす人々の衛生的な環境を整備して、人の健康を守るための行為をいいます。さらに、機器の正常な動作を確保し、建築物の初期性能の劣化を最小限にとどめるのも清掃の重要な目的であり、それに必要な行為も清掃に含みます。本章では主に、ビルクリーニングと建築物内廃棄物処理について解説します。

建築物清掃の計画と管理

建築物清掃の管理を行うとき、デミング（PDCA）サイクルと呼ばれる管理プロセスを描きます。PDCA はそれぞれ、①目的に沿った効率的な作業計画の立案（Plan）、②作業計画に基づいての作業の実施（Do）、③作業実施後の定期点検評価（Check）、④実務の改善（Action）であり、このサイクルを円滑に回すことが重要です。

目的、目標に到達しない原因をこのサイクルを繰り返すなかで探り、特定しながら改善、改良を加えていきます。場合によっては計画の大幅な改善や、計画そのものを白紙に戻すような判断が必要になることもあり、4 段階それぞれをしっかりとこなすことが重要になります。生産性の向上のため、あるいは安全のため、大変重要な手法です。

■作業計画の立案

　作業計画を立てる際に、清掃管理仕様書を作成します。清掃管理仕様書は、目的と内容、基本管理方針、作業概要、作業時間帯、業務計画と報告、規律維持などを記した総括的なものと、作用内容を詳しく図式化した清掃作業基準表からなっています。

総括的に管理の内容をまとめた仕様書の記載事項

目的、内容、期間、金額、金額の改定、資機材の負担、清掃責任者の選任、業務計画と報告、関係諸法令、規律維持、守秘義務、控室・用水・光熱等の負担、損害賠償責任、社会紛争・天災への対応、契約解除、協議事項、個人情報保護など

清掃作業基準表の記載事項

管理区域、対象場所、床仕上げ材、面積・数量等、作業種別、作業内容・項目、作業回数など

　清掃作業基準表は、清掃作業場所を作業の性質ごとに区分（作業場所4区分）し、それぞれの区分ごとに行うべき作業の種類と回数（作業頻度3分類）を定めて作成します。

❶ 作業場所による管理区域の分類（作業場所4区分）

共用区域	玄関ホール、廊下、エレベーター、トイレ、階段、湯沸室など
専用区域	事務室、店舗など
管理用区域	機械室、中央管理室、警備員室、管理事務室、作業員休息室、更衣室など
外装・外周区域	外壁、窓、窓ガラス、通路、空き地、植栽など

❷ 作業頻度による分類（作業頻度3分類）

作業頻度区分	日常清掃	毎日1日またはそれ以上行う作業
	定期清掃	週、月、年区分で間隔をおいて行う作業
	特別清掃	突発的な汚染への対応や臨時に行う作業

作業計画の作成手順と意義

計画にあたり、作業の区分を行い、それぞれに応じて計画します。

計画書作成手順

清掃作業基準表に基づき、以下の手順で作業計画を立てます。

無理な計画を行った結果、問題が起こることもあり、常に実情に合った作業計画としていくことが大切です。作業実施で起こった問題を現場点検で発見して作業改善、計画修正、仕様変更を行い、PDCAを回していくことが重要となります。

作業計画の意義

作業計画を綿密に行うことにより、作業成果の向上（作業効率、品質の均質化）が図れるばかりでなく、作業内容の明確化で統一的な指導ができ、また、責任者所在の明確化でトラブルに対する処理が迅速化でき、作業指示や作業消化が円滑になるため、作業管理が行いやすくなります。

作業改善などでの資料収集により、さらなる作業改善が可能となります。

■作業の管理

作業の実施の目的となる衛生的環境の確保、美観の維持、安全の確保、保全の向上を具現化していくための作業管理です。

作業管理

清掃責任者は、以下の手順で管理します。

第8章 清掃

安全衛生管理

作業には危険がともなうため、安全管理を徹底する必要があります。

防災対策

・自然的災害（風水害など）対策
・人為的災害（吸殻処理よる防火など）対策

安全対策

・床清掃時作業表示板を設置し、第三者立入禁止を徹底する。
・基材の整理整頓し、通路を確保する。
・作業員はすべりにくい靴をはき、走ったりポケットに手を入れたりしないなどを徹底する。
・移動式足場、固定足場、はしご、脚立などの高所作業機材の規定に沿った組立てを行い、確認した上で注意して使用する。
・高所作業機材の上に資機材を置く場合は落下に注意し、作業場から離れる場合は固定するか降ろすようにする。
・ヘルメット、安全帯を着用する。
・作業の際に無理な姿勢をとらない。
・上下に分かれて作業を行う場合は、十分連絡を取り合うこと。

衛生対策

・定期健康診断を受診する。
・真空清掃機の粉じん袋などの手入れをする際は、粉じん吸入防止のための防じんマスクを着用する。
・洗剤などの使用時は使用説明に従い、防護手袋や保護具を適切に用いる。
・作業終了後は、せっけんなどで手洗いし、手指消毒も必要に応じて行う。
・清掃作業従事者のため、更衣室、専用休息室などは、毎日清掃し清潔に保つ。

防じんマスク

■作業の点検評価と改善

作業の点検評価は、点検の結果、何らかの問題点がある場合、あるいは品質向上や業務効率の上から、さらに向上させる点があった場合に対策を講じ、改善を図ることです。

作業の点検評価

日常的作業の点検評価について、建築物清掃における長期的維持保全の観点から考えた場合、日常的チェックだけでは不十分なため、定期的かつ計画的なチェックを行う必要があります。作業の評価には、以下の事項を目的に応じて設定しておく必要があります。

❶ 評価範囲‥‥‥‥‥‥評価の精度を高め効率的に行うため、汚染度の激しい箇所に絞り範囲を決定。
❷ 評価項目‥‥‥‥‥‥基本項目と選択項目（建築物ごとの事情による追加すべき項目）に分けて評価。
❸ 評価基準・判定‥‥‥基準の等級に基づき作成し、要求品質に適合しているか、改善点はあるか判定する。
❹ 評価方法‥‥‥‥‥‥測定機器使用による検査・目視などによる官能検査（清掃点検は基本的に目視）。
❺ 評価頻度‥‥‥‥‥‥現場責任者は毎月、管理者は四半期に一度実施。
❻ 評価者‥‥‥‥‥‥‥業務に精通している管理者が望ましいが、現場責任者が行う場合は利用者の立場に立ち公正に評価する。

作業の改善

改善手法の一つである問題解決手順（QC ストーリー）の概略を示します。問題解決の進め方において以下の手順で進めますが、それにはデータ化が必要となります。

1	テーマ設定	問題点の洗い出し、絞り込み、事実確認、活動の狙いの確認、テーマの決定。
2	現状の把握	現状のありのままの把握と不良現象、悪さ加減を把握し、浮き彫りにする。
3	目的の設定	目標値を決め、解決までの期限を定める。
4	活動計画の作成	テーマ完了までの運営方法を定める。
5	要因の解析	不良を引き起こす要因を抽出して原因を絞り込み、要因の検証を行う。
6	対策の検討と実施	対策を複数立案して評価を行い、実施する。
7	効果の確認	実施した対策の有形効果と無形効果について確認する。
8	標準化と管理定着	確認された効果が維持できるように標準化して管理の定義とする。
9	今後の進め方	一連の活動を反省し、今後の進め方を計画する。

建築物清掃の改善は、単に使用者や作業基準表に限定せず、建築物全体を対象として、衛生的環境の確保がなされているか、建材の保全が損なわれていないか、美観は維持されているか、安全は確保されているかなど、建築物全体が快適環境になっていることに着眼して見出す必要があります。

KEYWORD

| QC ストーリー | QC とは、Quality Control（クオリティーコントロール・品質管理）の略語で、品質管理における問題解決を進める手順をいう。 |

■清掃品質の評価

建築物清掃の状態を点検することで、建築物利用者の要求する品質と、実際の品質のギャップを見出し修正します。清掃業務の精度向上を図るため、品質評価を行います。

清掃の品質構成

作業品質

作業結果の良否を対象として評価する。作業成果状況（美観評価）、資機材使用状況（衛生評価）、建築物保全状況（保全評価）が対象。

組織品質

作業者の教育や用具の管理で評価する。事務所管理品質と現場管理品質があり、これらの組織管理体制の違いにより同一の仕様であっても評価に違いが出る。

ビルクリーニングの基礎

建築物のすべてにおいて、床、壁、天井、家具や備品などに付着している埃や汚れを、ビルクリーニングの立場からは、「付着物質」と呼んでいます。付着物質には表面に付着しているものや内部に浸透しているものがあります。

◆ 粒子の大きさと除去方法

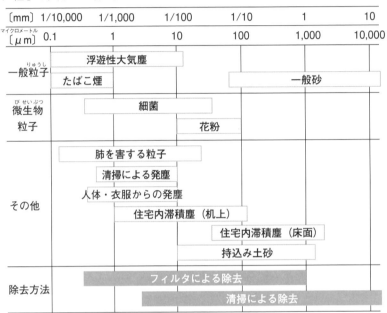

建築物の中には、埃や粉塵、ウイルスなど、小さな粒子状の様々な汚れが存在しています。

■付着物質の発生原因と分類

付着物質の発生原因

自然的原因

・空気中に浮遊混在している粉塵、炭素粒子など
・雨水の中に混在している異物が乾燥後に付着したもの
・動物類の活動や糞
・カビや害虫による汚れ

人為的原因

・歩行による靴裏の泥や埃
・手あか・分泌物・排泄物・抜け毛
・飲食物や煙草の灰
・物品の移動にともなう細片
・衣服などの摩耗粉や繊維くず

付着物質の分類

① 粉状物質……繊維粉や土壌の粉末などで、風や歩行などの衝撃によって空気中に飛散するもの
② 水溶性物質……水になじむ汚れ物質で、雨水の中に存在する汚れや飲食物に汚れのように、付着に際して水分が介在する汚れなど
③ 油溶性物質……水になじまない物質で、器械油などの石油系、食用油や肉・魚の脂肪など、また、人間の皮膚から分泌される皮脂など
④ かさ高固着物……モルタルかすやチューインガムのかみカスなどが付着した汚れ物質など
⑤ その他特殊なしみ……カビや錆など

■ 埃 の除去

埃には、建築物外から持ち込まれる土壌の粉末を主体とする粉状のものと、建築物内で生じた各種の摩耗粉があります。

埃の分類

◎ 無機質……土砂・金属などの鉱物粉燃焼によって生じた灰・炭素粒子
◎ 有機物……衣服・紙類の摩耗粉、梱包材料の摩耗粉、木材・タバコ粉などの植物性、羽毛粉など、皮革製品の摩耗粉、ふけ、毛髪などの動物性、プラスチック類の粉末、化学繊維粉の化学性

埃の分類

載っている状態、吸いついている状態、吸い込んでいる状態、べたついている状態、固まっている状態、微細な生物が生える、腐る状態、侵される状態、ツヤがなくなる状態、キズがつく状態、焦げる状態、剥離する状態、変色・退色する状態、などがあります。

埃の除去方法

はたき掛け

はたきで払う、はたく、吹き飛ばすことで除去する方法。近代化した閉鎖空間の室内では適しません。

乾拭き

乾いた柔らかい綿布などで拭き取ります。埃や汚れが絡みやすいように化学繊維を極微細に仕上げた粉じんクロスもあります。

乾拭き

水分を含ませた布での拭き取り

布や綿製のパッドなどを軽く水に湿らせて埃を拭き取る方法です。過剰な水分は逆に弊害を与えるので注意が必要です。

おがくず法

水を含ませたおがくずを床にまいて掃き掃除をする方法です。おがくずの高い保水力と表面積の大きさを利用して埃や砂を付着させて除去します。石材系、タイル、コンクリート、モルタルなどの床材に適していますが、水分が過剰だと建材を汚すこととなるため、注意が必要です。

おがくず法

ダストコントロール法

　低粘度の不乾性鉱油をモップ、綿布の重量に対して 20%前後吸収させた油拭き（あぶらぶ）の一種で、埃の吸着力（ほこり）が極めて大きい方法です。長期間、貯蔵、使用できますが、微量ながら脂分が床などに付着するため、石材系の床やアスファルト系、ラバー系床材などの脂分に弱い床材には適しません。また、埃以外のものは除去できません。

ダストクロス法

　不織布状（ふしょくふ）の化学繊維に静電気（せんい）を利用して埃を付着させます。また繊維の隙間（すきま）を利用して土砂なども回収できます。使い捨てとリサイクルできるタイプがあり、ダストモップに比べて脂分による床への影響は少なくなります。

バキュームクリーニング

　真空掃除機を用いて埃を除去する方法です。カーペットの隙間に入り込んだ埃、土砂などの除去に適した方法です。

■汚れの除去

　汚れの除去は、汚れ物質の種類と性質、汚れの付着状態、被付着体である建材の性質などを考慮して、除去方法を定め、クリーニング用の資材・機械器具などを効率よく組み合わせて行います。

水溶性または親水性物質の除去

　埃以外の汚れ物質は、水溶性物質が多いので水を媒体（ばいかい）として利用して除去します。

● 水拭き

　綿布やモップを最小限の水を含ませて汚れを拭くと、含ませた水によって汚れ物質が膨潤（ぼうじゅん）し、モップなどの摩擦力（まさつりょく）により汚れ物質の溶解・分散が進み、汚れ物質がモップなどに吸収されて汚れが除去されます。

● 水洗い

　水溶性の汚れ物質は、建材に固着しているものが多いため、相当量の水で膨張させて、ブラシやパッドで水に溶解・分解させます。汚れた水は速やかに流し去り、集めてすくい取る、吸い取る、拭き取るなどの方法で処理します。

油溶性または疎水性物質の除去（そすいせい）

　水に界面活性剤（203 ページ参照）を主材とする洗剤を適量加えたもので、洗剤拭き・洗剤洗いをします。作業方法は水拭き・水洗いと同じ要領ですが、洗剤の成分によって建材に残留すると悪影響を与える場合があるため、水拭きや清水のすすぎを十分に行う必要があります。

かさ高固着物の除去

物理的な力で除去します。パテナイフ、スチールウール、耐水ペーパー、合成ダイヤモンドパッドなどでこすり取る方法が一般的です。残った汚れ物質は適当な洗剤・溶剤・アルカリ・酸などの薬剤を使用し除去します。

しみの除去

しみの種類を識別することが大切です。水溶性なのかそうでないのかなどの判断のもと、適切な薬品、器具を使用して除去します。しみは経年変化により酸化、変質して建材などに染みついて除去が難しくなるため、速やかに除去します。

■ビルクリーニングの5原則

建築物清掃技術基準は、全国ビルメンテナンス協会によって定められました。清掃作業を行う際、多様な汚れ・しみを効率的に除去するためには、様々な基本知識が必要になります。その基本を❶建材の知識、❷汚れの知識、❸洗剤の知識、❹作業方法の知識、❺保護膜の知識の5つに区分して示したものをクリーニングの5原則と呼びます。

❶ 建材の知識

● 見分けのつかないものは、建材仕上げ表などから、使用されている建材を確認しておく。
● 建材の物理的性質を把握する。

```
            建材の物理的性質
      ┌──────────────┴──────────────┐
   化学的性質                     物理的性質
●耐水性  ●耐洗剤性  など    ●吸水性  ●吸湿性  ●表面形状  ●硬度など
```

❷ 汚れの知識

● なぜ汚れが付着したかという汚れの原因を確認する。
● 水溶性汚染物質、油溶性汚染物質、その他の汚染物質などの汚れの種類や付着状態を確認し、適正な洗剤の選定をする。

❸ 洗剤の知識

● 酸性・アルカリ性などの洗剤の性質により建材を傷める場合があるので、選定には注意が必要である。
● 吸水性のある建材に洗剤が残っていると、汚れを呼び再汚染を加速させるので注意が必要である。

❹ 作業方法の知識

● 汚れの除去には、化学的作用の洗剤と物理的作用の器具・機械類を効果的に組み合わせて使用する。
● 同じ種類の汚れでも、表面付着と浸透付着などのように、付着状態により作業方法は異なる。

❺ 保護膜の知識

● 建材を保護する保護膜は、再生可能で汚れが付きにくく汚染物質の除去が容易であること。

第8章 清掃

■予防清掃

建材に汚れが付着しないように、また、建物内の汚染物質を除去しやすくするなど、建物が汚れないように予防をする方法を予防清掃といいます。

埃（ほこり）の予防

建築物内部の埃は、主に外部からの侵入による土ぼこりが多くを占めます。主な侵入経路は窓や隙間（すきま）からではなく出入口です。設計上の工夫と手段を講じて対応するほか、二次的な対応を行います。

- 入口に前室を設ける。
- 扉を自動開閉式・回転式にする。
- 入口にエアシャワーを設置し、出入りの際に生じる塵（ちり）や埃を除去する。
- 入口にある程度の長さの防塵用（ぼうじんよう）マットなどを敷く。
- 防塵作業の回数を適切に設定する。

汚れの予防（建材の選択・建材の加工改良）

- できる限り汚れが付着しにくく、付着しても除去しやすいもの（耐水性があり表面が細かく平滑をな建材）を選択する。
- 多孔質や吸水性の壁などにシール材（下地材・目止め剤）を施した上で塗装する。
- 塩化ビニル系タイルなどの床材に床維持剤などを塗布する。表面の微細な凹凸・穴隙（けつげき）をふさぎ、外見のよい平滑な表面にすることができる。

■ビルクリーニングにおける環境対策

環境への対応は様々な場面で求められており、ビルクリーニングにおいても環境問題への意識が高まり、様々な環境対策が進められています。建築物内の汚れが除去されても廃液を外部へ排出すると、地球環境に影響を与えてしまいます。特に床清掃に用いる洗剤には揮発（きはつ）性有機化合物（せいゆうきかごうぶつ）が含まれているものもあり、法律に定められた基準値以下のものを用いることが大切です。

ここでは床清掃における注意点を示します。

- 揮発性有機化合物の含有量が少ない床維持剤を使用する。
- 床維持剤から発生する揮発性有機化合物を除去するには、換気回数7回/時程度、8時間以上の連続換気（強制換気）が有効である。
- 廃液（はいきぶつ）の適正処理には、自然界への排出、不法投棄、無許可の廃棄物処理業者への運搬・処分の委託（いたく）、下水道法や条例で定められている下水の排除基準を十分に確認し対応する。
- 下水道法では、50m²/日以上排水する特定事業者に対して排水基準の規制があるが、清掃排水に対しての規制はない。ただし、清掃する建築物が特定事業場の場合は、排水基準に注意する必要がある。自治体条例などで排水基準値が異なる場合があるのでよく確認する。

建築物清掃の環境対策

建築物清掃における環境対策について、科学的な対応、物理的な対応、作業的な対応の３区分でまとめます。

化学的な対応

洗剤は安全なデータシート（SDS）で確認し、環境にやさしい生分解性のよいものを選定し、適正な使用料を守ります。排出の際はpHに注意し、必要であれば中和を行います。

物理的な対応

器具は、汚れの除去能力と建材の痛みのバランスに考慮し、パッドやブラシは研磨剤（けんまざい）の種類・量に留意し選定します。洗剤の水の温度は、汚れや建材の性質により決めます。また、洗剤の容器の減量に努めます。

作業的な対応

作業回数の減少や作業周期の延長が可能な方法を取り入れ、作業時間の短縮を図り、電気や水などのエネルギーの削減に努めます。

グリーン購入法（国等による環境物品等の調達の推進等に関する法律）

グリーン購入法とは、製品やサービスを購入する際に、環境に配慮して、環境負荷のできるだけ少ないものを選択して購入することを推進する、2000年に制定された法律です。持続可能な社会を構築する手段の一つとして、グリーン購入の重要性が再認識されています。制定の背景には、環境負荷の低減に資する物品・役務（環境物品など）について、環境負荷の少ない、持続可能な社会を構築する狙いがあります。

グリーン購入法の基本方針では、特に重点的に調達を推進すべき環境物品等を特定調達品目に定めています。特定調達品目およびその判断の基準等については、毎年度、定期的に見直しが行われます。

第8章 清掃

グリーン購入法の基本的な考え方

KEYWORD

特定調達品目

2001年に14分野101品目だった特定調達品目数は、2019年2月現在、21分野276品目まで増えています。品目は、コピー用紙、トイレットペーパーなどの紙類、文具類、オフィス機器から、冷蔵庫、テレビ、エアコンなどの家電製品、太陽光発電システムや燃料電池などの発電設備、公共工事の資材や建設機械など多岐にわたります。

3 ビルクリーニング技法

汚れを除去するには、様々な状況、状態の汚れの知識を得た上で、建築物の部位、屋内の場所ごとに応じ、使用されている建材の種類とその性質を知り、機材の選択と洗浄剤の選択を適切に行ってクリーニングしなければなりません。

■クリーニング設備・資機材

清掃の必要がないほど、汚れの侵入や発生を防ぐように計画された建築物や設備は極めて少ない状況にあります。建築物が大型化、高気密・高断熱化が進む傾向にあるなか、長期的かつ効率的に清掃作業を行うためには、清掃のための設備の導入を進めることが必要です。

建築物清掃用設備

埃、土砂、汚れを建物内部に侵入させる場所は出入口であり、利用者に付着したこうした汚れの因子を建物内部に持ち込まないように設備を施します。

靴洗い・靴拭き設備

建築物の入口に設置することで、土砂、埃などの侵入を防ぎます。

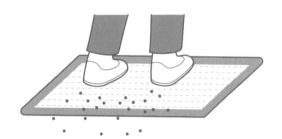

エアカーテン

出入口や前室などに設置し、垂直や水平の空気流の幕をつくり、埃の侵入を防ぎます。また、空調された空気の流出も防ぎます。

中央真空清掃設備

建築設備として配管を伴う清掃設備です。建築物内部にめぐらせた配管の末端に吸込み弁を設け、ホースとアタッチメントを接続して床などの埃やごみを吸引除去します。

建築物清掃用機械

大型のものは大規模商業施設などで使われることが多く、一般的な事務所建築ではコンパクトで移動に便利な小型のものが多く使われます。建築物の規模に応じて選択することが大切ですが、清掃機械・器具は、安全で、発生音が小さく、粉塵が少なく、小型軽量であるといった基本性能を満たす器械の選択が大切です。

床移動型真空掃除機

消費電力 1kW 前後の通常の業務用真空掃除機です。病院で使用する場合は、0.3 μ m までの粒子を捕捉する高性能フィルタを使用します。

床移動型真空掃除機には、ドライ式とウェット式があり、ウェット式は汚水やカーペットのクリーニングの泡などを吸い込みます。

さらに、回転するブラシが毛足の長いパイルを掘り起こしながらごみを吸引するアップライト型真空掃除機や、小型軽量で狭い所や階段などの清掃に使用しやすい携帯型真空掃除機もあります。

床磨き機

床の洗浄やつや出しなどを行う、スクラブマシン、ポリッシャーです。直径 8 ～ 16 インチのブラシやパットを毎分 150 ～ 300 回転の低速回転で床のバフ作業を行います。

毎分 1,000 ～ 3,000 回転する超高速バフマシン（バーニッシャー）は高速床磨き機として区別され、ドライメンテナンス作業におけるバフ作業を行うため直径も 14 ～ 26 インチと大きく、1 ブラシ式のものを指します。また、床磨き機の柄に洗剤タンクを取り付けた洗浄供給式床磨き機もあり、カーペットのシャンプーに使用されます。

 バフ作業

バフ（buff）とは、磨く、研磨する、という意味で、バフ作業はワックス皮膜の磨き上げ作業のことを指します。

自動床洗浄機

洗剤供給式床磨き機とウェット式真空掃除機を組み合わせたものです。カーペット床用や大型で搭乗式のものもあります。

ブラシ　　　　　スクイジー

ローラーブラシ式カーペット洗浄機

洗剤を泡にして縦回転ブラシで洗浄するドライフォームの式洗浄機です。カーペットの基布を濡らさず、パイルを傷つけず洗浄できるので、ウィルトンカーペット（205 ページ参照）に適しています。

気泡出口　　　　　円筒形ブラシ

第8章 清掃

噴射吸引式カーペット洗浄機（エクストラクタ）

　ウェット型真空掃除機と洗剤噴射装置を組み合わせたもので、水濡れに強いカーペットの洗浄に適しています。シャンプークリーニング後のすすぎにも使用できます。

洗剤タンク

ウォンド

スチーム洗浄機

　高温の水蒸気によりカーペットのしみ除去に使用します。微生物を殺菌するメリットがありますが、高温によりカーペットを縮ませる場合もあります。エクストラクタより残留する水分量は少ないという特徴があります。

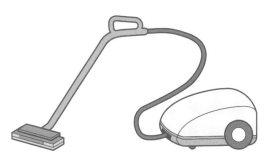

高圧洗浄機

　水や高温水を高圧で噴射して凸凹部分などの落としづらい汚れを除去します。

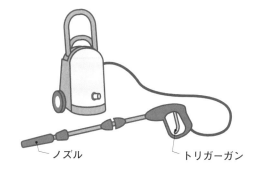

ノズル　　　　　トリガーガン

路面スイーパ

　ローラー型の回転ブラシで床面を掃き、真空掃除機で埃を処理します。ガレージの床面や通路の掃き掃除として使用します。大型は車両として道路面用です。

メインブラシ

建築物清掃用器具

　ビルクリーニング作業は様々な道具を使って手作業で行われるものも多く、古くから変わらず使われているものも少なくありません。知識や経験から技術の集積が形となって、清掃作業に貢献しています。

カーペットスイーパ

　縦回転式ブラシとちり取りを組み合わせたもので、押し引きで回転するブラシが内部のごみを受け入れます。カーペットの掃き掃除に使用します。

コレクタ

　折りたたみ式の金属製のフレームに、布製の袋を取り付けたもので、ごみの収集に使用します。

ほうき類

床の掃き掃除に使用します。座敷ぼうき、自在ぼうき、竹ぼうき、押しぼうき、小ぼうきなどがあります。

座敷ぼうき

自在ぼうき

押しぼうき

ブラシ類

床面のこすり洗いなどに使用します。床ブラシ、デッキブラシ、カーペットブラシ、サッシブラシ、ワイヤブラシなどがあります。

床ブラシ

デッキブラシ

パッド

床磨き機（ポリッシャー）に取り付けて使用します。色により粒子の細かさが違います。一般に化繊製フェルト状の不織布に研磨粒子が組み込まれています。

粗さ	色	主な用途
1	黒	樹脂皮膜の剥離
2	茶	樹脂皮膜の剥離
3	緑	一般床洗浄
4	青	表面洗浄
5	赤	スプレーバフ
6	白	つや出し磨き

モップ類

床拭き、ワックス塗布、床掃除などに使用します。T字モップ、スプリングモップ、スポンジモップ、ダストコントロール法に使用するダストモップなどがあります。

T字モップ

モップしぼり機

ダストモップ

スクイジー

ゴム板を金属ではさみ込み、長柄に取り付けたもの。床洗浄の汚水収集、窓ガラスの清掃など、水をかき集めるのに用います。

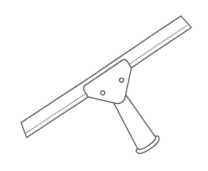

パテナイフ（ヘラ）

床に固着したチューインガムなどを削り取ります。タイルや大理石などの床の汚れを除去します。

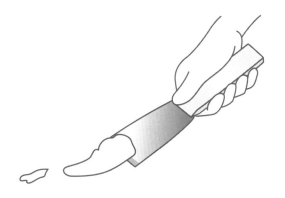

第8章　清掃

ビルクリーニング用資材

　環境配慮の観点から日々製品の研究、開発が進められており、しみ取り剤、漂白剤・消臭剤・防臭剤などの薬剤、家具つや出し剤、金属磨き剤、ガラスクリーナーなど使用箇所や部位別の専用剤も多く製品化されています。ここでは、クリーニング資材のうち特に重要度の高い「洗剤」と「床維持剤」を示します。

洗剤

　界面活性作用で水の持つ表面張力を低下させ、洗浄対象物への浸透力を高め、さらに汚れを離脱させ、汚れの付着を防止します。洗剤は大きく、石けんと合成洗剤に分けられます。

● 石けん
・アルカリ性を示し、合成洗剤に比べ生分解性が良い。
・硬水中では不溶性の金属石けんを生じ、洗浄力が低下する。

 金属石けん
　石けんカスと呼ばれるもので、石けんに含まれる脂肪酸イオンと水中の金属イオンが結合して生成される。

● 合成洗剤
・水のミネラル成分（硬度）などに影響を受けず、洗浄効果は非常に高い。
・組成は化学的に合成された界面活性剤を主剤とし、各種の助剤（ビルダ）や添加剤を加えている。
・主剤とする界面活性剤の種類によって、陰イオン系活性剤、陽イオン系活性剤、両性系活性剤、非イオン系活性剤などに分けられる。
・添加剤によって、溶剤入り洗剤、研磨剤入り洗剤、酸素入り洗剤などと呼ばれる。
・pH値の相違によって、中性洗剤、アルカリ性洗剤、酸性洗剤などに分類される。

◆ pH による洗剤の区分

pH	酸性 0 1 2 3 4 5	中性 6 7 8 9	アルカリ性 10 11 12 13 14

洗剤の区分	pH値	性質・用途
強酸性	1～3	炭酸カルシウム、酵素を溶かす。塩素系洗剤と混ざると塩素ガスが発生する。トイレの便器（尿石）などの清掃に使用。
弱酸性	3～6	殺菌効果あり。ボディソープ、石けん、洗顔料などが該当する。
中性	6～8	界面活性剤の力で汚れを落とす。手肌や材質を傷めにくい。住まいの清掃全般、洗濯、洗車、金属・貴金属・眼鏡・石材の汚れ落としに使用。
弱アルカリ性	8～11	一般的な生活洗剤。除菌効果あり。住まいの清掃全般、洗濯、食器洗い・シンク・ガスコンロ・換気扇など台所全般に使用。
強アルカリ性	11～14	油脂やタンパク質を溶かす。風呂のカビなどの除去に使用。

 助剤（ビルダ）
　それ自体は界面活性作用を持たないが、界面活性剤の効果を高め、洗浄力を著しく高める。助剤としてリン酸塩類が多用されていたが、湖沼や内海などの閉鎖性水域の富栄養化の原因となったため使用が中止された。現在は沸石（ゼオライト）などが用いられている。

　添加剤
　洗剤の性能向上や付加価値を高めるために加えるものである。酸素、研磨剤、溶剤、酸、漂白剤、香料などがある。

KEYWORD

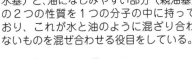

液体中に少量存在するだけでその液体の界面における挙動を著しく変化させ、表面張力を低下させる働きを持つ物質のこと。洗剤、乳化剤、助染剤、選鉱剤など用途が広い。床材（カーペット）などに付着した汚れ（油や泥など）は、水に溶けにくい性質のため、水だけで汚れを落とすことは困難である。そこで、汚れと水との界面に働きかけ、汚れを水と混ざるような性質に変えて、水の中にひっぱり出す働きをする。

界面活性剤は、水になじみやすい部分（親水基）と、油になじみやすい部分（親油基）の2つの性質を1つの分子の中に持っており、これが水と油のように混ざり合わないものを混ぜ合わせる役目をしている。

親水基　親油基

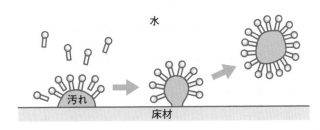

建築物の清掃に使われる主な洗剤

種類	特徴・使用方法
一般洗剤	pH9〜11のアルカリ性で、床、家具、各種洗浄作業に使用される。万能洗剤ともいわれる。陰イオン系、非イオン系の界面活性剤を併用し、助剤にケイ酸塩などが配合される。機能的な洗浄を高める目的で、有機溶剤や酸素などの添加剤を加えることがある。
カーペット用洗剤	カーペット洗浄に特化した洗剤であり、一般的に繊維に対して影響の少ない高級アルコール系中性洗剤で、強い発泡性を持つ非イオン界面活性剤が使用されている。泡の持続性が長い、残留洗剤分の粉末化、速乾性などの特徴がある。
表面洗剤	樹脂床維持材の皮膜の手入れ用である。皮膜を傷めずに表面の汚れだけを除去できるよう、中性・アルカリ性で泡立ちが少ない。有機溶剤を配合しているものも多い。
剥離剤	樹脂床維持材の皮膜除去用で、低級アミン、アンモニアの主剤に界面活性剤を添加したアルカリ性のものである。床面に剥離剤が残留したまま樹脂床維持剤を再塗布すると、皮膜ができず粉化する可能性がある。剥離剤の使用後は、すすぎ拭きを十分に行うかリンス剤による中和が必要。
酸性洗剤	pH1〜3の強酸を示す洗剤で、便器に付着した尿石や鉄分を含んだ水あかの除去に用いる。酸に弱い大理石、テラゾ、コンクリートなどの建材に使用してはならない。
研磨剤入り洗剤	弱アルカリ性の洗剤で、粉状研磨剤と界面活性剤を混合し、粉末、半練り状がある。強固にこびりついた汚れや真鍮などの金物磨きに使用される。
アルカリ性洗剤	pH11〜14の強アルカリ性を示す洗剤で、厨房やガレージの床洗浄など強い油汚れに効果的である。アルカリ成分が残ると建材などに悪影響を及ぼすので、十分なすすぎや中和が必要である。

床維持剤

床維持剤は、床仕上げ材の保護と美観の向上を目的に使用し、フロアフィニッシュと呼ばれています。フロアフィニッシュは以下のように分類されます

フィニッシュ（finish）は仕上げです。ポリッシュ（polish）は、磨きをかける、つやを出すという意味があります。

床維持材の種類	特徴
フロアポリッシュ	床仕上げ材の美観の向上のために使用。塗布乾燥後に皮膜を形成し、物理的・化学的方法により容易に除去できるもの。
フロアシーラ	多孔質・吸水性の床用下地剤・目止め剤に使用。床仕上げ材の保護と美観の向上に使用され、乾燥後に形成される皮膜が物理的・化学的方法で容易に除去できないもの。
フロアオイル	床仕上げ材の中で、表面加工が行われていない木質系床材の保護と美観の向上に使用。不乾性の鉱油を主体とし常温では液体である。
水性フロアポリッシュ	ろう状物質、天然および合成樹脂などを水に溶解または可溶化、乳化させたもの。
乳化性フロアポリッシュ	ろう状物質、合成樹脂などの不揮発性成分と揮発性溶剤を水に乳化させたもの。揮発性溶剤の含有量が不揮発性成分より多いもの。
油性フロアポリッシュ	ろう状物質、合成樹脂などの不揮発性成分を揮発性溶剤に溶解または分散させたもの。
ポリマータイプ（合成樹脂タイプ）	フロアポリッシュ製品の中で、不揮発性成分として合成樹脂などのポリマーを使用しているもの。
ワックスタイプ	フロアポリッシュ製品の中で、不揮発性成分としてろう類、ろう状物質などを使用しているもの。

■ 床の清掃方法

　床の清掃は、床材を「弾性床材」、「硬性床材」、「木質系床材」、「繊維系床材」、「その他の床材」に大別した上でそれぞれの床材の特徴を理解し、使用されている場所に応じた方法で行います。また、接着剤などで貼り付けたものか、釘で止めたものなのかなど、どのような工法で施工されたかも確認して適切な方法を選ばなければなりません。

床材の管理の要点

床材の種類を見分ける → 吸水性、表面形状から性質を知る → 場所、部位別の汚れを確認する → 作業方法と作業回数を確認する

弾性床材の清掃

　材質の特徴に注意して、適切な洗剤を選択して清掃を行う必要があります。

弾性床材の種類	特徴
リノリウム、リノタイル	水分を吸収しやすく、アクリル性洗剤に弱い。
ゴムタイル、ゴムシート	溶剤、強アルカリ性洗剤や油類に耐性がないが、耐摩耗性に優れる。
塩化ビニルタイル、塩化ビニルシート	洗剤、剥離剤に対する耐性に優れる。
アスファルトタイル	耐水性があるが、耐溶剤性に乏しい。

清掃法

● 拭き掃除……土砂や埃の掃き掃除をダストモップ、自在ほうきなどで、日に1～2回実施する。
● スポットクリーニング……全面洗浄の周期の中間を目安として、床維持剤の汚れや傷みが激しい箇所に、表面洗浄、スプレーバフ、スプレークリーニングなどを行う。
● 全面洗浄……定期清掃として、月に1回、自動床洗浄機などで行う。
● 剥離・再生作業……1年～1年半を目安に、床維持剤の黒ずみがひどくなった場合に行う。

硬性床材の清掃

多孔質で、細かい凹凸があり、吸水性が高く汚れやすいので、水洗いなど、水分を極力少なくすることが必要です。

硬性床材の種類	特徴
大理石	吸水性は低いが、耐酸性、耐アルカリ性に乏しい。
花崗岩（御影石）	耐酸性、耐アルカリ性、耐油性はあるが、耐熱性に乏しい。
テラゾ	耐酸性、耐アルカリ性に乏しい。
セラミックタイル	耐酸性、耐アルカリ性に優れ、耐摩耗性も大きい。
モルタル、コンクリート	耐酸性に乏しい。

大理石

清掃法

玄関、ロビーなど高級感が求められる場所に使用されるので、日常清掃では真空掃除機や半乾きモップなどで除塵し、定期清掃では洗浄作業を行います。

繊維床材の清掃

◆ ウィルトンカーペット

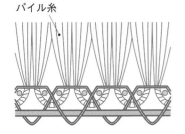

パイル糸

弾力性があり耐久性の高い機械織りカーペットの代表的なもの。濡れると収縮を起こしやすい。

◆ タフテッドカーペット

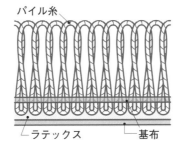

パイル糸

ラテックス　　基布

織り機で植えつけて裏からラテックスで止めたもので、耐久性に劣る。

◆ タイルカーペット

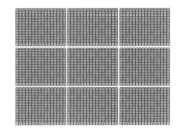

定型のサイズで施工性が高い。毛足が短く事務所向きである。

清掃法

しみは付着後できるだけ速やかに拭き取り、繊維床に付着した土砂や埃は吸引力の強いアップライト型真空掃除機などで吸引除去し、汚れが目立つ場所ではスポットクリーニングを行います。

木質床材の清掃

一般的にフローリングと呼ばれる木質床材は、表面の仕上げ方法が重要で、耐水性の違いにより清掃法は異なります。水性、油性のポリッシュを使い分けます。

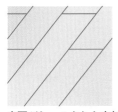

表面がシールされた床材

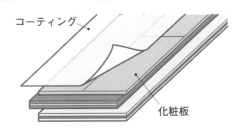

コーティング

化粧板

表面がシールされたものは水性ポリッシュを使用。表面がシールされていないものは、油性ポリッシュを使用する。

第8章　清掃

床材のドライメンテナンス法

　水や洗剤を使用して洗浄し、その後、乾燥させる方式とは異なり、ほとんど水を使わず、ポリマータイプの水性フロアポリッシュを使用する方法です。以下の特徴があります。

- 使用機材が少なく工程数も少ないので、作業の標準化、システム化がしやすい。
- 皮膜の部分的な補修がしやすく、日中作業も可能である。
- 水をほとんど使用しないので滑り転倒などの事故防止につながり、安全性向上が図れる。
- 技能の習得に教育、研修が必要で、初期費用が高くなる。
- バブ作業の際は、床材への熱の影響にも注意が必要である。

ドライバフ法

　フロアポリッシュ皮膜の光沢回復のため、研磨剤（けんまざい）を含まない専用パッドを用いて磨く（みが）作業です。スプレー液は使用せず、超高速床磨き機で磨き、パットで磨く回転数が高いほど、フロアポリッシュの皮膜表面の温度は高くなり、光沢度（こうたくど）の回復が簡単にできます。

スプレーバフ法

　フロアポリッシュ皮膜の表面の軽い汚れや細かい傷の除去のため、水や希釈（きしゃく）した洗剤液をスプレーし、微細な研磨剤を少し含んだ専用パッドと超高速床磨き機で磨き直しする作業です。

スプレークリーニング法

　フロアポリッシュ皮膜の中まで入り込んだ汚れを、洗剤液をスプレーしながら、研磨剤を含む専用パットと低速の床磨き機で研磨し、フロアポリッシュ皮膜ごと削り取る作業です。

■床以外の清掃方法

壁・柱・天井（てんじょう）の清掃

- 壁、柱、天井については、高所と低所に区分けして作業を行う。
- 高所の汚れには、微細な粉塵（ふんじん）、すすなどの炭素粒子、たばこの煙に含まれるタール質などがある。
- 低所の汚れは、人の物の接触により付着するもので、比較的強い汚れである。
- 日常的に水拭き（みずぶ）、洗剤拭きを行い、金属材は埃（ほこり）の吸着があるので特に注意する。

造作・家具・照明器具などの清掃

- 汚れは、主として埃や手あか、飲食物の汚れである。
- 埃はタオルを軽く水で湿らせて拭き取る。
- 手あか、飲食物の汚れには洗剤を使用するとよい。
- 手あかの汚れには化学繊維（せんい）のクロスでできた製品が便利である。
- 照明器具や空調機器の吹出口、吸込口には埃が付着しやすく、照明低下の原因、衛生上の問題となることがあるので、年1〜2回の真空掃除機による除塵（じょじん）と拭き取りの定期清掃が必要である。

場所別の清掃方法

玄関ホールの清掃

- 利用者の出入りにともなう埃、土砂の持ち込みが激しい場所であるため、土砂の除去に努める。
- 天候の影響を受けやすい場所のため、雨、雪による床の水濡れの除去に努める。

トイレ・洗面所の清掃

- 衛生上、常に清潔を心がけ作業を行う。
- 使用する用具は、トイレ・洗面用と湯沸室用などに区分して使用する。洗面用、便器用も分ける。
- トイレに付着するのは尿石、水あか、排泄物などの特殊な汚れで、使用されている建材の種類や作業対象部位も多いため、洗剤や作業方法の選定には十分注意して行う。

階段の清掃

- 階段は、建築物の埃が集中するため、壁面への埃の付着もほかの箇所に比べて多く、定期的な除塵作業が必要である。
- 下層ほど歩行頻度が高く、土砂の持ち込みも多いので、床維持剤が摩耗する。
- 踊り場は歩行時に強い力が加わり床維持剤の摩耗が激しいので、定期的な床維持剤の補充が必要。

廊下・エレベーターホールの清掃

- 共用部として常にバランスのとれた美観と清潔な仕上がりに重点を置いて、日常および定期清掃を進めていく。

エスカレーターの清掃

- 安全運行維持のために、ステップの詰まりなどを点検・清掃しておく。
- 手すりのベルトには、多数の人が連続的に利用するため手あかの付着が多い。
- デッキボードやパネルには、静電気による埃の吸着が起こりやすいので注意が必要である。

エレベーターの清掃

- スペースが限られているため利用頻度が高い場所であり、埃や土砂の持ち込みも多くなる。
- 静電気が発生しやすく埃がたまりやすい。特に扉の隙間にたまりやすく、安全運行維持のためにも点検・清掃しておく。

外周の清掃

- 外周には犬走りや道路、樹木や花壇などの緑地部分があり、台風や集中豪雨時の見回り点検、積雪処理、落ち葉処理のように、季節や天候に影響されるので、時期に応じた臨機応変な対応が必要である。
- 道路から建築物玄関ホールまでのアプローチ部分は、玄関ホールと同様に美観維持に注意が必要。

■外装の清掃方法

外装清掃用設備および資機材

自動窓拭き設備

　超高層建築物のガラスクリーニングに使用する設備で、屋上の台車から無人の窓拭きユニットを吊り降ろし、遠隔操作によりガイドレーンに沿って加工しながらガラスクリーニングを行います。自動床洗浄機と同じような構造で、洗剤・水をガラス面に噴射して回転ブラシで洗浄し、スクイジー装置により洗浄汚水を掻き集め、真空吸引装置で吸引し、ろ過して再利用します。

● 長所 ➡ 作業者に危険がなく、天候に関わらず作業ができ、作業効率がよい。
● 短所 ➡ クリーニングの仕上がりは、人による作業と比べると劣る。

ゴンドラ設備

　高層建築物のガラスクリーニングや外壁作業の足場として利用する設備で、屋上に設置した移動式台車のアームから、ワイヤーロープでゴンドラを吊り降ろす方式が一般的です。

ガラスクリーニング

　窓ガラスに付着する汚れは、埃が雨により固着したものです。微細な金属粉や炭素粒子、塩分や酸などが含まれ、放置するとガラスを変質させる場合があります。また、ガラス面に遮光、飛散防止目的でフィルムを張っている場合は、清掃の際に傷をつけてしまうおそれがあるので、注意が必要です。

　クリーニングの頻度は、汚れの多い臨海工業地帯などでは月に1回、汚れの少ない地方都市や田園地帯などは2か月に1回、行います。

清掃はスクイジー法で行う。タオルかスプレーによりガラス面を濡らし、端から窓用スクイジーで掻き集めスポンジで吸い取る方法である。ガラス専用洗剤を使用する場合もある。

外壁クリーニング

金属壁の清掃

　外壁にはステンレスやアルミニウムなどの金属板が使用されています。光沢や色彩が維持できるよう表面に種々の保護処置が行われていますが、風雨・大気などにより汚れが付着します。汚れを放置すると錆などの腐食が生じるので、定期的な清掃により、汚れが固着しないうちに中性洗剤か専用洗剤を使用し、スポンジかウエスで拭き取るか高圧洗浄機で洗い流します。固着した場合は専用の研磨剤で丁寧にこすり取ります。

石材・陶磁器タイル壁の清掃

　外壁が石材や陶磁器タイルの場合も、風雨などにより汚れが付着しますが、金属板ほど汚れは目立ちません。最近では雨水で汚れが洗い流せる光触媒（酸化チタン）コーティングが使用され、清掃回数を減らす効果が期待されています。

4 廃棄物処理

廃棄物処理法は、廃棄物の適正な処理に係る課題に対処すべく、たびたび改定を繰り返してきました。バブル経済とともに増える廃棄物排出量、また廃棄物の質の多様化が進み、最終処分場の確保が困難な状況を生み、不法投棄などが社会問題化しました。そうした時代背景から平成12年に制定された「循環型社会形成促進基本法」に基づいて「循環型社会形成推進基本計画」が示されました。

■ 循環型社会における廃棄物のとらえ方

REDUCE（リデュース）減らす、REUSE（リユース）再使用、RECYCLE（リサイクル）再利用の3Rを据えて天然資源消費を抑制し、環境負荷ができる限り低減される循環型社会の形成に向けて、施策が総合的、計画的に推進されています。

循環型社会の模式図

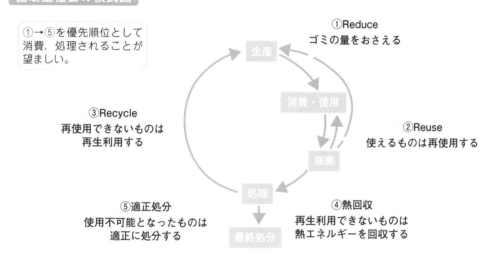

①→⑤を優先順位として消費、処理されることが望ましい。

①Reduce
ゴミの量をおさえる

②Reuse
使えるものは再使用する

③Recycle
再使用できないものは
再生利用する

④熱回収
再生利用できないものは
熱エネルギーを回収する

⑤適正処分
使用不可能となったものは
適正に処分する

生産／消費・使用／廃棄／処理／最終処分

■ 廃棄物処理の基本

廃棄物は一般廃棄物と産業廃棄物に大別されます。一般廃棄物はごみとし尿に区別され、ごみは家庭ごみと事業ごみに区分されます。ビル管理において対象となるのは事業ごみです。

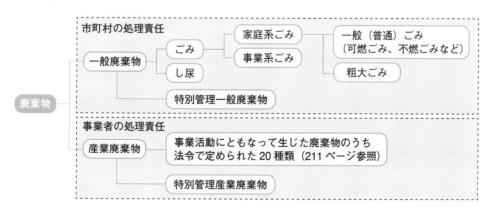

廃棄物

市町村の処理責任
一般廃棄物
　ごみ
　　家庭系ごみ
　　事業系ごみ
　　　一般（普通）ごみ
　　　（可燃ごみ、不燃ごみなど）
　　　粗大ごみ
　し尿
　特別管理一般廃棄物

事業者の処理責任
産業廃棄物
　事業活動にともなって生じた廃棄物のうち
　法令で定められた20種類（211ページ参照）
特別管理産業廃棄物

ごみの種類

　ごみは、紙くず、厨芥、雑芥に区分されます。また、ごみの成分を大きく分けると水分、灰分、可燃分となり、これをごみの3成分といいます。ごみを運搬・処分する観点から、ごみの質にも良し悪しがあり、それを測る目安として容積質量値が用いられます。これは単位容積当たりの比重をいい、水分の含有量が多いと容積質量値は大きくなり、つまりごみの質は悪いといえます。

ごみの種類	容積質量値〔kg/m³〕
可燃ごみ	150
厨芥	850
不燃ごみ	140
廃棄プラスチック	30
容器プラスチック	30
再生紙	150
ダンボール	80
粗大ごみ	150
びん	300
缶	60

ごみの区分	容積質量値	ごみの質	燃えやすさ
紙くず主体のごみ	小さい	良い	良い
厨芥（生ごみ）	大きい	悪い	悪い
雑芥（紙くずと台所ごみ）	普通	普通	普通

ごみの処理

　ごみが最終処理、再生される過程を以下に示します。ごみの分別は、ごみの収集・運搬・リサイクル・空間処理・最終処分の適正化のために行います。分別方法は、自治体により異なります。

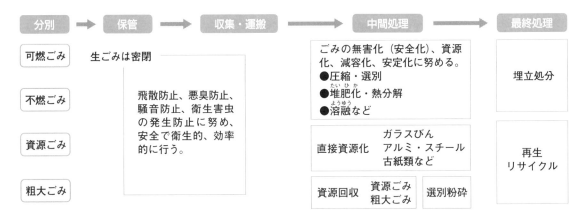

廃棄物の種類と量

　廃棄物とは、ごみ、粗大ごみ、燃えがら、汚泥、ふん尿、廃油、廃酸、廃アルカリ、動物の死体、その他の汚物または不要物であって、固形状または液状のもの（放射性物質およびこれによって汚染されたものを除く）をいいます。

建築物内廃棄物の性状

　一般的なオフィスビルからの廃棄物は、紙類が主体で厨芥類は多くありません。廃棄物の成分分類は「水分」「灰分」「可燃物」の3種類ですが、オフィスビル廃棄物の比率は水分、灰分はほぼ同量の 10 ～ 15％で、可燃物が約 70 ～ 80％と大半を占めます。

廃棄物の種類・区分

● 一般廃棄物
　産業廃棄物以外のごみやし尿などの廃棄物であり、市町村によって処理されます。

● 産業廃棄物 _{はいきぶつ}

事業活動にともなって生じる廃棄物であって、以下のものが該当します。 _{がいとう}

①燃え殻 _{がら}　②汚泥　③廃油　④廃酸　⑤廃アルカリ　⑥廃プラスチック類　⑦ゴムくず

⑧金属くず　⑨ガラス・コンクリート・陶磁器くず　⑩鉱さい　⑪がれき類　⑫ばいじん

⑬紙くず　⑭木くず　⑮繊維くず　⑯動物系固形不要物　⑰動植物性残さ　⑱動物のふん尿

⑲動物の死体　⑳これらが含まれた汚泥のコンクリート固形化物など

これらの産業廃棄物は、事業者の責任に基づき処理されます。

● （一般・産業）特別管理廃棄物

爆発性、毒性、感染性、その他の人の健康または生活環境に係る被害を生ずるおそれのある性状を有するものをいいます。焼却施設から生じるばいじん、病院などから生ずる感染性廃棄物、廃 PCB、廃石綿、水銀などの重金属を含む汚泥、著しい腐食性を有する廃酸および廃アルカリなどの有害な廃棄物です。

■廃棄物の管理計画

建築物内廃棄物処理の流れ

減量、再使用、再利用、再生利用の必然性から、以前に比べて大きく変化してきています。以下に建築物内から建築物外への廃棄物処理の流れを示します。

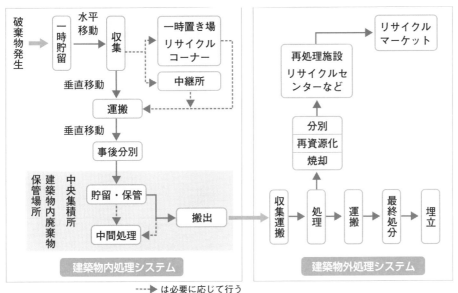

----▶ は必要に応じて行う

廃棄物の排出抑制の減量化および再生利用を促進するためには、運搬後の清掃従事者による事後分別でなく、廃棄物発生時で利用者が分別することが望ましいといえます。

廃棄物のマニフェスト管理

廃棄物の排出者である事業者は、廃棄物処理を委託する場合でも、排出者の責任としてその処理が法 _{いたく} 令に準拠して処分されているか、最後まで責任を持たなければなりません。

事業者は、一般廃棄物、産業廃棄物の処分委託に際して、収集運搬業者、処分業者それぞれと契約書を交わし、マニフェスト伝票を発行して処分状況を確認して管理しなければなりません。

産業廃棄物のマニフェスト管理

　産業廃棄物を排出する排出事業者は7枚複写のマニフェスト伝票を準備し、必要事項に記入したのち、収集運搬業者と中間処理業者に交付し、業務を終えたあと、各自が必要な伝票を保存します。

◆ 直行用（積替え保管施設を経由しないもの）マニフェスト伝票

A 票	収集運搬業者への引き渡し時、排出事業者の控えとなる。
B1 票	中間処理業者への運搬終了後、収集運搬業者の控えとなる。
B2 票	中間処理業者への運搬終了後、収集運搬業者から排出事業者に返送され、排出事業者が運搬終了を確認する。
C1 票	処分終了後、中間処理業者の控えとなる。
C2 票	処分終了後、中間処理業者から収集運搬業者に返送され、収集運搬業者が処分終了を確認する。
D 票	処分終了後、中間処理業者から収集運搬業者に返送され、収集運搬業者が処分終了を確認する。
E 票	最終処分終了後、最終処理業者から排出事業者に返送され、排出事業者が最終処分終了を確認する。

［伝票の確認と保管］

B2 票　D 票　　産業廃棄物の引き渡しから90日（特別管理産業廃棄物は60日）経過後に未返却であった場合は、それぞれの業者へ処分状況の確認を行う。

E 票　　産業廃棄物の引き渡しから180日経過後に未返却であった場合は、業者へ処分状況の確認を行う。

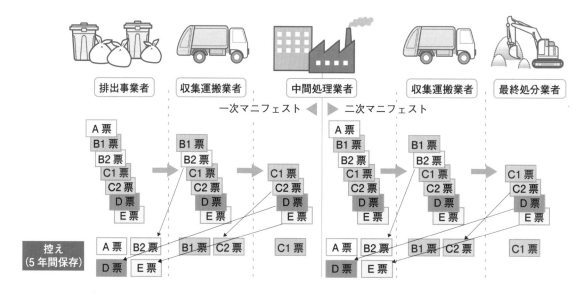

? 一次マニフェスト

　排出事業者が産業廃棄物の処理を委託する際に交付する通常のマニフェスト伝票のこと。

　二次マニフェスト

　中間処理業者が中間処理後に発生した産業廃棄物（たとえば、木くずを焼却した後に残る焼却灰など）をさらに処分業者に処理委託する際に中間処理業者が交付するマニフェスト伝票のこと。

■廃棄物処理法

「廃棄物の処理及び清掃に関する法律」が正式名称です。1970年（昭和45）制定され、廃棄物処理の責任の所在を一般廃棄物は市町村、産業廃棄物は事業者にあることが定められました。

第1章の総則に規定されている、法の目的や廃棄物処理に対する責務などについて、以下にまとめます。

目的

この法律は廃棄物の排出を抑制し、廃棄物の適正な分別、保管、収集、運搬、再生、処分などの処理をし、生活環境を清潔にすることにより、生活環境の保全および公衆衛生の向上を図ることを目的とします。

責務

国民	廃棄物の排出を抑制し、再生品の使用などにより廃棄物の再生利用を図り、廃棄物を分別して排出し、生じた廃棄物をなるべく自ら処分することなどにより、廃棄物の減量、その他、適正な処理に関し、国および地方公共団体の施策に協力する。
事業者	事業活動にともなって生じた廃棄物を自らの責任において適正に処理する。
市町村	区域内における一般廃棄物の減量に関し、住民の自主的な活動の促進を図り、適正な処理に必要な措置を講ずるように努める。一般廃棄物の処理事業の実施にあたっては、職員の資質の向上など効率的な運営に努める。
都道府県	市町村に対し、その責務が十分に果たされるように必要な技術的援助を与えることに努めるとともに、都道府県の区域内における産業廃棄物の状況を把握し、産業廃棄物の適正な処理が行われるように必要な措置を講ずることに努める。
国	廃棄物に関する情報の収集、整理、活用ならびに廃棄物の処理に関する技術開発の推進を図り、国内における廃棄物の適正な処理に支障が生じないように適切な措置を講ずる。市町村および都道府県に対し、その責務が十分果たせるように必要な技術的および財政的援助を与え、広域的な見地からの調整を行うことに努めなければならない。

廃棄物の処理

● 一般廃棄物の処理・処分

市町村は、一般廃棄物処理計画に従って、その区域内における一般廃棄物を生活環境の保全上、支障が生じないうちに収集、運搬、処分しなければなりません。

一般廃棄物および特別管理一般廃棄物の収集、運搬、処分などが適正に行われるよう処理基準が定められており、市町村が一般廃棄物の収集、運搬、処分などを業者に委託しようとする場合は、政令で定める委託基準に従わなければなりません。受託しようとする一般廃棄物処理業者は、市町村の許可を受けていなければなりません。

専ら再生利用の目的となる廃棄物である、くず鉄（古銅など含む）、空きびん類、古繊維、古紙のみの処分を業として行う業者は市町村の許可は免除されます。

● 産業廃棄物の処理・処分

産業廃棄物の運搬または処分を行う場合には、政令で定める産業廃棄物の収集、運搬および処分に関する処理基準や委託基準に従わなければなりません。

事業者が産業廃棄物の収集、運搬、処分を他人に委託する場合は、都道府県知事の許可を受けた産業廃棄物収集運搬および処理業者に委託しなければなりません。

事業者（排出者）は、産業廃棄物の発生から最終処分終了まで一連して処理が適正に行われているかどうかを確認するため、産業廃棄物の引渡しと同時に委託した業者に対し、産業廃棄物の種類および数量、運搬または処分を受託した者の氏名または名称などを記載した産業廃棄物管理票（マニフェスト）を交付し、受託した業者は、処理が終了した時点で、マニフェストに一定の事項を記載し、その写しを事業者へ返送しなければなりません。

◆ 廃棄物処理法に関連する法律

法令の名称	略称	目的	対象となる廃棄物
循環型社会形成推進基本法	循環基本法	循環型社会の構築に関する基本的な枠組みを規定	
資源の有効な利用の促進に関する法律	資源有効利用促進法	事業者の 3R の取り組み強化	
容器包装に係る分別収集および再商品化の促進等に関する法律	容器包装リサイクル法	容器包装の分別排出、分別収集、再商品化の促進	びん、缶、ペットボトル、プラスチック製容器包装、紙製容器包装など
特定家庭用機器再商品化法	家電リサイクル法	廃家電の再商品化の促進	テレビ、冷蔵庫、冷凍庫、洗濯機、エアコン
食品循環資源の再生利用等の促進に関する法律	食品リサイクル法	食品廃棄物の発生抑制、減量化、再生利用の促進	食品の製造、加工、販売業者などから排出される食品廃棄物
建設工事に係る資材の再資源化等に関する法律	建設リサイクル法	建設資材廃棄物の分別解体と再資源化などの促進	解体建築物から発生するコンクリート、木材、アスファルト
使用済自動車の再資源化等に関する法律	自動車リサイクル法	フロン回収、エアバック、シュレッダーダストの再資源化の促進	シュレッダーダスト、フロン類、エアバック類
使用済小型電子機器等の再資源化の促進に関する法律	小型家電リサイクル法	使用済み小型家電機器などの金属回収による再資源化の促進、資源の有効利用の確保	パソコン本体、パソコン周辺機器、携帯電話、通信機器、カメラ、ゲーム機、映像機器、カーナビ、オーディオ機器、キッチン家電など

廃棄物の収集・運搬・保管設備

一般貯留

建築物内で発生した廃棄物は、発生場所の近くに配置した、紙くずかご、灰皿、厨芥容器、茶がら入れなどの専用容器に収容します。収容容器と運搬機材兼用の容器利用もあります。

収集・水平移動

収集は、各階の廃棄物の排出量、種類、実態に応じて収集機材を選択して整備します。収集機材としては、キャスター付きの厨芥用ふた付きステンレス製コレクタ、雑芥用キャンバス制コレクタ、収納かご、手押し台車などで水平移動作業を行います。吸い殻の収集、移動は他の可燃性の廃棄物とは混合しないように注意して、ステンレス製などの金属ふた付き容器を用います。容器は安全でメンテナンスのしやすいものを選択して、常に清潔維持に努め、定期的に保守点検を行います。

コレクタ（雑芥用）

運搬・垂直移動（縦搬送方式）

廃棄物の垂直移動は、エレベーター、ダストシュートなどで行い、中間処理室、中央集積所などへ運びます。

エレベーター方式

各階の集められた廃棄物を作業従事者自らエレベーターなどで移動させます。空になったコレクタなどは作業従事者が自ら元の場所へ戻します。エレベーターの占有時間が長くなるというデメリットがあります。

ダストシュート方式

各階の投入口から投入して、自然落下で下部に設置された貯留排出機などに移動させます。ごみ堆積量検知器設置などの付帯機器類の設置も必要になります。

自動縦搬送方式

大規模な超高層ビルなどに導入される方式で、専用エレベーターやエアシュート方式（降下制御装置でソフトランディングが可能）で搬送します。

空気搬送方式（真空収集方式）

ダストシュートで集積された廃棄物を破砕機で破砕した後、吸引式、圧送式、吸引圧送方式にてパイプ内に 20 ～ 30m/s の空気流を作り、浮遊状態で収集センターに搬送します。搬送時の騒音、粉じん対策が必要となります。

水搬送方式

食堂内で発生した厨芥などをディスポーザーなどの粉砕機で粉砕して、配管内を汚水とともに搬送します。

◆ 建築物内廃棄物縦搬送方式の比較

	エレベーター方式	ダストシュート方式	自動縦搬送方式	空気搬送方式	水搬送方式
初期コスト	◎	○	△	×	○
ランニングコスト	△	◎	○	△	○
衛生性	△	×	◎	◎	◎
作業性	×	△	◎	◎	◎
分割の適否	◎	×	◎	×	×
運用建築物	低層～高層	低層～中層	中層～超高層	高層、大規模	低層～超高層

廃棄物の中間処理

廃棄物の分離収集、圧縮、梱包、切断、溶融、乾燥、発酵、脱水などで減容化、減量化することを中間処理といいます。保管庫のスペースの節約、搬出・運搬作業の省力化、再利用の効率化の目的で行われます。

中間処理の装置、機器

- 梱包機……新聞、雑誌、ダンボール、OA 紙など、プラスチック類など、かさばる廃棄物を圧縮、梱包する。
- シュレッダー……紙類の裁断機。細かく裁断されたものは圧縮して減容化する他、ビニル袋に包装して荷造りの際の緩衝材として再利用する場合もある。
- コンパクタ……圧縮装置。一般的に油圧方式で 1/3 ～ 1/4 に圧縮して減容化する装置。
- その他……コンポスト（発酵装置）、生ごみ乾燥機、悪臭防止用冷蔵庫など。

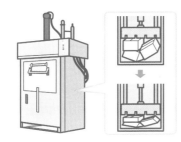

圧縮梱包機

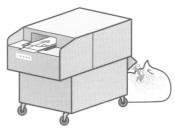

シュレッダー

第8章 清掃

貯留・保留・搬出

　比較的小規模の建築物では、容器方式で作業員が集積所、処理室へ運搬する方法が多くとられます。規模の大きい建築物では、一般的に圧縮装置と組み合わせた貯留、保管方式が用いられ、搬出時の効率化が図られています。

容器方式

　廃棄物を容器に集め、水平移動、垂直移動（エレベーター使用）と作業員が行い、中央集積所まで運び、分別、貯留、保管をします。

貯留・排出機方式

　スクリュータイプとドラムタイプの２種類あり、スクリュータイプはスクリューで圧縮、ドラムタイプはドラムの回転で奥へ送り込み圧縮します。圧縮された廃棄物を機械式ごみ収集車（ハッカー車）に自動的に積み替えます。

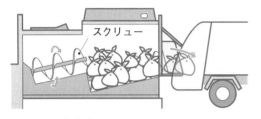
スクリュータイプ

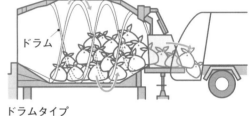
ドラムタイプ

コンパクタ・コンテナ方式

　密閉型コンテナの横にコンパクタを連結して、圧縮シリンダでごみを押し込み圧縮して、搬出装置付きコンテナ専用車で搬送します。圧縮装置とコンテナが一体構造となったプレスコンテナ方式もあります。省力化や衛生的な労働環境への改善が図れます。

真空収集方式

縦搬送方式である空気搬送方式と同様です。

◆ 建築物内の貯留・搬出方式の比較

	容器方式	貯留・排出機方式	コンパクタ・コンテナ方式	真空収集方式
初期コスト	◎	○	△	×
衛生性	△	○	◎	◎
防災性	△	◎	◎	△
作業性	×	○	◎	◎
適用建築物	小規模	中規模	大規模	広域大規模

第9章

ネズミ・昆虫等の防除

ネズミや昆虫などの有害動物は、ビルの中でごみを餌にして生活し、増殖して、建物内の公衆衛生の安全をおびやかします。本章では、媒介動物による感染症、有害動物による吸血・刺咬・アレルギー疾患・皮膚炎など、ネズミ・昆虫等が人に与える健康被害、IPM（総合的有害生物管理）の考え方、被害を与える動物の種類・生態・防除法、防除に用いる機器類、薬剤の種類・特性・効果、安全な取り扱いなどを解説します。

有害動物の防除

人の健康や生活に有害な動物や昆虫を総称する用語として、「有害動物（害虫）」で表現し、本章全体では、ネズミ、昆虫、ダニなどを「ネズミ・昆虫等」と表記します。害虫の種類、発生場所・侵入経路、媒介動物と疾病、病原菌と感染症、媒介・疾病・感染症の予防対策、IPM（総合的有害生物管理）の考え方、方法を述べます。

■ 害虫の種類

害虫は、都市化にともない発生する害虫、吸血害虫、そして、食害虫など害を与える害虫に分類できます。

都市化にともなう害虫の種類

分類	害虫の種類
ネズミ	クマネズミ、ドブネズミ
蚊	チカイエカ
ゴキブリ	チャバネゴキブリ、クロゴキブリ
チョウバエ	オオチョウバエ、ホンチョウバエ
ダニ	イエダニ
シバンムシ	シバンムシアリガタバチ

チカイエカ
チャバネゴキブリ
クロネズミ

吸血害虫の種類

綱	目	害虫の種類
昆虫綱	シラミ目	シラミ
	半翅目	トコジラミ（ナンキンムシ）、サシガメ
	隠翅目	ノミ
	双翅目	蚊、ブヨ、アブ、ヌカカ、サシバエ
蛛形綱	ダニ目	マダニ、イエダニ、ワクモ

蚊は、メス成虫のみ吸血します。トコジラミ（ナンキンムシ）は、オス・メス共に成虫も幼虫も吸血します。

食害虫の種類

加害する食品	害虫の種類
食品	ゴキブリ、カツオブシムシ、シバンムシ、チャタテムシ
木材（ラワン材など）	ヒラタキクイムシ
動物性繊維（カーペット）	ヒメマルカツオブシムシ
羊毛、乾物	カツオブシムシ

また、害虫の成長形態には、完全変態と不完全変態があります。両者の違いは、蛹の有無によります。

● 完全変態（イエバエ、アカイエカ、モミなど）

卵	幼虫	蛹	成虫

● 不完全変態（ゴキブリ、トコジラミなど）

卵	幼虫	成虫

害虫の発生場所と侵入経路には次のようなものがあります。

害虫の発生場所

発生場所		害虫の種類
地下水槽、浄化槽のろ床、汚泥		チョウバエ、オオチョウバエ、チカイエカ
厨房（厨芥）		ショウジョウバエ、キイロショウジョウバエ、モミ、ハエ、ゴキブリ、ネズミ
家具、木材（ラワン材、ナラ材など）		ヒラタキクイムシ
室内の床	畳	タバコシバンムシ、ヒョウヒダニ、ケナガコナダニ
	じゅうたん	イガ、コナヒョウヒダニ
室内の壁、柱割れ目		トコジラミ
食品		シバンムシ、カツオブシムシ、メシメマダラメイガ、ケナガコナダニ、チーズバエ

害虫の侵入経路

侵入経路	害虫の種類
飛来して侵入	イエバエ、オオイエバエ、ヒメイエバエ、クロバエ類、キンバエ類、アカイエカ、オオウロヤブカ、ユスリカ
人体の外部に寄生して侵入	ノミ、シラミ、トコジラミ、マダニ
ネズミ、野鳥に寄生して侵入	イエダニ、ワクモ、トリサシダニ
二次的に発生	シバンムシアリガタバチ、ツメダニ、シラミダニ

> 二次的に発生するというのは、たとえば、シバンムシが大量に発生すると、天敵のシバンムシアリガタバチが発生し、人を刺すということです。

媒介動物と疾病

疾病（感染症）や症状をもたらす媒介動物、病原体には、次のようなものがあります。

媒介動物	疾病（感染症）・症状
ドブネズミ	サルモネラ感染症、レプトスピラ症（ワイル病）
ネズミ	ラッサ熱
蚊（アカイエカ）	フィラリア熱・ウエストナイル熱
蚊（コガタアカイエカ）	日本脳炎
蚊（ハマダラカ）	マラリア
蚊（ヒトスジシマカ）	チクングニア熱
蚊（ヒトスジシマカ、ネッタイシマカ）	デング熱
ノミ（ネズミノミ）	腸ペスト
ホシチョウバエ	不快感
イエバエ	消化器系感染症、腸管出血大腸菌O157感染症
ハエ	コレラ、赤痢
シラミ（コロモシラミ）	発疹チフス、回帰熱、塹壕熱
マダニ	日本紅斑熱病、ライム病、ダニ脳炎、野兎病
イエダニ	吸血によるかゆみ
ヒョウヒダニ類	気管支喘息、小児喘息
ヒゼンダニ	疥癬
ツツガムシ（フトゲツツガムシ）	ツツガムシ病
シバンムシアリガタバチ	刺咬

病原体が人体へ伝播する方法は2通りあります。
❶ 生物的伝播……特定の虫の体内でしかその病原微生物が増殖できないもの。
❷ 機械的伝播……媒介動物は必要とせず、食物や手指を介して経口で感染するもの。

前記の媒介動物が病原体を人体に伝播させ、感染症が発症します。病原体は主に以下の種類に分けられます。

病原体	感染症
ウィルス	日本脳炎、デング熱、伝染性下痢症（ウイルス性胃腸炎）、プール病（流行性角結膜炎）
細菌（バクテリア）	ペスト、赤痢、腸チフス、パラチフス、コレラ、サルモネラ
リケッチア	ツツガムシ病、発疹チフス、発疹熱
スピロヘーダ	ワイル病、そ咬病、回帰熱
原生動物（原虫）	マラリア、ねむり病、シャガス病
線形動物（線虫）	フィラリア、オルコセルカ

 リケッチア

リケッチア目に属する、細菌よりも小さな微生物で、動物の細胞内でのみ増殖する。ダニ、シラミ、ノミといった特定の節足動物を媒介して感染する。

媒介経路は、以下のように分類されます。

血液を媒介

注射の使い回しなど

⬇

B型肝炎、C型肝炎、クロイツフェルト、ヤコブ病

水・し尿を媒介

ウイルスの混入した水を飲むことで感染

⬇

A型肝炎、赤痢、急性灰白髄炎（ポリオ）、パラチフス、コレラ、サルモネラ、ワイル病、腸チフス

空気を媒介

飛沫感染

⬇

ジフテリア、発疹チフス、発疹熱

感染症の予防対策としては、以下のものが有効とされています。

感染症対策

ネズミ・害虫の除去

患者の隔離、保菌者の管理、健康保菌者の発見、ネズミ・害虫の防除

感染経路対策

水と空気の浄化、食品の衛生管理、手指の消毒、室内外の清潔の保持

感受性対策

ワクチン注射、予防接種、衛生教育の普及

■IPM（総合的有害生物管理）

　ネズミなどの防除を行うにあたっては、建築物において考えられる有効・適切な技術を組み合わせて利用しながら、人の健康に対するリスクと環境への負荷を最小限にとどめるような方法で、有害生物を制御します。そして、その水準を維持するための有害生物の管理対策であるIPM（総合的有害生物管理）の考え方を取り入れた防除体系に基づき実施します。

IPMの実施にあたっての留意点

① 的確に発生の実態を把握するため、適切な方法に基づき生息実態調査を行う。
② 生息調査の結果に基づき、目標水準を設定し、対策の目標とする。
③ 人や環境に対する影響を可能な限り少なくするように配慮する。
④ まずは、発生源対策、侵入防止対策などを行う。
⑤ 有効かつ適切な防除法を組み合わせて実施する。
⑥ 食毒剤（毒餌剤）の使用にあたっては、誤食防止を図るとともに、防除作業終了後、ただちに回収する。
⑦ 薬剤散布後、一定期間入室を禁じて、換気を行う当利用者の安全を確保する。

維持管理目標の設定

　維持管理の水準を3段階に分けて、それぞれに必要な措置を定めています。

許容水準
　法に定められた「良好な状態」

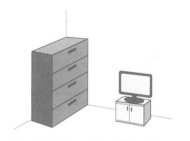

6か月以内に一度、発生の多い場所では2か月以内に一度、定期的な調査を継続する。

警戒水準
　放置すると今後、問題になる可能性がある状況

整理、整頓、清掃など環境整備の状況を見直す。整備しても毎回発生する場所では、人などへの影響がないことを確認し、毒餌などを中心に薬剤処理を行う。

措置水準
　ネズミや害虫の発生や目撃をすることが多く、すぐに防除作業が必要な状況

水準値を超えた区域では、発生源や当該区域に対して環境的対策を実施すると同時に、薬剤や器具を使った防除作業を実施する。

ネズミおよび害虫の調査法

調査対象名（ネズミおよび害虫名）	調査法
ネズミ	証跡調査法
蚊（幼虫）	柄杓すくい取り法
蚊（成虫）	ファン式ライトトラップ法
ゴキブリ	粘着式トラップ
屋内塵性ダニ・イエダニ	粘着クリーナ法
ハエ類（成虫）	粘着リボン法
食品食害	フェロモントラップ

糞、かじり跡、巣跡などを目視で確認する。
証跡調査法

第9章 ネズミ・昆虫等の防除

ネズミ・害虫の生態と防除法

建築物内で定着する有害動物としては、ネズミ類、ゴキブリ類、蚊類、ハエ・コバエ類、ダニ類、その他の昆虫・動物類があげられます。建物内を衛生的に良好な状態に保つためには、それぞれの害虫の生態と防除法について理解しておく必要があります。

■ ネズミ類

　建物内におけるネズミ類の種類は、クマネズミ、ドブネズミ、ハツカネズミの3種で、それぞれ独自の特徴、生息場所、食性、行動がありますが、共通の特性があります。防除対策の基本は、室内への侵入防止対策と発生環境の清掃や整理などによる発生源対策となります。

ネズミの一般特性

① ネズミの生息場所は多彩で、建築物周辺の植込みやソファ、観葉植物の鉢内でも生息する。
② 繁殖力が強く、生後2か月もすれば生殖可能で、ビル内では冬季も繁殖する。
③ 餌の嗜好性は雑食性で、ビル内に生息するネズミは、鉛管などの金属もかじり、高圧変電器や変電器室に入り、感電死することもある。
④ ネズミの移動経路は一定しているので、体の汚れが通路となる壁やパイプに付着する。ネズミの種類によって、侵入経路や体の大きさ・行動範囲が異なるため、残されたラブサイン・ラットサイン（こすり跡）の形で種類が判明し、生息状況調査を行う際には、証跡を確認することが重要。
⑤ ネズミの行動状況は、糞の状態からも判断できる。
⑥ ネズミは超音波でお互いの交信が可能である。

❓ ラブサイン・ラットサイン

ネズミが残した目に見える具体的なかじり跡、糞、足跡、体のこすり跡をラットサインという。このうち、こすり跡のことをラブ（rub）サインと呼んでいる。

ネズミの種類と生態

● クマネズミ（ラット）

特　徴　ドブネズミに比べて警戒心が強く、毒餌もなかなか食べないばかりかトラップにもかかりにくく、殺鼠剤にも比較的強く、防除が難しいネズミです。

生息場所　天井裏、壁、羽目板裏、梁、長押などです。都心の大型ビルでは、クマネズミが優占種です。

食　性　植物質（果実、野菜など）を好みますが、動物性の餌も摂取します。

行　動　垂直（縦）に行動するのが得意で、運動能力に優れています。電線、パイプやダクトを伝い歩き、柱とパイプが交差する地点で特有の半円形の跡を残し（ラットサイン）、ジャンプもできます（90cm程度）。

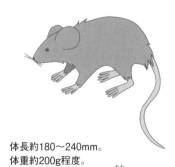

体長約180～240mm。
体重約200g程度。
耳は前に折り曲げると目を覆うほど大きい。
尾は体長より長い。

● ドブネズミ（ラット）

特　徴　金属やコンクリートもかじることができます。獰猛（どうもう）ですが、警戒心が弱いため、比較的防除しやすいネズミです。

生息場所　床下、地下、下水道、ごみ箱下、調理室、川岸など湿気を好み、ビルの水洗便所からも侵入でき、屋外に穴を掘り生息します。雑居ビルではクマネズミよりドブネズミが多く見かけられます。

食　性　クマネズミと比較して毒餌（どくえさ）の喫食性は良い傾向にあり、雑食性で動物タンパクが欠かせません。

行　動　水平に行動し、水中をうまく泳ぐ能力があります。

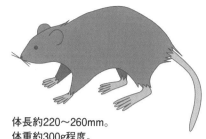

体長約220～260mm。
体重300g程度。
耳は小さく、倒しても目まで届かない。
尾は体長より短い。

● ハツカネズミ（ラット）

特　徴　好奇心が旺盛で、トラップにはかかりやすいが、殺鼠剤（さっそざい）には強いネズミです。

生息場所　アパート、倉庫、農家や納屋、耕地などに侵入（農村部で優占種）し、都会では人家やビルに生息します。ハツカネズミは小型で、局在的に分布し、行動圏も狭いです。生息数もドブネズミ、クマネズミに比べて少なく、水気のない環境下でも長期間生存することができます。

食　性　穀物、粉製品、ナッツ類を好みますが雑食です。

行　動　忍び込み行動をとります。

体長約60～100mm。
体重約15～20g程度。

ネズミの防除法

❶ 環境的防除法

防除の基本

餌（えさ）を断つ	巣を作らせない	通路を遮断（しゃだん）する

通路を遮断することの具体的な対策は以下のとおりです。

・侵入のおそれのある場所には、隙間（すきま）が1cm未満の格子や網目のついたフタや遮断路などを設けて、ネズミが通れないようにする。ドア周辺の隙間も1cm以内とする。

・ネズミはトンネルを掘れないため、地中基礎は、地面下70cm以上とする。

・パイプや電線などが壁を貫通（かんつう）する部分には、必ず座金などを設置する。

・建物の外壁は、ネズミが登らないように凹凸を少なくし、周囲の植物など直接建物に触れないようにする。

・開口部の高さは、ネズミが飛び上がれないように90cm以上の高さとする。

進めない！

❷ 機械的防除法

・捕獲器具は、数多く設置したほうが効果があり、器具は最低3日間、仕掛け続ける。

・クマネズミの防除では、粘着テープが多用されるが、捕獲効率は低い。

❸ 生物的防除法

ネズミの天敵であるイタチやヘビなどを用いる。

❹ 化学的防除法

製剤を経口的に体内に取り込ませることを目的とした、殺鼠剤を用いる。

毒餌

毒餌は固すぎないものがよく、粉剤を餌材料にまぶして作成することもできます。毒餌中の殺鼠剤の量は、濃度が低いと喫食性は良いのですが、効果が上がらず、高いと喫食性が落ち、喫食性は、もっとも必要な条件とされます。毒餌の基材に対する選択性は、ドブネズミはあまりありませんが、クマネズミは強く、クマネズミを対象とした毒餌は、植物性の餌を基材とします（殺鼠剤については238ページ参照）。

毒水

液剤を水に溶かして容器に入れ、倉庫の隅などに置き、それを飲ませて殺す方法です。

散粉法

ネズミの通路などに毒粉をまき、ネズミが体に付着したものをなめる性質を利用して殺す方法です。

■ ゴキブリ類

　日本では、屋内に定着している種類は５〜６種ほどで、卵、幼虫を得て成虫に発育する不完全変態の（蛹の時期がない）昆虫です。

ゴキブリの一般特性

①群をつくる性質（群居性）は、後腸から分泌される糞に含まれる集合フェロモンの作用による。成虫は幼虫より活動域が広がるが、集合フェロモンにより同一域での活動となる。

②生息場所は、暖かく、湿気が多く、人目につかない物陰で、餌があるところで、昼間はこのような場所に潜み、体内時計により夜間の特定の時間帯に活動する。生息分布の最大原因の一つに、建築物の蓄熱構造化がある。

③雑食性（手あか、糞便など何でも食べる）で、食性として発育段階による変化はなく、成虫と幼虫は、同じ餌を摂取する。

④走光性で飛ぶこともできる。

⑤成長が早く、チャバネゴキブリで卵から成虫まで約３か月、クロ、ワモン、ヤマトゴキブリで約１年である。

ゴキブリの種類と生態

◉ チャバネゴキブリ

・世界中に広く分布（日本では北海道から沖縄まで）し、暖房の完備したビルや飲食店に多く、暖かい場所を好み、都市建築物の中で生活するゴキブリの最優先種である。屋外ではほとんど見られない。低温に弱く、屋外で越冬できない。

・ふ化から成虫になるまでの期間（幼虫期間）は、温度により異なり25℃で約60日。卵で約20日、幼虫で約60日、成虫で約100日の一生である。

・１匹のメスは、卵鞘内には、約30〜40個の卵（ガマ口型）が入っていて、尾端に付けて行動し、産卵回数は約5回卵鞘を産み出す。

黄褐色。
前胸背面に一対の細長い黒斑がある。
約11〜15mm程度の小型のゴキブリ。

チャバネゴキブリ

・ピレスロイド剤に抵抗性を示すこと（薬剤抵抗性）、毒餌に抵抗性を示すこと（喫食抵抗性）が知られている。

● クロゴキブリ

・関東以南の一般住宅の優占種で、ビルの 厨 房（ちゅうぼう）、湯沸室など によく見られる。

・メスは、卵 鞘（らんしょう）を唾液（だえき）などでくぼみや隙間（すきま）に固着させることが多く、卵から成虫まで発育するのに1年以上を要する。卵で1～2か月、幼虫で8～10か月、成虫で4～5か月の一生である。

・気温の高い夏季に雌雄が一対で飛行移動し、分布域を拡大する。

体長25～30mm。
光沢のある黒褐色（こっかっしょく）。

クロゴキブリ

● ヤマトゴキブリ

・寒冷地を好み野外性が強い種で、農村地区や郊外（屋外の樹木、倒木、薪（まき）の下など）に多く生息するが、最近市街地にも進出し、一般住宅にも生息している。

● ワモンゴキブリ

・熱帯性だが、暖房が完備されていれば寒冷地のビル内でも越冬ができ、関東でも生息している。

● トビイロゴキブリ

・ワモンゴキブリと形態、生態ともに類似し、年間恒温化している地下街などで見られ、日本における分布は、局地化している。

体長30～35mm。
全体に赤褐色で
前胸背板に環状の
黄白色の斑紋（はんもん）がある。

ワモンゴキブリ

● キョウトゴキブリ

・最近屋内にも多く生息し、害虫化しているゴキブリ。

ゴキブリの防除法

　ゴキブリは、ハエや蚊に比べ発育期間が長く、徹底した駆除（くじょ）を行うことにより個体群密度の回復を遅らせることができます。潜み場所付近は糞などで汚れている（糞の跡をローチスポットという）ので、防除対象場所（薬剤処理や毒餌（どくえき）配置）の目安になります。ゴキブリの生息を確認する方法に、ピレスロイド剤を隙間に噴射し、隠れているゴキブリを飛び出させて生息を確認する方法や、粘着トラップを同じ場所に設け生息密度を知る方法があります。ゴキブリには、薬剤抵抗性の発達が認められます。

❶ 環境的防除法

　ゴキブリの生息場所をなくし、餌になるものを始末する。

❷ 薬剤による防除

● 残留処理法

　ゴキブリの行動習性を利用し、潜伏場所や通路に重点散布する基本的駆除方法で、這（は）い回る場所に散布し、そこを歩いたら足などから体内に薬剤が取り込まれることで処理する。長時間の駆除を目的とした処理法である。

　残効性の大きい油剤または乳剤を散布する方法と、塗布する方法がある。薬剤を高濃度少量散布する、速効性のあるULV処理には、専用の水性乳剤を用いる。

　卵鞘には効果がないので、１か月くらいしたら再び処理する。

● 燻煙処理法（えんくん）

　燻煙処理を行うときは、部屋をできるだけ密閉（閉鎖的空間に用いる）し、引出し、戸棚などを開放しておく。比較的速効

殺虫剤が壁面に残留する際の標準散布量は、散布面積1m²当たり50mLとする。

性で、隙間に潜むゴキブリを追い出すフラッシング効果があるピレスロイド殺虫剤が多用され、ダストシュート内でよく使用される。

● 煙霧処理法

油剤を煙霧機にかけ微粒子にして屋内に充満させる方法で、生息密度が高く、室内全般にわたって速効性を期待する場合に用いる。ジクロルボス0.3％油剤による煙霧処理では、室内空間1m²当たり2〜3mLを処理する。

● 毒餌処理法

残留処理法、燻煙、煙霧処理法が不可能なところや、補助的に使用する。毒餌による駆除では、喫食の機会を高めるために、毒餌剤を部屋の何カ所かに配置する。毒餌は遅効性である。

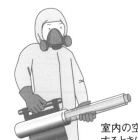

煙霧処理法

室内の空間に煙霧処理をするときは、30〜60分間は部屋を閉め切っておく。

● 粘着テープ

生息密度がそれほど高くないときに有効に利用できる。粘着テープを防除に使用するときには、捕獲効率に限界があるので、他の方法と併用するか補助的に使用するのがよく、煙霧処理や燻煙処理の後に設置すると効果がある。

■ 蚊類

主に大型動物から吸血する種類、人を好んで吸血する種類などがあり、また、夜間吸血する種類と昼間吸血する種類に大きく分けることができます。防除では発生源対策として、成虫駆除対策と幼虫駆除対策があり、両対策を行うと効果が大になります。また、発生防止策として、発生源に殺虫剤の散布を行うことも重要です。

蚊の種類と生態

● コダカアカイエカ

水田などから発生し、もっぱら夜間に吸血活動をします。豚・牛・人などから吸血し、関東以西に多く生息します。

● ヒトスジシマカ

発生源は、人工的な小水域や古タイヤ、空き缶などの水たまり、公園、墓地、竹やぶなどで夜より昼間のほうが活発で、激しく人から吸血します。地球温暖化の影響で日本では北に分布を広げ、南西諸島から東北地方まで分布します。

● アカイエカ

どぶ川のよどみ、屋外の下水だまりなどからよく発生し、幼虫の形態は、チカイエカの幼虫と類似しています。人以外にニワトリや野鳥などからも吸血し、九州から北海道まで広く分布します。有機物の多い下水溝などで発生する傾向があります。

● チカイエカ

唯一建築物内で1年中発生し、冬季でも休眠せず、人から吸血します。暗黒条件でも交尾、産卵し、最初の産卵は、無吸血産卵で、その後は吸血します。主な発生源は、地下の浄化槽や排水槽で、九州から北海道まで広く分布します。

KEYWORD

蚊の習性　一般的に蚊は、二酸化炭素の密度の高いところへ、温度の高いところへ向かう習性があり、体温が高く呼吸回数が多く、新陳代謝の激しい人が刺されやすい。

アカイエカとチカイエカの比較

アカイエカ

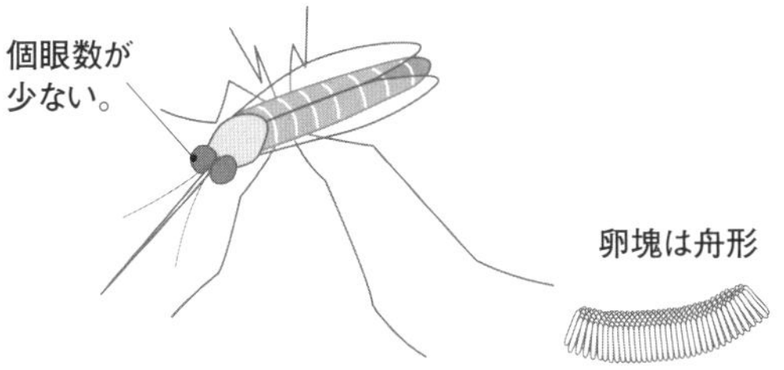

交尾は広所交尾性、産卵は吸血産卵性、周期的な休眠を行う（成虫から翌春まで越冬する）。

チカイエカ

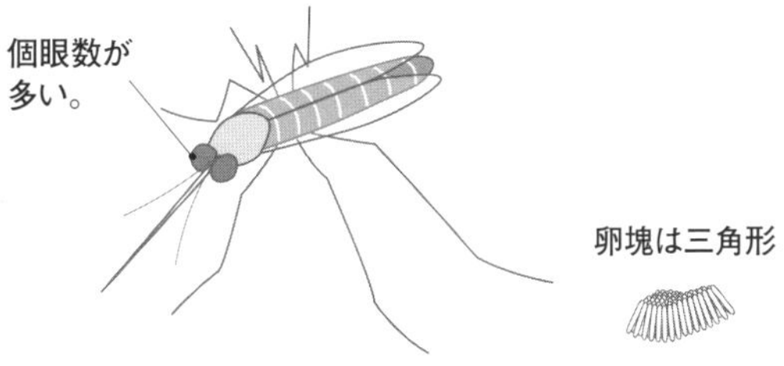

交尾は狭所交尾性、産卵は無吸血産卵性、休眠しない。

蚊（か）の防除法

成虫の発生状態は、ハエ取りリボンなどの粘着トラップによる捕獲数で調査し、幼虫の生息状態は、水中から柄杓（ひしゃく）などですくい取られた数により調査し、発生源を特定します。侵入経路や成虫の分散状況も調査して防除方法を選定し、実施します。

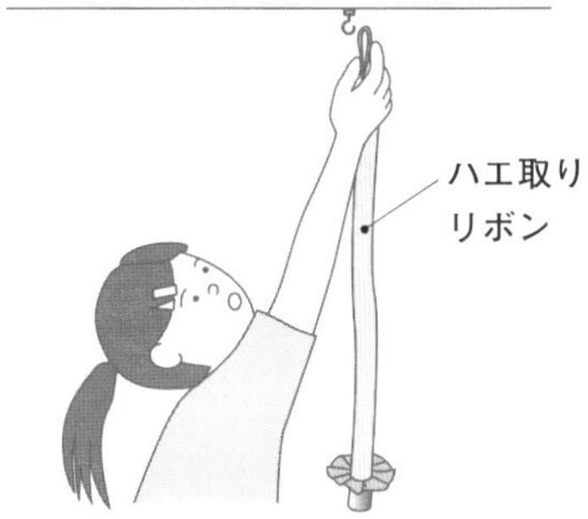

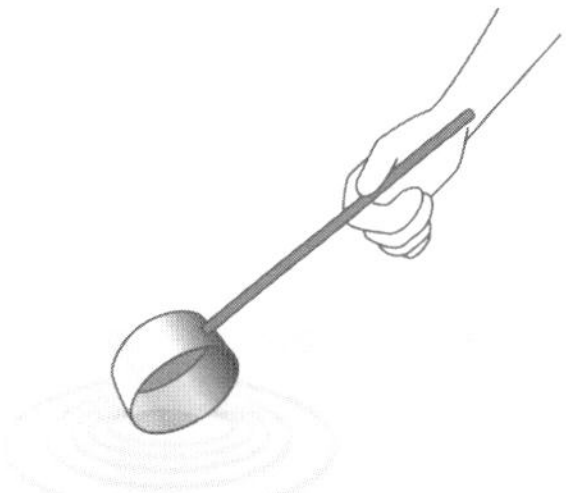

❶ 乳剤に含まれる界面活性剤や有機溶剤

浄化槽内の浄化微生物に影響を及ぼすおそれがあります。オルソ剤やクレゾールなどの殺菌性の強い薬剤を投入すると、微生物が死滅し、浄化槽としての機能を果たせなくなるので注意が必要です。

❷ ULV処理

ULVはUltra Low Volume（ウルトラ ロウ ヴォリューム）の略で、高濃度の微量粒子を空間散布する方法です。成虫に対する即効性は高いですが、残効性が期待できません。

❸ 昆虫成長制御剤（IGR）

幼虫および蛹（さなぎ）の成長阻害（羽化阻害と脱皮阻害など）により防除することを目的としています。即効的な致死効果は期待されず、成虫に対する致死効果が認められません。

❹ 殺虫剤

防除効果が得られない場合は、薬剤抵抗性の発達を考慮し、異なる薬剤を複数回処理します。

❺ 樹脂蒸散剤

密閉性が保たれている空間の成虫防除に効果を発揮します。

❻ 煙霧処理（スプレーなど）

成虫に対し、直接的で効果の発現も早いですが、効果は一時的で、薬剤に無駄が多く、高い残効性は期待できません。

■ハエ・コバエ類

建築物内で発生するハエ類は、大型の種より小型の種が多いため、コバエが不快害虫、食品混入害虫などとして問題になる場合が多くなります。

ハエ・コバエの種類と生態、防除法

ハエ類

イエバエ、クロバエ、ニクバエ類などのハエ類は、厨芥（厨房で出る食べ物などのくずのこと）などの処理がきちんと行われていれば幼虫は発生しません。

● イエバエ
病原性大腸菌O157、消化器系感染症、赤痢などの媒介動物で、幼虫の発生源は、ごみ、堆肥、畜舎などで、成虫の食物は植物性。

体長6〜8mm。
灰黒色。

イエバエ

● クロバエ類
大型のハエで、気温の低い時期に発生し、成虫は春と秋に見られ、成虫で越冬する。発生源は腐敗した動物質だが、イヌやネコの糞からも発生する。

● キンバエ類
食物などに産卵して、消化器ハエ症の原因となる。腫瘍部や外傷部に産卵することもある。

体長10〜12mm。
丸みを帯びている。
黒色。

クロバエ

● ニクバエ類
卵ではなく幼虫を産む卵胎生のハエで、発生源は腐敗した動物質やイヌ、ネコなどの糞である。キンバエ類と同じくハエ症の原因となる。主に初夏から秋にかけて発生する。

コバエ類

コバエ類は、走光性を示す種類が多いので、蚊の成虫対策で説明した粘着トラップなどを用いて捕獲することができます。浄化槽や排水槽などが発生源になっている場合は、幼虫の生息場所となるスカムの除去や水面近くの壁面の清掃も効果的です。

● ノミバエ類
発生源は腐敗した動物質で、隙間から侵入する。餌の量が少なくてよく、成長速度が速いことから屋内で大量発生することがある。卵から成虫が羽化するまでの日数は12〜13日。

● ショウジョウバエ類
発生源は腐敗した植物質や果物。卵から成虫の羽化までは約10日。

● チョウバエ類
蚊の仲間に属し、幼虫は浄化槽の路床や汚泥からよく発生する。食害ではなく付着汚染である。幼虫対策として、有機リン系殺虫剤の乳液の希釈倍率を高くし、散布量を多くして使用すると効果がある。建築物内で発生するのはオオチョウバエとホシチョウバエの2種。

● ニセケバエ類
建築物内では植木鉢などの肥料に用いられる油粕などから発生する。

体長1.0〜5.0mm。
脚が発達し、
歩行が得意。

ノミバエ

体長2.0〜4.0mm。
複眼が鮮やかな赤色。
体は黄褐色。

ショウジョウバエ

■ダニ類

　建築物内のダニ類は、生活様式から室内塵性ダニ類、動物寄生性ダニ類、植物寄生性ダニ類の３つに分類ができます。ダニ類による被害の可能性がある場合には、原因種を特定した上で対策を講じる必要があります。

ダニの一般特性

・動物寄生性のダニ類の中には、人から吸血する種類があり、植物寄生性のダニ類は、不快感を起こすが、人を刺すことはない。
・ダニ類の中には、小昆虫を捕食する種類がある。
・ダニには、人の皮膚内にトンネルを掘って寄生する（内部寄生）ものと、外部の皮膚に直接寄生する（外部寄生）ものがある。
・人の居住空間（主に室内）に生息するダニの大部分は、ヒョウヒダニ類（チリダニ類）で、カビや人のふけなどを餌としており、吸血はしない。

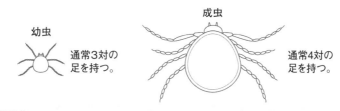

顎体部（口器）と体の主部である胴体（頭、胸、腹の融合）の２つに区分される。

ダニの種類と生態

● イエダニ
　ネズミ類に寄生する（外部寄生）ダニで、人からも吸血します。

● ケナガコナダニ
　雑食性のダニで、他のダニを食べて増えます。新しい畳に大量発生することがありますが、人に対しては刺咬も吸血もしません。食品（保存食品など）にも発生する屋内塵性ダニで、代表的なコナダニ類の一種です。

イエダニ
体長0.6～1.0mm。
吸血後は赤くなる。

● ヒョウヒダニ類（ヒョウヒダニ、ヤケヒョウヒダニ、コナヒョウヒダニ他）
　畳やカーペットが発生源で、人やペットの垢やふけを餌として増え、雑食性です。脱皮がらや糞は気管支ぜんそくのアレルゲンとなります。発育最適条件は、温度25℃、湿度60％以上です。
　屋内の塵に生息するダニの中で、ヒョウヒダニ（チリダニ）類の優先率が高く、殺虫性感受性が低いので、十分な効果が期待できる殺虫剤は多くありません。

● ツメダニ類
　他のダニ類やチャタテムシ類を食べて増え、被害は、その数が屋内塵1g中100匹を超えると顕著になってきます。人に対して刺咬しますが吸血はしません。

● ヒゼンダニ
　人と動物の皮膚にトンネルを掘って寄生するダニで、疥癬（皮膚疾患）を引き起こします。

● カベアナタカラダニ
　建築物の屋上、壁面などで発生し、屋内に入ることがあります。人への直接的な被害は及ぼしませんが、壁面に大量に発生し、人に不快感を与えます。

ダニの防除法

ダニ全般に対する防除法としては、以下が有効です。
- 屋内塵性ダニの発生予防には、除湿器などを利用して乾燥を心がける。
- ダニの種類によっては、殺虫剤感受性が異なり、薬剤処理だけでは防除効果が上げられない場合がある（特にツメダニ類など）。天気のよい日は、窓を開けて畳などが乾燥するように風通しをよくするよう心がける。
- 吸血性ダニ類は、殺虫剤感受性が高く、有機リン剤やピレスロイド剤などの一般的に使用されている殺虫剤で対処できる（吸血性の被害を受けた場合には、周辺に人以外の宿主となる動物がいる可能性が高い）。
- 人のふけや垢がたまらないように、床面やカーペットをよく掃除する。

湿度が高いと活発に繁殖するため、室内の温湿度を適切に管理する。

人のふけや垢などがダニの餌となるため、床のゴミをきれいに掃除する。

各ダニに対する防除法は、以下のとおりです。
- ❶ イエダニ ➡ ネズミを駆除する。
- ❷ ケナガコナダニ ➡ 乾燥に弱いため、除湿する（大量発生時は殺虫剤を使用、乳剤は畳などに水分を与えるため用いない）。
- ❸ ヒョウヒダニ ➡ 徐塵する。
- ❹ ツメダニ ➡ 殺虫剤の効果が少なく、防塵、防湿を含めた環境的駆除をする。他のダニ類やチャタテムシ類の防除が重要。
- ❺ ヒゼンダニ ➡ フェノトリン軟膏を塗布する。
- ❻ ツツガムシ ➡ 忌避剤を用いる。
- ❼ トリサシダニ ➡ 家屋に営巣する野鳥の巣を除去する。

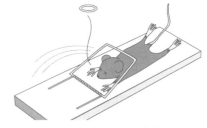

イエダニはネズミの血を吸って栄養を得ているため、ネズミを駆除すれば、イエダニの繁殖を抑えることができる。

■その他の昆虫・動物類

種類と生態、防除法

- ユスリカ類

ユスリカはあらゆる環境条件下で発生します。富栄養化した水域や湖、浄化槽、屋内の排水槽、プールなどでも発生します。

発生した成虫が、夜間に灯火に飛来して屋内に侵入するため、網戸の設置が有効です。建築物周辺の照明を走光性昆虫に対する誘引性が低いナトリウム灯に変更したり、建築物から離れたところに電撃式殺虫機などを取り付けたりします。浄化槽や排水溝などが発生源の場合は、有機リン剤や昆虫成長制御剤などの殺虫剤を散布します。

ユスリカ

成虫の口は退化して吸血することはないが、大量のユスリカが飛んで人を不快にさせることが多い。

● チャタテムシ類

ほとんどが野外性で、コナチャタテ類が屋内で発生します。畳の藁床（わらどこ）、干物、乾麺（かんめん）などの乾燥食品に依存し、ドライフラワーや乾燥植物からも発生します。卵から成虫までは約1か月、年に数回発生します。

餌（えさ）となるカビの発生を抑え、温度25℃以上、湿度80％以上の環境を持続させないようにし、高温での加熱処理も有効です。

チャタテムシ

● シロアリ類

イエシロアリ、ヤマトシロアリ、アメリカカンザイシロアリ、ダイコクシロアリなどの種類があります。羽アリの屋内侵入で、建築物の乾材、タンス、ピアノ、机などに坑道を掘って食害します。巣は小さく、水を必要としません。

羽アリに対しては、乳剤などの希釈（きしゃくえき）液やエアゾール剤による噴霧処理や残留処理を行い、巣に対しては殺虫剤や食毒剤の設置を行います。

シロアリ

● トコジラミ類

カメムシの仲間の吸血昆虫です。夜間吸血性で、昼間は壁、柱、家具、襖（ふすま）などの隙間（すきま）などに潜みます。多数が潜む場所の周辺には、糞（ふん）による黄色いシミが見られます。

潜む場所に殺虫剤を注入し、潜みそうな場所とその周辺に、残留処理を行います。トコジラミは、ピレスロイド剤に対して抵抗性を示すため、有機リン剤の乳液、ＭＣ剤（マイクロカプセル剤）を残留処理します。

トコジラミ

● 甲虫類

建築材料を加害するものと、貯蔵乾燥食品や羊毛製品を食害する甲虫類がいます。

① シバンムシ類

乾燥食品を加害します。加害するのは幼虫期でタバコシバンムシやジンサンシバンムシの幼虫には、シバンムシアリガタバチの幼虫が寄生します。シバンムシアリガタバチは室内で刺すことがあります。

食品に寄生する場合は加熱して殺すか、廃棄処分します。シバンムシアリガタバチの成虫は殺虫剤に対する感受性が高く、乳剤の希釈剤や油剤、煙霧やULV、燻煙剤（くんえんざい）、加熱蒸散剤などの処理で殺します。

② カツオブシムシ類

乾燥食品や動物性製品を加害します。ヒメマルカツオブシムシやヒメカツオブシムシの幼虫は、主に羊毛製品、じゅうたん、絹織物、動物のはく製などを食害します。

③ ヒラタキクイムシ類

家具などの乾材を加害し、穀物も加害します。

針葉樹材や広葉樹材の心材を使用したり、表面を塗装し産卵を防ぎます。発生した場合は、成虫の脱出孔から有機リン剤の油剤を注射器などを用いて材内に注入し、剤の表面に薬剤を塗布します。

シバンムシ

カツオブシムシ

● ノミ類

現在、イヌ・ネコに寄生しているのは、ほとんどがネコノミです。ネコの常在場所などが発生源で、幼虫は床の隙間やじゅうたんの下などで発育します。ノミの幼虫はウジ型で、有機物や成虫が出す糞などを餌にして約3週間で蛹（さなぎ）になります。

ノミは飢餓（きが）に強く、一度に大量に吸血します。人が出す二酸化炭素に反応して飛びついてきます。人が歩行中に受ける被害は、膝（ひざ）から下に集中します。腺ペストの媒介（ばいかい）動物です。

ノミ

第9章　ネズミ・昆虫等の防除

3 防除に用いる機器類

害虫を防除するためには、様々な用具や機器が用いられますが、①調査器具、②薬剤散布・捕虫機器、③防鼠・捕鼠機器と３つに分類されます。それぞれの用具、機器と使用法について、よく理解しておく必要があります。

■ 調査器具

的確な防除のために、まず害虫の生息調査を行います。その捕獲器具には、以下のものがあります。

❶ ゴキブリ用粘着テープ

ゴキブリの生息状況調査に用います。防除の前後に配置して、捕獲数からゴキブリ指数を計算して防除効果を見ます。

❷ 粘着紙・ハエ取りリボン

飛翔昆虫を捕獲します。粘着式ライトトラップの粘着紙を使用すると係数作業（数を数える作業）に便利です。

❸ 粘着クリーナー

イエダニや室内塵性のダニを調査するために、ローラー式の粘着クリーナーを床に転がし、粘着紙をローラーから切り取り、表面を薄手の透明なビニールなどで覆い、実体顕微鏡で見ます。

❹ ライトトラップ

紫外線で昆虫を誘引し、ファンで吸引して補虫ネットで捕獲するものと粘着紙に付着させるタイプのものがあります。

❺ その他の器具

・実体顕微鏡……昆虫、ダニの同定や拾い出しのために使用します。建築物衛生法のネズミ・昆虫等防除業の登録要件の一つです。

・生物顕微鏡……ダニの同定には、プレパラート標本を作製し、高倍率の生物顕微鏡が必要です。

ゴキブリ用粘着テープ　　　　　　　　　　　　　　　　　　ライトトラップ

■ 薬剤散布・捕虫機器

❶ 噴霧器

ハンドスプレーヤーを使用し希釈した乳剤（有機リン系の殺虫剤）を散布します。噴霧時の液体粒子の大きさは、100〜400ミクロンと比較的大きな粒子で散布します。室内空間や壁面、床面などの害虫発生源に対し、濃厚液を散布します。対象害虫はゴキブリ、アリ、ハエ、ドクガなどです。

❷ ミスト機

殺虫剤、殺菌剤、消臭剤などに熱を加えずに、送風装置とノズル先端の衝突板で20〜100ミクロン程度の微細な粒子を噴霧する機器です。対象害虫は、汚水槽や雑排水層などの蚊やチョウバエです。

❸ 煙霧機

油剤に熱を加えて気化させ、殺虫剤を0.1〜10ミクロンの粒子にして、飛翔する害虫などに直撃させる目的で使用します。パルスジェット式、電熱式、ガソリンエンジン式があります。倉庫、下水処理場、

屋外などの広域の防除に使用されます。

❹ ULV機

ULVとは高濃度少量散布という意味で、ULV噴霧機を使用し、高濃度の薬剤を少量空間に向け散布します。噴霧時の薬剤の粒径は、5〜20ミクロンと小さいため空中に浮遊する時間が長く、飛翔（ひしょう）する害虫にも効果があります。また、物陰などへも薬剤が浸透して行くため、そこに潜む害虫を追い出し、駆除（くじょ）できる（フラッシング効果）という特徴があります。薬剤はピレスロイド系の殺虫剤を使用します。対象害虫はゴキブリ、ハエ、蚊などです。

❺ 散粉機

粉剤の処理に用いるもので、手動式、電動式、エンジン式があります。散粉機を使用し、建物の外周や出入口周辺に丹念に粉剤を散布すると、薬剤に接触した害虫は、体表より殺虫成分を取り込み死亡します。対象はムカデ、アリ、ヘビなどです。

❻ 電撃式殺虫機

接触した虫類に電気ショックを与えて捕虫する殺虫用の電気設備です。単相100V・200Vの低圧回路を変圧し、2,000〜7,000Vの高圧を発生させることで、接触した害虫にショックを与えて捕虫します。薬剤などを使用しないため、空気をクリーンに保ったまま殺虫できます。

❼ 粘着式殺虫機

誘虫ランプのまわりに粘着物質を塗ったシートがセットされていて、昆虫を捕獲します。死骸（しがい）が周囲に落ちないので調査用にも使えます。

❽ 捕虫機器

害虫を誘引ランプの光で誘い、粘着シートで捕獲する機械が捕虫機器です。粘着シートを定期的に交換すれば、継続的な駆除ができます。対象害虫はハエ、蚊、その他の飛来害虫です。

噴霧器

ULV機

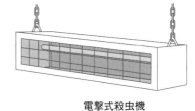
電撃式殺虫機

防鼠（ぼうそ）・捕鼠機器

❶ ネズミ用粘着テープ

ポリブデンの粘着剤をテープに塗ったものです。

❷ ネズミ用圧殺・生け捕り式トラップ

台の中央に置かれた餌（えさ）をネズミが触れるとばねの止め金がはずれて圧殺するものと、ネズミがカゴの中の餌を取ろうとすると止め金がはずれてフタが閉まり、生け捕りにするものがあります。

❸ 毒餌箱

食品取扱場所や外周に、毒餌や圧殺式トラップを設置する場合は、鍵のかかる毒餌箱に入れて設置します。

❹ 超音波防鼠機

ネズミが嫌がる20kHz前後の超音波を発信する機器です。同じ周波数を流し続けるとネズミが慣れるため、8〜40kHzの音波を断続的に発信する機器もあります。

ネズミ用粘着テープ

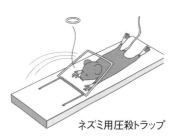
ネズミ用圧殺トラップ

4 防除に用いる薬剤

薬剤は薬事法による規制を受け、医薬品または医薬部外品として承認された製剤が用いられます。農薬は農薬取締法の規制を受け、家畜やペット用の薬剤は、動物用医薬品取締規則により規制を受けます。シロアリや不快害虫の薬剤は、法的規制はありませんが、業界団体の自主規制が行われています。薬剤の特徴をよく知った上で、適切な時期に正しく使用、処理する必要があります。

■ 殺虫剤の有効成分

各薬剤の有効成分は理化学的性質が異なるので、その効力発現も多岐にわたります。一般的に、速効性のものは残効性に劣り、残効性の高いものは遅効性です。対象種により効力は異なり、幼虫専用、空間噴霧、残留噴霧に適している成分、常温揮散して効力を発揮するものなどさまざまです。

速効性
すぐに効果が現れること。

残効性
効果がしばらくの間、持続すること。

遅効性
効果が現れるのに時間がかかること。

殺虫剤の種類と特徴

種類	特徴と殺虫作用	主な剤名
ピレスロイド殺虫剤	・殺虫成分は除虫菊に含まれるピレトリン。 ・速効性で飛翔害虫の防除に適する。 ・人畜への毒性は低い。 ・興奮、麻痺により死に至らしめるが、少量だと蘇生する。	ペルメトリン、アレスリン、フタルスリン、レスメトリン
有機リン系殺虫剤	・殺虫効果が高く、残効性も高い。 ・有機リン酸エステル結合を持つ殺虫剤。 ・科学的に安定で、水に接触すると分解する。 ・抵抗がつきにくく速効性がある。 ・昆虫必須の酵素の働き（神経系）を阻害し、興奮、麻痺により死に至らしめる。	フェニトロチオン、マラチオン、ダイアジノン、テメホス、フェンクロホス、ジクロルボス（DDVP）
カーバメート系殺虫剤	・カルバミン酸のエステル化した化合物。 ・酵素の働きを阻害し昆虫の体内を調和錯乱させて死に至らしめる。	プロポクスル
昆虫成長制御剤（IGR）	・幼虫が成虫に変態するのを阻害して昆虫の繁殖を妨げる殺虫剤。 ・幼虫期が長びくとかえって被害が増加する虫もおり、注意が必要。 ・蛹化や羽化などの変態を阻害する幼若ホルモン様化合物と、脱皮後の表皮形成を阻害する成分がある。 ・蚊やハエなどに使用されている。	メトプレン、デミリン、ピリプロキシフェン、ジフルベンズロン

ピレスロイド系は語尾が「トリン」「スリン」で終わるものが多く、有機リン系は、語尾が「オン」「ホス」で終わるものが多いのです。

【各殺虫剤の効力】

● ピレスロイド殺虫剤

①フェノトリン・ペルメトリン……致死効力と残効性に優れており、ゴキブリ防除に使用されます。

②アレスリン化合物群……………アレスリンは8種の異性体の混合物です。蚊取製剤、エアゾールなどの成分として使用されます。

③フタルスリン化合物群…………アレスリンとともに直撃したときのノックダウン効果が高く、電気用蚊取器用薬剤として用いられます。

フェノトリン・ペルメトリン

ゴキブリ防除用スプレー、燻煙剤に使用される。

アレスリン化合物群

蚊取り線香などに使用される。

● 有機リン剤系殺虫剤

①ダイアジノン…………致死効力、速効性、残効性に関するバランスのよい成分で、多くの害虫に有効です。ハエに対する効力が高く、マイクロカプセル剤です。

②ジクロルボス…………常温揮散性が高く、対象害虫に速効的に作用しますが残効性に欠けます。蒸気圧が高いので、樹脂蒸散剤の有効成分として利用されています。

③フェニトロチオン……広範な害虫の効果があります。残留噴霧したときの残効性が高く、ゴキブリに対する効果が優れています。代表的な有機リン剤です。

④テメホス………………蚊幼虫に効果が高い薬剤です。特にユスリカ幼虫の防除には最適です。

? 残留噴霧

粒子状の薬液を害虫の生息場所に散布するとき、平面やコーナーに散布し、そこに害虫が接触することで効果を上げる処理法を残留噴霧と呼ぶ。また、隙間や割れ目に注入するのを隙間処理と呼ぶ。

● カーバメート系殺虫剤

・プロポクスル……ゴキブリを対象とした製剤です。

● 昆虫成長制御剤（IGR）

①メトプレン、ピリプロキシフェン……幼若ホルモン様化合物で、昆虫が蛹になる直前または直後に高活性を示しますが、孵化幼虫に対する効力は低いです。イエバエやアカイエカの幼虫処理では蛹からの羽化を阻止します。

②ジフルベンズロン……表皮形成阻害剤で、施用後、幼虫の脱皮時に不完全な表皮が形成されるため、しばらく生存したのち、いずれ死に至ります。

● その他

①ホウ酸、ヒドラメチルノン、フィプロニル……ゴキブリなど対象の毒素剤の有効成分です。

②アミドフルミト……室内塵性ダニに有効な成分で、主にツメダニ用殺虫剤です。

③ディート……ブユなど吸血昆虫対象の忌避剤成分です。

④ヒドラメチルノン……ゴキブリ用食毒剤の有効成分として使用され、残留塗布剤には使用しません。

■殺虫剤の剤型

● 乳剤

原体を有機溶媒に溶かし乳化剤を加えたもので、使用時に水に希釈（きしゃく）して使います。希釈したとき白濁（はくだく）するものが多いですが、可溶化型乳剤は、使用時に水で希釈しても白濁しません。

● 油剤

有効成分を灯油に溶かしたものが多く、空間処理や残留処理を行うか、煙霧機にかけて煙霧処理ができます。そのまま使用でき、速効性があります。ビル内で使用される油剤の主成分は白灯油で引火性が高いので注意が必要です。

● 粉剤

鉱物性の粉末で増量されていてそのまま使用でき、昆虫の皮膚に傷をつけて、効果を高めることもあります。食毒効果も期待できます。水面に浮遊させて水域で使用できるものもありますが、一般的には水のあるところでは使用しません。粉剤は水で希釈しないでそのまま使用します。

● 粒剤

基材に混ぜ合わされている有機成分が時間をかけて溶け出すことにより薬効をコントロールできます。水中に処理すると徐々に有効成分が溶け出し、残効性が期待できます。蚊幼虫対策に用います。

● 揮散型空間処理剤

①蒸散剤……蒸散性が高い有効成分を樹脂に含ませたものです。使用場所に吊るしておくだけで効果が期待できます。成分はジクロルボス（DDVP）です。

化学反応熱を利用して有効成分を放出させる加熱蒸散剤は、主にゴキブリを対象としており、チョウバエ類対策にも用いられます。蚊取マットや電気蚊取、常温揮散の有効成分をファンで放出する蚊取製剤などがあります。いずれの製剤も速効性のピレスロイドを含んでいます。

②燻煙剤（くんえんざい）……速効性と致死効力の高い有効成分を助燃材とともに内包した製剤で、点火または加熱により成分を煙とともに空間に放出させて有効活用するものです。飛翔性（ひしょうせい）の昆虫に有効です。蚊取線香がこの一例です。

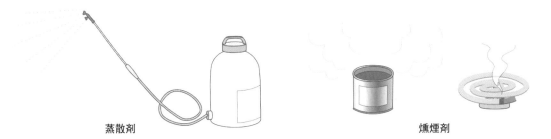

蒸散剤　　　　　　　　　　　　　　　　　　　　燻煙剤

● 水和剤

粉剤に乳化剤を加えたもので、水で希釈して使用します。水和性は、散布面を汚すため注意が必要です。残留処理（行動範囲を予測し、殺虫剤をあらかじめ撒（ま）いておく方法）に用います。

● 懸濁剤（けんだくざい）

基本的には乳剤と同じもので、水で希釈して使用します。有効成分を特殊な物質で被覆（ひふく）したり、炭末のような物質に吸着させた製剤で、フロアブル剤といいます。

● 食毒剤

有効成分を餌（えさ）に混入し、経口的に任意に取り込ませて致死させる製剤をいいます

● エアゾール剤

空間噴霧用はハエや蚊用に、残留塗布または直撃用はゴキブリに使用されます。有効成分は主にピレスロイドです。

● 炭酸ガス製剤

フェノトリンなどのピレスロイド剤を液化炭酸ガスに溶解し、ボンベに封入した製剤で、粒子径が細かくULV的な処理が行えます。

■殺虫剤の性質を表す用語

●殺虫力

LD_{50}、LC_{50}、IC_{50} などで評価され、この値が小さいほど殺虫力が強いことを示します。

LD_{50}（50% Lethal Dose）……50%致死薬量を示します。供試虫1匹当たりのμg値で示します。

LC_{50}（50% Lethal Concentration）……50%致死濃度を示します。水中などにおける薬剤濃度を ppm 値で示します。LC_{50} は LC_{90} のほぼ2倍の値に相当します。

LD_{50} 値と LC_{50} 値の両方の値を組み合わせると、残効性の程度がわかります。

IC_{50}（50% Inhibitory Concentration の略）……50%阻害濃度を示します。

半数が死亡する薬剤に含まれる化学物質の量

半数が死亡する薬剤が含まれる水中に溶けている化学物質の濃度

● 残効性

処理した薬剤がその処理面で持続する効力の長さをいいます。揮散性（蒸気圧）の低い成分は、一般的に残効性が優れています。対象害虫に対し2か月以上効力が持続したら優れた残効性があると判断しますが、2～3日後に失効したときは、残効性はほとんどないと判断します。

● 速効性

薬剤の効果の発現の速さをいいます。KT50（50%ノックダウンタイム、50%仰転時間）のような数値で示します。致死効力とは相関しません。食毒剤では速効性が摂食忌避に働くことがあります。飛翔昆虫や吸血昆虫対象では、速効性は重要です。残渣接触での速効性は、ジクロルボスが高いのですが、空間噴霧や直撃するときの速効性はピレスロイドが優れています。

● 追い出し効果（飛び出し効果、フラッシング効果）

ノックダウンに至らない微量な有効成分に反応し、物陰などに潜むゴキブリなどが解放された外部に飛び出してくることをいいます。

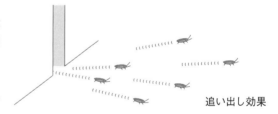

追い出し効果

● 忌避性

薬剤に反応して逃げていくことをいいます。殺虫剤に忌避性があるのは本来望ましくありませんが、どんな殺虫成分でも若干の忌避性は認められます。忌避性が得られる薬量範囲は、最低致死量の1/10程度までが限界であり、有効成分の忌避性は強いものではありません。

● 抵抗性

ある殺虫剤に対して抵抗力がつき、薬剤が効かなくなる性質をいいます。ある昆虫で殺虫剤抵抗性が発達すると、それまで使用されたことのない殺虫剤も効かなくなることがあります。また、ある殺虫剤に対して抵抗性が発達すると、その薬剤の使用を中止しても抵抗性の減退はあり得ます。殺虫剤抵抗性の発達防止策としては、作用の異なる殺虫剤をローテーションで使用することが効果的です。

以前は効果のあった薬剤に抵抗力がつき、効かなくなる。

薬剤をローテーションで使用することで抵抗力がつきにくくなる。

■殺鼠剤の種類と剤型

殺鼠剤の種類

抗凝血殺鼠剤

連日摂取させることで効果を上げます。第1世代のクマリン系殺鼠剤（ワルファリン、フマリン、クマテラリル）は、少量を4〜5日連日摂取するとネズミは血液凝固阻止作用を起こし失血死します。第2世代の抗凝血性殺鼠剤としてジフェチアノールがあります。

急性殺鼠剤

1回の投与でネズミを致死させます。ハツカネズミに効力があります。その他、リン化亜鉛などがあり、速効的な効力を示します。

毎日続けて食べないと効果はない。
安全性は高い。

毒性が高く、1回食べれば死亡する。

殺鼠剤の剤型

● 固形剤
毒餌が代表的なものです。

● 粉剤
ワルファリン粉剤があり、餌剤にまぶして使用すると優れた毒餌となります。

● 液剤
水の少ない場所に毒水として使用します。殺鼠剤を含む液体で水を希釈したり、錠剤を溶かして調製します。

■殺虫剤の安全性と保管

殺虫剤の安全性

薬剤の種類と毒性の強弱、摂取量、摂取期間によって決まります。人間と防除対象害虫との関係では、選択毒性の差が他の生物と大きいほど安全性が確保されます（LD_{50}値の差が大きいほど確保しやすい）。

 選択毒性

単位体重当たりで比較したときの、ある化合物の毒性が特定種類の生物にとってのみ致命的な毒性を発揮し、生物種によって害を与えない性質をいう。

殺虫剤の保管

・人やペットなどに接触する機会の少ない場所に保管します。
・直射日光が当たらず、温度と湿度の低い場所で保管します。
・油剤は、消防法で定める「第4類第2石油類」に該当するものがあります。保管量は指定数量を超えないように注意してください。
・床はコンクリートで、鍵がかかる場所で保管します。

5 作業の安全管理

防除作業は、十分な安全対策が必要で、万一事故が生じたときの対策も定めておくことが重要です。薬剤による中毒事故、火災事故、作業事故、建造物・調度品・器具などの破損・汚損の防止などに注意を払う必要があります。

■ 作業の安全管理

安全用具

● マスク

薬剤を空間噴霧する場合や狭い場所で薬剤散布するときは、防毒マスクを着用します。活性炭付きマスクがよく、吸収缶は決められた使用時間で交換するため、使用時間を記録する必要があります。使い捨ての簡易マスクは気化ガスを吸収しないため薬剤散布には向きません。

● 保護メガネ

刺激性のガスや蒸気、薬剤の飛沫（ひまつ）などから目を保護するために使用します。

● 手袋

調査には、軍手など通気性のあるものを、薬剤の取扱いには耐有機溶媒性（ようばいせい）のゴム手袋を使用します。

作業上の注意

● 薬剤散布上の注意事項

・油剤は、引火点が低いので、使用にあたっては消火器を用意しておくこと。
・作業後、使用した薬剤、器具の点検を行い、薬剤使用量などを記録すること。
・煙霧（えんむ）、燻煙（くんえん）、ULV、蒸散剤などの作業中は、室内への出入りを禁止し、終了後は十分換気してから入ること。
・作業中薬剤は人目に触れる場所に放置せず、車などに保管し施錠（せじょう）しておくこと。

ガスや電気系統の周辺での作業は、特に火気に注意する。

作業中であることを表示し、関係者以外の立ち入りを禁止する。

第9章　ネズミ・昆虫等の防除

・消防法に定める油剤保管の指定量は異なるので注意すること。
・エアポンプを使用している水槽がある場所では，空間処理や液剤の使用を控えること。
・配電盤、冷蔵庫のモータ部分、精密機器に直接薬剤を散布すると短絡事故や故障の原因となるため、コンセントやソケットが汚れている場合は交換しておくこと。
・煙霧、燻煙、ULV、蒸散剤などを使用する場合は、煙感知器を切ること。
・毒餌を配置する場合は、飛散しないように毒餌皿に入れ、食品取扱場所、子供やペットがいる場所、屋外などでは毒餌箱に入れて配置すること。

煙や霧の出る薬剤を使用する場合は、煙感知器を切るか、ビニールなどで覆う。

毒餌皿、毒餌箱を活用する。

● 作業事故の防止のための注意事項
・薬剤散布作業で高所作業のときは2人で行い、1人は監視すること。
・粘着や圧殺式トラップは、回収時にとり忘れのないように確認すること。

高所作業は2人で行う。2m以上の高所作業は補助者をつける。

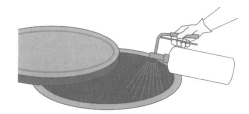

マンホールにはみだりに入らず、酸欠に注意する。

● 薬剤などに対する居住者への対応
・乳剤や油剤などの液剤を壁面などに散布したり、空間処理したりする場合は、事前に影響を受けやすい人の有無を確認すること。
・殺虫剤の散布に際しては、遅くとも散布3日前までにその内容を通知し、当該区域の入口に散布3日後まで掲示すること。

● 中毒の予防と応急措置
・散布時には作業服、手袋、防護マスクなどで身体を保護すること。
・散布時には風上に位置し、連続して長時間作業をしないこと。
・作業中は禁煙し、作業後に必ず顔や手を石鹸で洗い、空気の新鮮な場所で休息すること。
・吸引した場合は、すぐにその場から離れ、再度吸引しないようにし、できるだけ新鮮な空気環境の日陰に移動させた後、安静に保ち毛布などで体を保温すること。

作業は風上で行う。強風の際は作業を中止する。

目に薬剤が入った場合は、直ちに流水で15分ほど洗い流す。

索 引

参考文献

空気調和・衛生工学会『第 14 版　空気調和・衛生工学便覧　4　給排水衛生設備編』
日本建築衛生管理教育センター『新　建築物の環境衛生管理』
日本機械工業連合会、クリーン・ジャパン・センター『平成 22 年度　オフィスビルにおける廃棄物処理・リサイクルシステムに関する調査研究報告書』
山田信亮著『図解　給排水衛生設備の基礎』ナツメ社
山田信亮、打矢瀅二、今野祐二著『図解　空調設備の基礎』ナツメ社
本田嘉弘、前田英二、与曽井孝雄著『図解　電気設備の基礎』ナツメ社
山田信亮、打矢瀅二、中村守保、菊地至著『イラストでわかる　建築設備』ナツメ社
ビル管理ライセンス受験対策委員会編『これだけマスター　ビル管理試験』オーム社
設備と管理編集部編『ビル設備基礎百科早わかり』改訂 2 版　オーム社
空気調和・衛生工学会編『図解　空調・給排水の大百科』オーム社
安藤紀雄監修、清水亨、瀬谷昌男、堀尾佐喜夫著『図解　建築設備工事用語事典』オーム社
垂水弘夫、大立啓之、望月悦子、買手正浩著『建築環境工学＋建築設備』井上書院
宇田川光弘、近藤靖史、秋元孝之、長井達夫著『建築環境工学　熱環境と空気環境』朝倉書店
テクノ菱和編『空調・衛生技術データブック』第 4 版　森北出版
村川三郎監修、芳村惠司、宇野朋子編著『図説　建築設備』学芸出版社
伏見建、朴賛弼著『図説　やさしい建築設備』学芸出版社
飯野秋成著『図とキーワードで学ぶ　建築設備』学芸出版社
「建築の設備」入門編集委員会編著『「建築の設備」入門』彰国社
建築設備技術者協会編著『建築設備設計マニュアル　空気調和編』井上書院
国土交通省大臣官房官庁営繕部監修『公共建築工事標準仕様書（電気設備工事編）』
国土交通省大臣官房官庁営繕部監修『公共建築設備工事標準図（電気設備工事編）』
電気設備技術基準研究会編『絵とき　電気設備技術基準・解釈　早わかり』オーム社
需要設備専門部会編『内線規程』第 13 版　日本電気協会
日本電設工業協会出版委員会編、単行本企画編集専門委員会監修『新版　新人教育―電気設備 』日本電設工業協会
地域開発研究所編『電気工事　施工管理技術テキスト』改訂第 3 版　地域開発研究所

著者略歴

井上　国博（いのうえ　くにひろ）

昭和 47 年、日本大学工学部建築学科卒業。一級建築士、建築設備士、管理業務主任者、他。現在、（株）住環境再生研究所代表取締役。

打矢　瀅二（うちや　えいじ）

昭和 44 年、関東学院大学工学部建築設備工学科卒業。建築設備士、1 級管工事施工管理技士、特定建築物調査員資格者、他。現在、ユーチャンネル代表。

本田　嘉弘（ほんだ　よしひろ）

昭和 43 年、武蔵工業大学（現　東京都市大学）工学部電気工学科卒業。第三種電気主任技術者、1 級電気工事施工管理技士、1 級管工事施工管理技士、第一種電気工事士、特殊電気工事資格者。

三上　孝明（みかみ　たかあき）

昭和 54 年、法政大学工学部建築学科卒業。一級建築士。現在、（株）池下設計顧問、HR_Lab 室長、法政大学デザイン工学部建築学科兼任講師。

山田　信亮（やまだ　のぶあき）

昭和 44 年、関東学院大学工学部建築設備工学科卒業。一級建築士、建築設備士、1 級管工事施工管理技士、他。現在、（株）團紀彦建築設計事務所顧問。

本書に関するお問い合わせは、書名・発行日・該当ページを明記の上、下記のいずれかの方法にてお送りください。電話でのお問い合わせはお受けしておりません。
・ナツメ社 web サイトの問い合わせフォーム
https://www.natsume.co.jp/contact
・FAX（03-3291-1305）
・郵送（下記、ナツメ出版企画株式会社宛て）
なお、回答までに日にちをいただく場合があります。正誤のお問い合わせ以外の書籍内容に関する解説・個別の相談は行っておりません。あらかじめご了承ください。

ナツメ社 Web サイト
https://www.natsume.co.jp
書籍の最新情報（正誤情報を含む）はナツメ社Webサイトをご覧ください。

イラストでわかる　ビル設備（せつび）

2020 年 4 月 1 日　初版発行
2024 年 5 月20日　第 4 刷発行

著　者　井上国博（いのうえくにひろ）　©Inoue Kunihiro, 2020
打矢瀅二（うちやえいじ）　©Uchiya Eiji, 2020
本田嘉弘（ほんだよしひろ）　©Honda Yoshihiro, 2020
三上孝明（みかみたかあき）　©Mikami Takaaki, 2020
山田信亮（やまだのぶあき）　©Yamada Nobuaki, 2020

発行者　田村正隆

発行所　株式会社ナツメ社
東京都千代田区神田神保町 1-52 ナツメ社ビル 1F（〒 101-0051）
電話　03（3291）1257（代表）　FAX　03（3291）5761
振替　00130-1-58661

制　作　ナツメ出版企画株式会社
東京都千代田区神田神保町 1-52 ナツメ社ビル 3F（〒 101-0051）
電話　03（3295）3921（代表）

印刷所　ラン印刷社

ISBN978-4-8163-6808-0　Printed in Japan
〈定価はカバーに表示してあります〉〈落丁・乱丁本はお取り替えいたします〉